品牌管理战略的理论与实证分析

马嫚 著

中国商务出版社
·北京·

图书在版编目（CIP）数据

品牌管理战略的理论与实证分析 / 马嫚著. -- 北京：中国商务出版社，2024.2

ISBN 978-7-5103-5113-6

Ⅰ.①品… Ⅱ.①马… Ⅲ.①品牌－企业管理－研究 Ⅳ.①F273.2

中国国家版本馆CIP数据核字(2024)第033025号

品牌管理战略的理论与实证分析
马嫚　著

出版发行：	中国商务出版社有限公司
地　　址：	北京市东城区安定门外大街东后巷28号　邮编：100710
网　　址：	http://www.cctpress.com
联系电话：	010—64515150（发行部）　010—64212247（总编室）
	010—64515137（事业部）　010—64248236（印制部）
责任编辑：	孟宪鑫
排　　版：	北京宏进时代出版策划有限公司
印　　刷：	廊坊市广阳区九洲印刷厂
开　　本：	710毫米×1000毫米　1/16
印　　张：	16
字　　数：	312千字
版　　次：	2024年2月第1版
印　　次：	2024年2月第1次印刷
书　　号：	ISBN 978-7-5103-5113-6
定　　价：	79.00元

凡所购本版图书如有印装质量问题，请与本社印制部联系

版权所有　翻印必究（盗版侵权举报请与本社总编室联系）

前　言

品牌作为沟通企业与市场之间的桥梁，不仅是企业身份的象征，更是连接消费者情感和品牌价值的重要纽带。随着全球化的深入和数字技术的快速发展，品牌管理已经变得更加复杂和多维，迫切需要新的理论和策略来指导实践。

品牌管理的重要性在于它的全面性和战略性。一个强大的品牌能够为企业带来显著的竞争优势，从而使企业可以从激烈的市场竞争中脱颖而出。品牌不仅关乎商标、名称或标志，更涉及企业如何在消费者心中建立持久的形象和信任。这种深层次的情感连接和认同感是品牌管理需要努力达到的目标。

在全球化的背景下，品牌管理面临着前所未有的挑战。不同文化和市场的差异要求品牌管理策略具有更高的灵活性与适应性。品牌需要在维持全球统一形象的同时，考虑到地域特性和文化差异。这种平衡的实现，要求品牌管理者不仅要深入了解全球市场的动态，还要分析当地市场的特点和消费者行为。

数字化带来的变革同样对品牌管理提出了新的要求。互联网和社交媒体的普及极大地改变了品牌与消费者互动的方式。品牌管理不再是一个单向沟通的过程，而是变成了一个互动和参与的过程。数字化工具和平台为品牌管理提供了更多元化的渠道，同时也提供了消费者的数据信息。利用这些数据，品牌能够准确地进行市场定位和制定策略，更有效地满足消费者需求。

因此，本书的编写旨在深入探讨品牌管理的新理论和实践，以应对当前全球化和数字化背景下的挑战。本书通过对历史与现代视角的比较，结合具体的区域品牌管理案例，为读者提供全面的理论分析和实践指导。通过这本专著，希望为品牌管理领域的学者和实践者提供新的思路与策略，帮助他们在不断变化的市场环境中取得成功。

研究背景与目的

  品牌管理作为一门学科的历史可以追溯到20世纪初期，这个时期的品牌管理主要集中在商标注册和广告推广上。在法律和市场的视角下，品牌被视为一种区分商品和服务的标识符，其核心目的在于保护产品免受模仿，并确保消费者能够识别并选择特定的商品。早期的品牌管理更多侧重品牌的可识别性和保护性质，如商标法的制定和执行，以及广告策略的初步形成。这一时期，品牌管理在某种程度上被视为企业战略的辅助工具，更多地关注销售和市场占有率的提升。

  随着市场竞争的加剧，企业开始逐渐认识到品牌远不止是一个名字或标志。20世纪中期，随着营销理念的发展和消费者意识的提高，品牌开始被视为一种能够传达特定价值和情感的工具。这一转变标志着品牌意识的兴起，品牌不再仅代表了企业的身份，更成为连接企业与消费者的桥梁。品牌的情感和文化价值开始被强调，品牌故事和品牌个性成为连接消费者与产品的重要因素。

  在品牌价值和消费者体验的影响下，品牌管理开始从单一的标识符转变为全面的策略管理。品牌定位、品牌形象、品牌个性等概念的提出和发展，使品牌管理成为企业战略的核心部分。品牌定位关注如何在竞争激烈的市场中确立其独特地位，品牌形象则围绕如何在消费者心中塑造积极和吸引人的形象。在这个过程中，消费者体验成为品牌管理的核心。企业开始关注如何通过品牌创造独特的消费者体验，包括产品设计、客户服务、营销沟通等多个方面。品牌的目标不再仅仅是吸引消费者购买，更重要的是在消费者心中建立深厚的品牌忠诚度和持久的情感联系。

  随着20世纪中后期科技的进步，品牌管理开始经历更深刻的变革。特别是随着电视和后来的互联网的出现，品牌的传播和管理方式发生了根本性的变化。广告从单一的平面媒体扩展到了电视和网络视频，不但使品牌故事的讲述变得更为生动和立体，而且为品牌提供了更广泛的观众群基础和更精准的市场定位机会。在这个时期，品牌战略的演变变得更加复杂。品牌不再仅仅依赖传统的广告和推广策略，而是开始探索更多元化的市场接触点，如赞助大型活动、与名人合作等。同时，品牌的社会责任也开始受到重视，消费者开始对品牌的道德和社会价值抱有更高的期待。此外，随着营销学和消费者行为学的发展，学术研究对品牌管理的影响日益显著。品牌个性化、消费者品牌认同、品牌忠诚度等概念被引入品牌管理中，这些理论可以帮助企业更深入地理解消费者的心理和行为，从而帮助企业管理者制定更有效的品牌策略。

进入21世纪，随着数字技术的飞速发展，品牌管理再次面临重大的机遇和挑战。社交媒体的兴起使品牌与消费者的互动更为直接和个性化，同时也给品牌带来了更高的透明度和公众监督机会。大数据和人工智能的应用开始在品牌管理中发挥重要作用，从精准营销到消费者行为预测，新技术的运用正在不断地重塑品牌策略和管理方式。

在品牌管理的发展历史中，对消费者体验的重视成为一个重要的转折点。品牌逐渐从仅仅作为消费者购买选择的标识符，转变为代表其特定生活方式和体验的符号。这一阶段的品牌管理开始将焦点放在如何通过品牌创造独特的消费者体验上，这不仅涉及产品设计、客户服务、营销沟通等具体实施层面，也包括品牌故事的讲述和情感价值的传达。企业开始努力在消费者心中建立深厚的品牌忠诚度和持久的情感联系。为了达到这一目标，企业需要深入认识消费者的需求和期望，并在产品开发、市场推广、客户服务等各个环节中贯彻这种认识。企业开始使用更为精细化的市场细分策略，以更准确地定位不同消费者群体，并为他们提供量身定做的产品和服务。

随着时间的推移，品牌管理的多维度和跨学科特性更加明显。品牌管理不再是营销部门单独的工作，而是涉及企业的多个部门，甚至整个组织。营销、心理学、社会学等多个学科的理论和方法开始被广泛应用于品牌管理中，帮助企业更好地与消费者建立情感上的共鸣和价值上的共识。这个过程中，品牌故事和品牌个性的建立成为关键。品牌故事的讲述不仅仅是传达产品信息，更是传达品牌价值观和品牌精神的手段。通过有效的品牌故事，企业能够与消费者建立更深层次的情感联系，从而使其在竞争激烈的市场中脱颖而出。

随着品牌管理的发展，消费者行为学在品牌策略中的作用变得越发重要。品牌不仅需要关注消费者的购买行为，更需要了解消费者的心理动机、生活方式和价值观。这种深入的了解帮助品牌在市场沟通和产品设计中更加精准地满足消费者的需求及期望。为此，企业开始运用市场调研、消费者行为分析等方法，收集并分析消费者数据，以便更好地了解他们的偏好和行为模式。此外，随着数字化

目 录

第一章 品牌管理理论基础 ··· 001
第一节 品牌的定义与重要性 ·· 001
第二节 品牌管理的理论发展 ·· 008

第二章 品牌形象与 CiteSpace 分析 ·· 015
第一节 品牌形象的理论探讨 ·· 015
第二节 CiteSpace 文献可视化分析工具的应用 ······················ 019

第三章 区域品牌管理案例研究 ··· 041
第一节 日本石川县的区域品牌：形成机制、效应及提升对策研究 ····· 041
第二节 桂东南农产品区域品牌建设的策略与路径研究 ············· 071
第三节 融安金桔区域品牌的品牌价值与可持续发展研究 ·········· 092

第四章 整合营销在区域公司品牌塑造中的应用 ························· 106
第一节 整合营销在梧州六堡茶区域公司品牌塑造中的应用研究 ··· 106
第二节 区域品牌基本概述 ··· 109
第三节 区域品牌建设的多元主体协作路径与方法研究 ············ 138

第五章 基于消费者视角的区域品牌创建研究 ··························· 161
第一节 综述 ·· 161
第二节 消费者意见调查 ··· 163
第三节 区域品牌创建与可持续发展机制 ······························ 169
第四节 维护和保护区域品牌的活动 ····································· 178
第五节 打造区域品牌面临的挑战 ·· 181

第六章　自媒体视角下的玉林田园旅游品牌管理与形象塑造策略 …… 183

第一节　综述 …… 183

第二节　研究内容及方法 …… 186

第三节　相关理论概述 …… 187

第四节　玉林壮族传统文化基本概况 …… 188

第五节　景区游客对壮族文化资源的重要度与利用调查 …… 189

第六节　壮族文化资源对游客满意度的影响因素分析 …… 197

第七节　基于 IPA 模型壮族文化资源保护与游客满意度提升的策略建议 …… 198

第八节　本章小结 …… 200

第七章　六次产业视角下区域品牌的发展战略研究——以日本农协的松本高地葡萄酒庄为例 …… 201

第一节　研究地区的总体情况 …… 204

第二节　松本地区农业承载物和农田措施的减少 …… 205

第三节　松本地区"第六次产业化"的发展 …… 206

第四节　"第六次产业化"的发展现状 …… 207

第五节　本章小结 …… 222

第八章　主要结论与研究展望 …… 225

第一节　本书主要结论 …… 225

第二节　研究后续的展望 …… 226

参考文献 …… 228

后记 …… 244

第一章 品牌管理理论基础

品牌的定义在营销学和品牌管理领域内是一个多维度且不断演化的概念。最初,品牌被简单地视为一种商标或标识符,其主要功能是区分不同的商品或服务。然而,随着市场环境和消费者行为的变化,品牌的定义逐渐扩展和深化。

第一节 品牌的定义与重要性

在传统视角下,品牌的角色主要局限于为企业的产品或服务提供识别标记。这一阶段的品牌管理重视视觉识别要素,如标志、商标、包装设计等,其目的在于帮助消费者在众多选择中辨认并选择特定的产品或服务。品牌作为区分不同商品的工具,对建立市场认知度和消费者记忆具有重要意义。然而,随着市场竞争的加剧和消费者需求的变化,品牌的定义开始转向更加复杂和深层的维度。品牌不再仅仅是一个外在的标记,而是成为连接企业与消费者之间关系的象征。这一转变标志着品牌开始融入更多的情感和价值元素,使品牌与消费者之间超越了单纯的交易关系,转而变为一种情感和文化上的认同。品牌故事和品牌价值观在这一阶段变得越发重要,它们不仅传达了品牌的历史和文化背景,还体现了品牌的个性和理念。

进入数字化时代,品牌的定义进一步扩展。品牌不仅要在物理市场中建立认知度,还需要在虚拟空间中形成影响力。数字化平台及社交媒体的兴起使品牌与消费者之间的互动更加频繁和直接,这要求企业在维持一贯的品牌形象的同时,也要不断创新以适应数字化时代的沟通方式和市场趋势。

综上所述,品牌的定义从最初的标识符逐渐演变为一个多层次、多维度的概念,涵盖了从视觉识别到情感连接,再到数字化互动的各个方面。这不仅反映了市场环境和消费者行为的变化,也展示了企业如何适应这些变化,从而使其在竞争激烈的市场中保持相关性和效力。品牌如今不仅是企业的标志,更是其文化、价值观和理念的载体，对建立企业形象和提升消费者忠诚度起着至关重要的作用。

一、品牌研究

根据美国营销协会的定义，品牌是"一个名称、术语、设计、符号和其他名称、术语、设计、符号及事物的组合，用于识别单个销售商或者一组销售商或服务，并将其与竞争对手的商品和服务区分开来"。营销理论中关于品牌的论述是区域品牌研究的基础。据说，"品牌"一词源自古北欧语"烙印（Brandr）"，最初用于管理牲畜和酒桶。随着社会的发展，品牌主要起到了"明确所有权"的作用，并形成了商标体系。

根据 Wada（2002）的观点，品牌研究的转型时间可分为：① 1983 年之前；② 1984 年品牌忠诚度管理理论之后；③ 1991 年品牌资产理论之后；④ 1996 年品牌识别理论之后；⑤ 1998 年或 Katahira（1999）"权力品牌理论"之后。研究分为四类：① 1991 年品牌忠诚度管理理论之后；② 1991 年品牌资产理论之后；③ 1996 年品牌识别理论之后；④ 1998 年或 Katahira（1999）"强势品牌理论"之后。此外，随着消费者行为研究方法的变化，近年来品牌理论的重点已转向作为体验价值的"品牌体验"。

品牌资产理论涉及五个基本构造维度：忠诚度、品牌意识、感知质量、品牌联想和其他品牌资产。基于"消费者的品牌知识结构是品牌资产理论的根源"这一说法，凯勒（1998）提出"基于顾客的品牌资产理论"。这一概念是去商品化的一种手段，因为"选择品牌元素""开发营销图谱"和"使用二维联想"等品牌建设方法越来越多地被用作可持续竞争优势的来源，消费者对品牌的认知和熟悉程度很高。相信这将在品牌理论研究中被视为一种"品牌营销"。此外，Schmott（1999）提出的"体验价值营销"将客户体验的价值与公司、品牌和客户的生活方式联系起来。

青木（2013）认为，当前已经进入了品牌理论时代，它关注外部和内部顾客之间的关系，以及顾客（和其他利益相关者）之间的社会关系。

这使消费者互动中出现了多对多的合作视角，应用领域也越来越宽泛，从企业品牌到区域品牌，这些品牌的研究积累也对区域品牌理论产生了重大影响。下文将概述在品牌理论基础上发展起来的区域品牌研究。

二、区域品牌的定义

区域品牌是一个相对较新的概念，针对其的学术研究历史不长，很难界定它究竟指什么，研究者之间也没有一致的看法（Shen，2010）。特别是在许多外国区域品牌文献中，对定义的讨论很少。Akutsu 和 Amano（2007）指出，很难明确定义"区域品牌"本身的原因在于，品牌因区域营销和品牌塑造各方面的不同而不同。

关于区域品牌概念的定义，Aoki（2004）指出，区域品牌是将单个地区资产品牌联合起来的实体。Uchida (2004) 指出，每个地区的形象（景观、自然环境、历史背景、文化、气候、特产等）都被该地区周围的各利益相关者广泛认为具有内在价值。Akutsu 和 Amano（2007 年）指出，名称、词语、符号、设计或名称、词语、符号或设计的组合旨在识别与某个地区相关的卖家（或卖家群体）与该地区有某种关联的产品，并将其与竞争地区的产品区分开来。此外，Wada 等人（2009 年）指出，通过将历史、文化、自然、农业和其他产业、生活方式和人类社区等地区特有的地区资产与精神价值联系起来，诱发"购买欲望""访问欲望""互动欲望"和"生活欲望"。

综观以往研究，对区域品牌的定义有两种思路。一种是"地区＋产品名称"，即针对单个品牌的定义，重点是地区内的商品；另一种是"地区本身"，即针对整个区域品牌的定义，包括各种地区资产。"地区＋产品名称"的品牌定义和"地区本身"的品牌定义需要分别阐述，表 1-1 是不同作者对区域品牌的定义。

表 1-1 区域品牌的定义

作者或行政文献	年份	定义
青木	2004 年	将各个地方资产品牌结合在一起的实体
内田	2004 年	每个地区的形象（景观、自然环境、历史背景、文化和风俗习惯、当地产品等）都被该地各利益相关方广泛认为具有内在价值
村山	2005 年	打造社区品牌的方法是围绕赋予生活丰富精神内涵的当地价值观来重新创建社区
Ikuta 等人	2006 年	地区和当地经济的支柱（人力资源、定居、旅游、交流、增加当地产品的销售、投资促进、产业）
小池等人	2006 年	一个地区的独特名称或符号，用以识别该地区的商品或服务，并试图将其与竞争地区的商品或服务区分开来

续表

作者或行政文献	年份	定义
Akutsu 和 Amano	2007 年	与某一地区有关的销售商（或销售商集团）的名称、文字、符号、设计或名称、文字、符号、设计的组合，旨在识别与该地区有某种联系的商品，并将其与竞争地区的商品区分开来
佐佐木	2007 年	客户（消费者、游客等）对"源于本地区的产品和服务"以及"本地区的形象"给予高度评价，从而促进本地区经济的发展和振兴
Wada 等人	2009 年	通过体验"场所"，将历史、文化、自然、产业、生活方式和人类社区等地区特有的资产与精神价值联系起来，从而激发人们在本地区购买、旅游、交流和生活的愿望
经济、贸易和产业部	2004 年	将本地区产品和服务的品牌化与本地区形象的品牌化联系起来，形成良性循环，从而通过吸引本地区以外的资金和人力资源，实现本地区经济的可持续振兴
内阁办公室	2005 年	地区名称 + 产品 / 服务
中小企业和地区创新组织	2006 年	它是消费者对该地区的评价，也是该地区的无形资产之一，由区域品牌和产品品牌组成，后者是利用该地区特点的产品品牌

资料来源：Shen（2010），第 297 页；Yamazaki（2017），第 41 页。

三、区域品牌管理实体的多样性

小林（2014）指出，区域品牌建设的特点是：①不以品牌实体的存在为前提；②只要愿意，任何人都可以成为品牌实体；③区域品牌建设活动范围广泛，形式多样，而特定的品牌实体不可能面面俱到。这不但意味着一个特定的品牌实体不可能做所有的事情，而且意味着区域品牌实体是不确定的。品牌管理主体包括农业协会、生产团体、地方商业团体和政府，而作为公共部门，地方当局在管理产品标准、认证体系和营销支持方面也发挥着重要作用。

Saito（2008）指出，在企业品牌中，形象及其联想性产生于企业所拥有的资源，管理资源的阵列和特征是统一的。与此相反，他指出，在区域品牌中，管理资源的特点并不统一，管理实体也不明确。该报告不但指出，认证机构往往不止一个，这一特点导致难以实施品牌管理，而且认为某些公司或生产商的食品造假等丑闻会损害区域品牌的形象。

这些论点被认为是主体的不确定性。此外，"分享"和"合作"对依赖当地人意愿和搭便车以创造当地品牌价值来说也很重要。

四、第六次产业化

"第六次产业化"一词是 1995 年左右由今村奈良美智提出的,她认为"农业不仅仅停留在第一产业中,而且也存在于第二产业和第三产业中,第六次产业化为农业吸引新的价值,是为老年人和妇女创造新的就业机会的一种经营和活动"。换句话说,就是围绕农业和农村的活力,将第一产业、第二产业加工和第三产业流通融合起来,让农业焕发生机,从而进一步增值。这是指从生产到加工、流通和销售的产业融合,农民与其他产业合作。"第六次产业化"的背景是,在人口老龄化和农业等第一产业后继乏人的背景下,消费者越来越注重生活上的健康,对优质农产品的需求也在增加,食品消费的外部化导致食品加工和食品服务业的比例大幅增加。人们越来越关注健康和安全,对优质农产品的需求也在增加 Muroya(2014)。

由于第六次产业化的历史尚短,相关研究还不多,其中许多研究都是利用波特尔(1985)的价值链概念进行分析的。例如,Morishima(2013)试图从品牌营销的角度运用价值链分析农业和食品相关产业,并阐明其特点,以实现高附加值。企业拥有的管理资源优势不同,采取的品牌战略也不同。报告还指出,当企业拥有直销店或旅游农场并能直接销售给消费者时,"企业品牌"战略就会有效;当农业生产企业负责地区运输和物流时,区域品牌战略就会有效。

Saito(2010 年)指出,在一个地区内形成从原材料生产到加工、销售和服务提供的价值链非常重要,利用农村地区当地资源的内生性举措不仅有助于评估经济方面,还有助于评估交流的连续性和互动性,以及交流给参与者(主办方和参与方)带来的观念变化。他指出,各种活动都有价值。此外,Oe(1996)从管理多样化的角度出发,重点研究了包括服务产品以及提供作为实物产品的农产品在内的农业管理活动,并指出,与将农民的就业状态划分为农业双重职业相比,管理活动的范围更广。

我国农业"第六次产业化"的政策可被视为农村二、三产业融合政策。1995年,《人民日报》在"农业产业化理论"中指出了农业要产业化。在这里,它被描述为一种改造传统农业,将其与市场联系起来,并在家庭经营下实现农业生产专业化、社会化和商品化的产业模式。

农业产业化的定义是"在农业企业的主导下,通过订单农业和本地化经营,将农民和相关组织(村民委员会、农民专业合作社、同乡会等)整合起来,形成生产、加工和流通的有机结合，增强农产品的市场竞争力，实现农业利润最大化。同时，促进农村地区的发展，提高农民的经济福利"（Ikegami，Hoho，Tsurugi，2009）。

高桥（2019）将我国的"第六次产业化"与日本的"第六次产业化"进行了对比，指出两者之间存在显著差异。他指出，日本的第六次产业化是农民和一般企业掌握主动权的横向一体化，而我国的第六次产业化是龙头企业领导下的纵向一体化。高桥指出，我国农业第六次产业化出现的问题很多，其中最重要的是缺乏农产品的销售渠道和对农民的财政支持。

区域品牌的概念，虽然在学术界尚无统一定义，但却逐渐成为品牌管理研究的重要领域。区域品牌定义涉及的范围广泛，包括单一地区资产品牌的结合体、具有内在价值的地区形象以及与特定地区相关联的商品或服务的标识。这些定义揭示了区域品牌的多维性和复杂性，涉及地理、文化、历史和社会等多个方面。

区域品牌的管理实体同样呈现多样性，涵盖了从农业协会到地方政府等不同组织。这些管理实体的角色和作用各异，反映了区域品牌管理的不确定性和复杂性。与企业品牌不同，区域品牌管理涉及的资源和实体特征不统一，认证机构可能多于一个，增加了品牌管理的难度。

"第六次产业化"作为一个新兴概念，关注农业和农村活力的全面提升，包括生产、加工和服务等多个环节的融合。这一概念强调利用本地资源，促进农业增值和多元化，反映了现代农业发展的新趋势。不同国家的"第六次产业化"在实施方式和重点上存在差异，这反映了各地区的特定条件和战略需求。

综上所述，区域品牌作为一个多维度、复杂且不断发展的领域，不仅在理论上提出了挑战，也为实践提供了更多的可能性和机遇。品牌管理的实践者需深入理解区域品牌的多样性和特殊性，以制定有效的管理策略。此外，区域品牌的多样性也意味着必须考虑到地方特色、文化传统和消费者需求的多样性，从而实现品牌与地区间发展的协调一致。这要求品牌管理者不仅要具备对当地特色的深刻了解，还需要灵活运用各种营销和品牌策略来吸引并维护消费者。区域品牌的发展为地区经济带来了新的活力和机遇，同时也带来了对品牌管理实践的新要求和挑战。

五、品牌的重要性

　　品牌的重要性在于它对企业和地区成功的深远影响。在竞争激烈的市场环境中，一个强大的品牌不仅能够为企业带来显著的差异化优势，增强消费者忠诚度、提高市场份额，而且在某些情况下，能使企业的产品或服务进行溢价。品牌不仅直接影响消费者的购买决策，也在建立企业形象和声誉方面发挥着至关重要的作用。除了对企业的重要性，品牌在区域发展中也扮演着关键角色。区域品牌能有效提升特定地区的形象和声誉，吸引投资和游客，从而促进该地区的经济发展。品牌通过传递地区特有的文化、历史和价值观，增加了消费者对地区产品和服务的信任。这种信任的建立不仅可以促进地区产品的销售，也可以提高地区整体的吸引力。

　　品牌的核心价值在于它所传递的信任和品质保证。当消费者选择一个品牌时，他们不仅购买了一个产品或服务，更是购买了品牌所代表的信誉、质量和价值。这种信任建立起来并不容易，一旦形成，它就可以为企业带来长期的利益。此外，品牌还是重要的沟通工具。通过有效的品牌信息传达，企业能够将其愿景、价值观和文化传递给消费者。这种沟通不仅能够帮助消费者了解和认同品牌，也有助于建立和维护客户关系。在市场营销策略中，品牌通常是区分产品和服务、吸引目标市场的重要因素。

　　在数字化时代，品牌的重要性更是被放大。社交媒体和在线营销为品牌提供了与消费者互动的新途径，这些平台上的品牌表现直接影响了消费者的感知和决策。因此，保持品牌一致性，同时在数字平台上创新和适应变化成为品牌管理的重要方面。

　　好的品牌对任何企业来说都是无价之宝。它不仅是商品或服务的标记，更是企业文化、价值观和承诺的象征。好的品牌能够帮助企业在激烈的市场竞争中脱颖而出，拥有独特的市场地位，并为企业带来长期的经济效益和竞争优势。品牌的建设和管理是一个复杂的过程，需要企业不断投资和创新，以适应市场的变化和消费者的需求。

第二节 品牌管理的理论发展

品牌管理的理论发展是一个持续演进的过程。它从20世纪初期的基本概念开始,逐渐发展成为一个涉及广泛学科的综合领域。在早期,品牌管理主要聚焦商标的注册和保护、产品的差异化以及广告推广。随着时间的推移,品牌理论开始关注品牌身份、品牌形象和品牌个性的构建,这些概念为了解品牌管理提供了更深层次的内容。

随着市场的全球化和消费者行为的变化,品牌理论进一步发展,开始强调品牌故事、消费者体验和情感联系的重要性。品牌不再仅仅是产品的一个标签,而是成为连接企业与消费者之间情感和进行价值交换的媒介。同时,数字化时代的到来也为品牌理论带来了新的机遇和挑战,因此品牌互动、社交媒体营销和在线品牌管理成为学者重要的研究领域。

总体而言,品牌管理的理论发展反映了市场环境、技术进步和消费者需求的变化。现代品牌理论不仅包括传统的广告和市场策略,还涵盖了品牌故事、消费者关系管理和数字化品牌策略等多个方面。品牌理论的这种演进不仅丰富了品牌管理的实践,也为未来的品牌研究提供了新的方向和视角。

一、传统品牌管理理论的发展

早期,品牌被主要视为产品的一个扩展,而品牌管理的目的在于提升产品知名度、扩大市场份额,并最终实现企业利润的最大化。以下是对该时期几个主要品牌理论的深入探讨。

对品牌形象理论的深入研究始于20世纪中期,当时学者开始关注品牌除物理特征外的象征意义和情感价值。这一理论的核心观点是,品牌形象不仅指消费者对品牌标识的认知,其还是一个更广泛的概念,包括消费者对品牌的总体感知和感受。例如,大卫·奥格威(David Ogilvy)将品牌形象描述为消费者心目中的品牌印象,强调了品牌个性和品牌与消费者之间情感连接的重要性。在实际应用中,这一阶段的企业主要通过广告、公关活动等手段来塑造和维护品牌形象。品牌形象的建立基于产品的视觉象征和个性化特征,旨在创造一个积极的品牌印象,从而增加消费者的认同感和忠诚度。

品牌忠诚度理论聚焦消费者对品牌的长期承诺和忠诚。这一理论认为，品牌忠诚度的形成基于消费者对品牌的信任和满意度，这种信任和满意度来自品牌一贯提供的高质量产品和服务。例如，弗雷德里克·F.雷克海尔德（Frederick F. Reichheld）和其他学者的研究表明，品牌忠诚度对企业的长期成功至关重要，因为忠诚的消费者倾向重复购买，并且更有可能推荐这个品牌给他人。

品牌定位理论则关注品牌在目标市场中的地位。这一理论的主要贡献者之一，艾尔·里斯（Al Ries）和杰克·特劳特（Jack Trout）在他们的著作中提出了"品牌定位"的概念，强调品牌应通过明确的定位策略来满足特定目标市场的需求，同时包括确定品牌的独特卖点（USP）和差异化策略，以在竞争激烈的市场中脱颖而出。品牌定位不仅关乎品牌的市场策略，也涉及品牌传达给消费者的核心价值和承诺。

品牌延伸理论探讨了品牌从其核心产品或服务扩展到新类别的过程。这一理论认为，通过品牌延伸，企业可以利用现有品牌的知名度和忠诚度来降低新产品或服务的市场风险。凯文·兰恩·凯勒（Kevin Lane Keller）在其研究中指出，成功的品牌延伸需要保持品牌的一致性和相关性，同时确保新产品与核心品牌的紧密联系。同时企业可以降低新产品推广的风险和成本，

这些传统品牌理论为现代品牌管理理论的发展奠定了基础，随着市场环境的变化，它们也显示出了某些局限性。例如，这些理论在某些情况下可能过于侧重体现产品本身而忽视了消费者需求的多样性和品牌与消费者之间情感联系的重要性。随着市场的发展和消费者行为的演变，品牌管理理论也在不断地演进和适应。

二、现代品牌管理理论的发展

现代品牌管理理论展现了对品牌与消费者之间关系的深度理解，特别强调品牌关系、品牌体验和品牌个性等方面对消费者感知和行为的影响。

品牌关系理论，由苏珊·弗劳赛克（Susan Fournier）于1998年提出，深刻影响了现代品牌管理的思路。弗劳赛克认为品牌与消费者之间的关系可以与人际关系类比，即品牌能够像人一样与消费者建立情感连接。这种观点将品牌人格化，强调品牌不仅是经济交换的媒介，更是情感和社会交往的参与者。在弗劳赛克的研究中，她通过深入分析消费者与品牌之间不同类型的关系，如婚姻伴侣式、朋友式等，揭示了品牌关系的多样性和复杂性。这些关系类型基于消费者对品牌的不同感知和互动模式，影响着消费者的购买决策和其对品牌的忠诚度。

品牌关系理论的一个核心概念是品牌人格，即赋予品牌以人类特质，如诚实、可靠、勇敢、幽默等。品牌人格使消费者能够更容易地与品牌建立情感联系，因为人们倾向与拥有类似人格特质的品牌建立更深层次的联系。这一理论的实际应用包括了品牌故事叙述和情感营销策略。例如，哈雷摩托车（Harley-Davidson）就是通过塑造自由和冒险式品牌人格，成功地吸引了一群忠诚的消费者。哈雷不仅仅销售摩托车，还通过其品牌故事和文化，与消费者建立了深厚的情感联系。

此外，品牌关系理论也在数字营销中得到了广泛应用。企业的品牌通过社交媒体与消费者进行互动，不仅分享产品信息，更通过参与在线对话、回应消费者评论等方式，构建和维护与消费者的关系。例如，一些企业的知名品牌在社交媒体上以幽默和亲民的方式与消费者互动，加深了品牌的人格特质和消费者之间的情感联系。品牌关系理论强调品牌不仅是交易的媒介，更是构建情感和社会联系的重要工具。通过理解和应用这一理论，企业可以更有效地管理品牌，拥有更强的客户忠诚度和品牌价值。

品牌体验理论由伯特霍尔德·施米特（Bernd Schmitt）于21世纪初提出，深刻改变了人们对品牌管理的认识。这一理论认为品牌体验涵盖了感官、情感、认知、行为和关系等多个维度，强调在品牌与消费者的每个接触点可以创造一致而独特的体验。

感官体验关注消费者与品牌互动时的视觉、听觉、嗅觉、触觉和味觉感受。例如，星巴克通过其独特的店面设计和咖啡香味，为消费者提供了独特的感官体验。情感体验则关联消费者与品牌互动时的情感反应，如愉悦、兴奋或安心。认知体验涉及消费者对品牌信息的理解和解释，如品牌故事和品牌传达的价值观。行为体验则聚焦消费者与品牌互动的行为模式，包括购买行为和使用品牌产品的体验。关系体验则是建立在品牌与消费者长期互动的基础之上，如品牌忠诚度和社群参与。

品牌体验理论的实际应用范围广泛。苹果公司就是一个典型的例子，其产品设计、Apple Store体验以及品牌传达的创新和高端形象，共同创造了独特的品牌体验。这种全方位的体验设计不仅加深了消费者对品牌的感知，还增强了品牌忠诚度和市场竞争力。品牌体验理论提供了一个全面的框架，帮助品牌在各个维度上与消费者建立深厚的联系。通过有效管理消费者的品牌体验，企业能够在竞争激烈的市场中建立独特的品牌地位。

品牌个性理论由珍妮弗·阿克（Jennifer Aaker）于1997年提出，深刻改变了品牌形象的研究视角。阿克教授认为品牌个性是品牌形象的重要组成部分，它赋予品牌以人类化的特质，包含五个主要维度：真诚、激动、能力、精致和坚韧。这些维度帮助品牌在消费者心中建立独特的形象和特性。例如，有些品牌可能被认为有诚实和可靠的特性，而有些品牌则可能被视为是年轻和活力四射的代名词。品牌个性不仅可以影响消费者的品牌认知，也可以对消费者的购买决策产生影响。品牌个性与消费者个性的匹配度高，可以增加消费者对该品牌的忠诚度。

品牌个性理论的应用极为广泛，许多知名品牌都通过塑造独特的品牌个性与消费者建立深厚的情感联系。例如，耐克（Nike）通过强调自我超越和运动精神，塑造了一个充满活力和激励的品牌形象，而奢侈品牌如路易威登（Louis Vuitton）则强调其精致和高端的品牌个性，由此吸引追求品质和独特性的消费者。品牌个性理论可以为品牌管理提供一种新的视角，强调品牌形象建设中人格化元素的重要性。通过这种方法，企业不仅能有效地与目标消费者沟通，还能在竞争激烈的市场中建立独特的品牌地位。

现代品牌管理理论的发展为了解品牌提供了深刻的视角。这些理论强调，在构建强大品牌的过程中，深入了解消费者的心理和行为，以及建立与消费者深刻的情感联系，是至关重要的。品牌关系理论、品牌体验理论和品牌个性理论，这三个理论共同构成了现代品牌管理理论的核心。它们不仅改变了品牌与消费者互动的方式，也为品牌策略的制定提供了新的视角和方法。通过学习这些理论，企业可以更加有效地与消费者沟通，同时可以增加消费者的品牌识别度和忠诚度。

品牌关系理论将品牌视为活生生的实体，可以像人一样与消费者建立情感连接。品牌体验理论则强调在消费者与品牌的每一个接触点创造独特的体验，影响着消费者的情感和认知，而品牌个性理论则集中体现品牌的人格化特征，强调品牌个性与消费者个性的匹配程度对建立品牌偏好和忠诚度的重要性。这些理论的实际影响广泛而深远，从产品设计、广告宣传到客户服务和数字营销等各个方面都有所体现。它们使品牌能够在复杂多变的市场环境中保持竞争力，同时满足消费者日益增长的需求和期望。

总体而言，现代品牌管理理论的发展标志着一个新时代的开始。在这个时代，品牌不再是静态的标识符，而是成为与消费者互动、沟通和共鸣的动态实体。这些理论不仅为品牌管理提供了新的思路和策略，也为企业如何在竞争激烈的市场中取得成功提供了重要的指导。

三、新兴品牌管理理论

在数字化时代，新兴品牌管理理论以其对品牌共创、社交媒体影响以及品牌故事叙述的深入探讨，展现了对品牌与消费者互动方式的重新理解。品牌共创突出了消费者在品牌价值和意义创建中的积极角色，改变了传统的品牌管理方式。社交媒体则成为品牌与消费者沟通的主要平台，使品牌能够及时响应消费者需求并增强品牌影响力。此外，品牌故事叙述在创造深刻的消费者体验和情感共鸣方面发挥着重要作用。这些新兴理论强调在数字环境中，品牌管理的动态性和互动性，为品牌策略的制定提供了新的视角。

品牌共创理论的发展和应用体现了现代品牌管理在数字化时代的新趋势。这一理论认为，消费者不再是被动的品牌接受者，而是积极参与品牌建设的重要力量。在这个过程中，消费者与企业将共同创造品牌价值和意义，这种合作使品牌能够更加贴近消费者的需求和期望。著名学者 C.K. Prahalad 和 Venkat Ramaswamy 在其著作《未来的竞争》中，强调了消费者在创造品牌和产品价值中的作用。他们提出，在网络化、信息丰富的市场环境中，消费者的参与成为品牌创新和提高竞争力的重要因素。消费者通过分享他们的观点、经验和知识，帮助企业更好地了解市场需求，从而推动产品和服务的创新。

在实际应用中，许多企业已经开始采用品牌共创策略。例如，乐高（LEGO）通过其线上社区平台 LEGO Ideas，邀请消费者提交自己的玩具设计方案，通过社区投票，最受欢迎的设计可以被制造出来并上市销售。采用该方式不仅提高了消费者对品牌的忠诚度，也为乐高带来了新的产品创意。此外，星巴克也通过其"我的星巴克理念"平台，鼓励消费者分享他们对星巴克产品的体验。这些反馈可以帮助星巴克改进服务，引入新产品设计方案，增强了消费者对品牌的认同感。

品牌共创理论的一个重要方面是利用数字技术和社交媒体平台的力量。社交媒体不仅是品牌传播的工具，更是品牌共创的舞台。消费者在社交媒体上的互动和分享，为品牌提供了宝贵的市场分析和创新点子。品牌共创理论为品牌管理提供了一个新的视角。在这个视角下，消费者成为品牌发展的合作伙伴，而非单纯的接受者。这种理论的实践应用促使品牌更加注重消费者的参与和反馈，以创新和个性化的方式来提升品牌价值和市场竞争力。

社交媒体对品牌管理的影响是当今品牌策略的重要组成部分。众多学者和专业人士已对此进行了深入研究。例如，安德烈亚斯·卡普兰（Andreas Kaplan）

和迈克尔·海因莱因（Michael Haenlein）定义了社交媒体为"用户通过互联网平台分享信息的集合"，并强调了其在现代营销中的重要性。社交媒体平台如微博、抖音、小红书和公众号等，已成为品牌与消费者互动的主要场所。品牌利用这些平台发布内容、推广产品，同时收集消费者反馈以优化其市场策略。例如，Oreo通过微博进行实时市场营销，特别是在超级碗等大型活动期间，通过与时事相关的创意推文吸引了大量关注。此外，品牌也利用社交媒体进行危机管理。例如，2018年星巴克在一起涉嫌种族歧视的事件后，通过社交媒体平台及时回应，展现出其社会责任感。

另外，社交媒体还为品牌提供了数据分析工具。通过分析消费者的在线行为和品牌与消费者之间的互动，品牌可以更准确地了解目标市场，优化广告和内容策略。例如，Netflix利用社交媒体数据分析观众喜好，指导其开发原创内容。社交媒体已成为品牌管理不可或缺的一部分，它改变了品牌与消费者之间的沟通方式，为品牌管理提供了实时反馈。通过有效利用社交媒体，品牌不仅能加强与消费者的联系，还能在竞争激烈的市场中获得重要的资料。

品牌故事叙述在新兴品牌管理理论中扮演着至关重要的角色。它不仅是一种营销工具，还是构建品牌身份和与消费者建立情感联系的核心策略。通过讲述吸引人的故事，品牌能够有效传递其价值观和个性，从而引起消费者的情感共鸣。这种叙述方式通常涉及品牌的起源故事、发展历程以及品牌理念等，有助于塑造品牌的独特形象和个性。例如，苹果公司通过讲述其创新和颠覆传统的品牌故事，成功地建立了其作为技术创新先驱的形象。品牌故事叙述在新兴品牌管理理论中占据了核心地位，被视为连接品牌与消费者的重要桥梁。学者如安斯戴尔和史密斯强调，通过讲述引人入胜的品牌故事，企业可以有效传达其核心价值观和使命，从而深化消费者对品牌的认同和情感共鸣。

品牌故事的叙述策略包括讲述品牌的历史、创始人的故事、产品的发展历程，或者与品牌相关的客户故事。这些故事使品牌更具吸引力，有助于在消费者心中建立一个清晰而深刻的品牌形象。例如，耐克通过讲述其品牌创始人的故事和产品背后的创新精神，成功地塑造了激励人们追求卓越的品牌形象。在实际应用中，品牌故事叙述经常与数字营销策略相结合，利用多媒体内容和社交媒体平台来增强故事的传播效果。通过视频、博客文章、社交媒体帖子等形式，品牌能够以更加多样化的方式与消费者沟通。例如，宝马（BMW）的"BMW电影"系列通过高质量的短片讲述了引人入胜的故事，增强了品牌形象并提升了用户参与度。此外，品牌故事叙述还可以作为一种有效的危机管理工具。在面临品牌危机时，企业可以通过讲述正面的品牌故事来修复品牌形象，重建公众的信任。例如，在经历危机后，丰田通过讲述其对质量和客户服务承诺的故事，成功地挽回了公众的信任。同时，品牌故事叙述是一种强大的品牌管理工具，它不仅能够提升品牌认知度和吸引力，还能够提高消费者对品牌的忠诚度。在竞争日益激烈的市场环境中，精彩的品牌故事叙述对企业构建强大的品牌形象和持久的客户关系至关重要。

新兴品牌管理理论在数字化环境下强调了品牌管理的动态性和互动性，这一观点正在深刻地影响现代企业的市场策略。在快速发展的数字时代，品牌不再是一个静态的符号，而是一个活生生的、不断演化的实体，需要与消费者建立真实、持续的互动。品牌共创理论、社交媒体的影响力以及品牌故事叙述，都是现代品牌管理中不可或缺的元素。品牌共创理论强调消费者作为品牌建设过程的主动参与者，这种参与不限于对产品的使用，还包括参与品牌理念的树立和市场策略的制定。社交媒体的崛起改变了品牌与消费者之间的沟通方式，为双方提供了更直接、更个性化的交流平台。品牌故事叙述通过讲述品牌的历史、文化、价值观等，建立品牌的独特身份，与消费者产生情感共鸣。这些新兴理论的应用使品牌能够在充满挑战的市场环境中保持灵活和敏捷，更好地适应消费者行为和市场趋势的变化。通过实施这些策略，品牌能够提供更加个性化、更具参与感的消费体验，从而建立更加牢固的消费者关系和品牌忠诚度。这些新兴品牌管理理论不仅为企业提供了在数字化环境下与消费者建立和维护关系的新方法，也可以指导企业在不断变化的市场环境中保持竞争力。通过运用这些理论，企业可以更有效地与数字时代的消费者建立联系，创造更具个性化和参与性强的品牌体验，从而使企业在激烈的市场竞争中脱颖而出。

第二章　品牌形象与CiteSpace分析

第一节　品牌形象的理论探讨

尽管在国际市场上中国常被视为"经济大国，品牌小国"，但近年来，随着改革开放的深入发展，中国企业开始重视品牌形象的构建。据2023年"品牌金融"发布的全球品牌价值500强榜单，中国有79家企业上榜，占比约18%，美国则有201家企业上榜，占比近半。这一现状反映出品牌不仅是企业价值的体现，更是国家形象和实力的象征。品牌形象作为品牌的核心，对企业保持竞争力和长期发展具有决定性作用。良好的品牌形象能为企业带来显著的经济利益，而不佳的品牌形象则可能导致重大损失，对企业的发展构成严重威胁。

根据2023年的数据，亚马逊以2990亿美元的品牌价值位居全球第一，苹果紧随其后，品牌价值为2980亿美元。此外，中国品牌如工商银行、腾讯、阿里巴巴等在全球品牌价值排名中也有显著表现。这表明中国企业在全球品牌建设上虽起步较晚，但近年来取得了显著进步，并且其国际影响力正在逐步增强。

随着改革开放深入发展，国内企业逐渐认识到品牌形象的重要性，开始聚焦品牌形象的构建和发展。例如，华为通过技术创新，在全球通信市场提高了品牌影响力。蜂花通过特色产品和差异化市场策略，在日化品市场占据了一席之地。鸿星尔克和蜜雪冰城则通过文化营销和品牌故事叙述，提高了品牌的感知价值。国内品牌形象研究起步虽较晚，但随着经济的发展，对这一领域的研究逐渐丰富和深入。目前，品牌形象研究已从企业扩展至城市、旅游地、运动会乃至国家等多个领域，成为学术界的热门话题。

为进一步提升品牌形象，中国企业需重视品牌策略的全面性和长远性，深入了解目标市场和消费者需求，通过产品创新和高质量服务来满足消费者需求。同时，加强品牌传播和实施市场营销策略，提高品牌在国内外市场的可见度和吸引力。另外，企业的社会责任和可持续发展策略也成为提升品牌形象的重要因素，尤其是在全球市场中。通过深入分析和合理规划，中国企业可以更有效地提升其品牌形象，增强其在全球市场中的竞争力。

中国对品牌形象的研究虽然起步晚于西方国家，但随着国内经济的快速发展和市场环境的日益成熟，在这一领域的研究已经取得了显著进展。早期的品牌形象研究主要集中在企业层面，关注如何通过品牌建设提升企业的市场竞争力。然而，近年来，对品牌形象的研究已经逐步扩展到更加广泛的领域。这一扩展不仅包括对城市品牌的塑造，也涵盖了旅游地、运动会甚至国家层面的品牌形象建设。例如，在城市品牌形象构建中，研究者关注如何通过城市的文化、历史和现代化成就来提升城市的吸引力与知名度。在旅游地品牌形象方面，研究则聚焦如何通过独特的旅游资源和体验来吸引游客，提升旅游地的市场地位。运动会和国家层面的品牌形象建设，则更多地关注如何通过大型活动和国家形象来提升国际影响力与吸引力。

此外，随着社交媒体和数字营销的兴起，品牌形象的塑造和传播方式也在不断地发生变化。现代企业和机构不仅需要关注传统媒体的品牌形象传播，还需充分利用社交媒体等新兴平台的力量，以更加灵活和创新的方式来吸引目标群体。这些新的研究方向和方法正在不断地丰富并更新品牌形象领域的研究内容，使之成为学术界和实践领域的热门话题。

品牌形象的研究历史悠久且多样，这导致了对品牌形象概念的界定存在广泛的争议。在国外，对品牌形象研究的起源可以追溯到 20 世纪 50 年代，由加德纳和利维最初提出。他们将品牌形象定义为营销理念的一个重要组成部分，强调品牌形象不仅仅是消费者对品牌的感知，更是企业营销策略的重要因素。这一观点在后续的研究中得到了广泛扩展和深化，不同学者从各自的角度对品牌形象进行了详细的阐述和分析。

相比之下，中国在品牌形象方面的研究起步相对较晚，21 世纪初期，随着中国市场经济的迅速发展和全球化进程的加速，国内学者开始重视研究品牌形象对企业竞争力的影响。在国内的研究中，品牌形象通常被视为企业与消费者之间情感和认知的桥梁，强调品牌形象在塑造消费者偏好和购买决策中的作用。国内学者在理论和实践上都进行了广泛探索，尝试将品牌形象的研究与中国市场的实际情况结合起来。

然而，由于研究方法和视角不同，对品牌形象的定义和理解在国际学术界一直没有达成共识。这种多元化的研究态度不仅反映了品牌形象作为一个多维度、复杂概念的本质，也揭示了不同文化和市场背景下对品牌形象理解的差异。正因如此，对品牌形象的研究一直是市场营销领域中的一个热门话题，吸引来自世界各地的学者对其进行不懈的探索和研究。

早期对品牌形象概念的界定分为四个派别，见表2-1。

表2-1 品牌形象概念界定四大派别

派别与定义	代表
总括说：认为品牌形象是一个抽象概念，是消费者对品牌持有的特定的心理要素，如态度、认知、知觉和联想等，范围广、简洁	Newman（1957）：品牌形象是人们对品牌的总体认知并且是建立在产品属性和广告等营销活动基础上的。 Herzog（1963）：品牌形象是消费者对品牌的感知。 Dichter（1985）：品牌形象是产品给消费者的整体印象
象征意义说：强调品牌形象是一个具有意义的象征，并且可以让消费者根据这个象征识别区分各个品牌，同时这些品牌对消费者来说有不同的意义	Sommers（1963）：品牌形象是产品体现出来的意义，是消费者对象征的感知。 Levy、Pohlman&Mudd（1973）：消费者购买产品不仅是因为产品本身属性，还是因为其象征的意义。 Frazer（1983）：消费者认为产品服务的差异更多的是在品牌形象象征意义上体现出来的。 Durgee&Stuart（1987）：品牌形象的象征意义与特定的产品类别有关。 North（1988）：从符号学的视角阐述意义的内容，认为品牌形象就是产品或品牌代表的意义
个性说：认为品牌形象具有类似人的个性特征	Dawson&Wales（1979）：产品有着"成人"与"孩子"的形象。 Hendon&Williams（1985）：明确品牌有着和人类似的个性或性格
认知（心理）学说：认为品牌形象是基于认知或心理过程产生的，是消费者对产品和品牌认知加工的结果	Gardner&Levy（1955）：品牌形象是消费者对品牌情感、态度和观点的综合组合。 Reynolds（1984）：品牌形象是消费者选择性记忆的心理观念。 Levy（1978）：品牌形象是消费者心中图形和想法的组合。 Bullmore（1984）：品牌形象是人们对品牌的认知和感受

品牌形象的概念在学术研究中经历了深刻的发展和演变。20世纪90年代，学者对品牌形象的理解和定义发生了重大的融合与变革。Biel(1992)提出的品牌形象理论是基于消费者认知的品牌联想，这一观点整合了品牌形象个性说和认知（心理）说两大派别的理论。他认为品牌形象不仅与品牌的名称和属性有关，而且与消费者的感知和联想紧密相连。Biel的观点强调了品牌形象在营销中的重

要性，以及它如何影响消费者的品牌认知和偏好。

　　凯勒（1993）基于总括说提出品牌形象是消费者对品牌联想的各种感知，这一定义更加全面地涵盖了品牌形象的多个方面。凯勒的研究强调了品牌联想在形成品牌形象中的核心作用，指出品牌形象是建立在消费者对品牌的感知和联想基础上的复杂结构。戴维·阿克（2003）则进一步发展了这一概念，他认为品牌形象是一系列对于品牌的联想，包括消费者对品牌的认知、情感和行为反应。Aaker的观点强调了品牌形象的多维性和动态性，认为品牌形象是一个不断发展和变化的过程。同时，布拉瓦特（1995）和卡普费勒（1994）基于认知（心理）说，从信息加工的角度出发，提出品牌形象是消费者对品牌的感知。这一观点进一步强调了消费者对品牌信息的加工和解释在形成品牌形象中的重要性。

　　随着品牌形象研究的深入发展，学者逐渐形成了共识，认为品牌形象不仅是消费者对品牌的主观感知，更是品牌价值和市场地位的重要反映。在这一研究背景下，黄胜兵和卢泰宏（2000）基于Biel的观点，认为品牌形象的核心在于消费者对品牌特性的联想，将品牌形象分为"软"和"硬"两种属性，并由公司形象、使用者形象、产品或服务自身形象等多个维度构成。

　　对品牌形象的综合性概念，可以从多个维度进行扩展和深化。首先，品牌形象作为消费者心理对品牌及其构成要素的感知、反映和联想的集合体，可以包括对品牌名称、标志、产品特性等有形要素的认知，以及文化背景、价值观念等无形要素的理解。这些要素共同作用于消费者的心理和感知，形成了品牌的整体形象。

　　进一步来说，品牌形象的独特个性是其在市场上区分其他品牌的重要因素。这种个性体现了品牌的特定属性和特征。例如，创新、可靠、高端等。品牌的个性化能够引发消费者的情感共鸣，加深对品牌的印象，并促使消费者做出购买决策。

　　此外，品牌形象还与企业的市场战略紧密相连。企业通过有效的品牌管理和实施市场营销策略，可以塑造和维护其品牌形象。这包括广告推广、公关活动、客户服务等多方面，目的是在目标消费者中树立正面且一致的品牌形象。同时，品牌形象的构建不仅限于传统媒体和市场活动，还涉及数字化和社交媒体平台的运用。在数字时代，品牌形象的传播和维护越来越依赖在线内容、社交媒体互动和数字营销策略。通过这些渠道，品牌可以更快速地与消费者建立联系，及时响应市场变化，并在全球范围内扩大其影响力。

综上所述，品牌形象是一个多维度、动态发展的概念，涉及消费者心理、市场战略、文化背景等多个层面。一个成功的品牌形象能够有效地提升品牌的市场竞争力和消费者忠诚度，对促进企业的发展至关重要。在全球化和数字化的背景下，企业需不断创新和适应，以维持和增强其品牌形象。

第二节　CiteSpace 文献可视化分析工具的应用

CiteSpace 是一款在学术研究领域被广泛使用的文献可视化分析软件。自 2004 年由德雷塞尔大学的华人学者陈超美开发以来，CiteSpace 已经成为科学研究者进行文献综述和学术探究时不可或缺的工具。CiteSpace 的核心功能是对科学文献中的数据进行可视化处理，包括关键词共现分析、作者共引分析、文献引用分析等处理方式，支持知网（CNKI）、Web of Science 等多个知名学术数据库。

使用 CiteSpace，研究者能够直观地了解某一学术领域内的主要研究主题、关键研究者以及重要文献，这些信息通常以"知识图谱"的形式呈现。知识图谱不仅展示了研究领域的结构和主题，还揭示了领域内的演进趋势和研究热点。这些可视化结果帮助研究者快速把握领域动态，发现研究空白和潜在的研究方向。

CiteSpace 的应用不仅限于文献综述，它还被广泛用于科研项目的选题准备、研究课题的预判分析以及科研成果的评价等多个方面。它通过提供宏观和微观层面的学术趋势分析，使研究者在科研决策上更具前瞻性和针对性。

随着科学研究的日益复杂化和信息化，CiteSpace 的作用变得越来越重要。特别是在跨学科研究领域，CiteSpace 能够有效地揭示不同学科间的知识融合领域和交叉点，为创新研究提供有力支持。此外，随着版本的不断更新，CiteSpace 也在持续增强其功能和用户体验，如在 6.1.R6 高级版中，用户可以进行更多的自定义分析，使研究分析更加精准和个性化。CiteSpace 作为一个强大的文献可视化工具，其重要性在于它为科学研究提供了一种新的、直观的数据分析和展示方式。它不仅促进了学术信息的高效获取和处理，也加速了科学知识的传播和创新。随着科研数据量的不断增长，CiteSpace 及类似的可视化工具将在科学研究中扮演越来越重要的角色。

本部分基于 CiteSpace 软件，旨在全面展现品牌形象研究的历史发展脉络、当前热点和未来趋势。通过对品牌形象文献的可视化分析，本部分揭示了该领域的主要研究方向和学术动态，为后续的学术研究和实践应用提供了有价值的参考。通过 CiteSpace，能够从 CNKI、Web of Science 等数据库中提取文献数据，进行深入分析，形成知识图谱，这些图谱帮助识别品牌形象研究的核心主题和趋势，为品牌形象的深入研究和实践应用提供指导。

国内关于品牌形象的研究呈现多样性，主要集中在品牌形象的形成过程、对消费者的影响，以及品牌形象的定义和构成等方面。从品牌形象的形成过程来看，学者通常关注品牌设计、塑造和传播等方面。品牌形象研究在过去几十年中得到了显著发展。这些研究不仅覆盖了品牌形象的构建和传播，还涉及品牌形象对消费者心理和行为的影响。

从品牌形象的形成过程来看，学者关注如何设计、塑造和传播品牌形象。陈方圆、沈达、高莹（2020）的研究聚焦特色农产品电商领域，他们提出了一系列针对该领域的品牌形象构建和提升策略。这些策略包括如何有效利用在线平台的特点，以及如何通过社交媒体和其他数字渠道加强品牌传播。秦宗财（2021）的研究则更加注重文化和历史背景在塑造品牌形象中的作用。以"千年运河"为例，他探讨了如何通过挖掘和传播文化遗产，以及如何通过媒介传播和文化认同来构建和加强文旅品牌的形象。唐朝晖和张莹（2022）的研究则集中对旅游品牌形象进行传播，他们以湘南田广洞村的古村落文化为例，提出如何通过故事讲述和体验营销来强化旅游品牌形象。

从品牌形象对消费者的影响角度来看，许多研究采用了定量的实证分析方法。马纪娆（2023）的研究采用贝尔模型，探讨了绿色品牌形象对消费者购买绿色产品意愿的影响。通过这种方法，她研究发现，品牌形象对提升消费者的购买意愿起着重要作用。李炅等学者（2021）则通过 ABC 态度模型来分析品牌形象对消费者忠诚度的影响。这些研究表明，品牌形象在塑造消费者的购买决策和品牌忠诚度方面扮演着重要角色。

此外，还有一些研究专注品牌形象的定义、构成和维度。这类文献虽然相对较少，但对了解品牌形象的本质提供了重要的视角。例如，张庆国（2019）的研究分析了品牌形象的构成要素，并从四个方面分析了品牌形象的应用。龙成志（2013）的研究则通过实证分析，证明品牌形象可以被结构化为五个基本维度：产品、使用者、企业、服务以及视觉外观。罗子明（2001）则提出了一个综合的品牌形象构成指标体系，并指出了国内企业在树立品牌形象方面存在的常见误区。

这些研究不仅揭示了品牌形象构建的复杂性和多样性，也强调了品牌形象在塑造消费者行为和企业市场策略中的重要作用。通过这些深入的研究我们可以看到，国内品牌形象研究的一个重点是了解品牌如何在不同的行业和市场环境中形成并发展。研究者在分析品牌形象时不仅关注了传统的企业品牌，也将眼光放到了特定地区、文化和旅游目的地等更广泛的领域。

另外，国内研究还关注品牌形象如何影响消费者的心理和行为。例如，研究者运用各种理论模型来探讨品牌形象如何影响消费者的购买决策、品牌忠诚度以及对品牌的整体评价。这些研究揭示了品牌形象在塑造消费者行为和提升企业市场表现中的重要作用。此外，对品牌形象的定义、构成和维度的研究也提供了重要的理论支持。这些研究努力明确品牌形象的本质，并探索其多元化的构成要素，如视觉识别、文化背景、消费者体验等。通过这些深入的研究，学者可以帮助企业和品牌更好地理解并利用品牌形象作为一种重要的战略资源。国内关于品牌形象的研究显示了该领域理论和实践上的进步。这些研究不仅使企业增进了对品牌形象形成过程的理解，还提高了企业对品牌形象如何影响消费者行为的认识。这些研究成果对企业在激烈的市场竞争中塑造和维护其品牌形象具有重要意义。

二、CiteSpace可视化软件在国内品牌形象领域应用的研究现状

CiteSpace可视化软件自2005年被引入中国以来，虽然在图书情报、教育、计算机等多个学术领域发挥了重要作用，但在品牌形象领域的应用相对较少。目前，关于使用CiteSpace进行品牌形象研究的文献主要聚焦品牌形象设计，尤其是包装设计。例如，刘丹和徐亚军（2022）的研究以江苏茶博园茶叶为例，利用CiteSpace分析了其品牌形象，并结合道家美学对茅山长青茶的品牌形象元素进行了创新性重构。付珊（2022）分析了农产品包装设计的知识图谱，揭示了设计与消费者需求之间的关系。品牌形象作为企业核心竞争力的重要组成部分，对提升产品价值和维护声誉有着至关重要的作用。因此，深入研究品牌形象，尤其是在数字化和可视化技术日益发达的当下，具有重大的理论和实践意义。CiteSpace的功能主要为对文献资料进行可视化分析和进行知识图谱构建，有助于直观了解品牌形象领域的研究热点、发展趋势和学术网络结构。未来研究可进一步探讨CiteSpace在不同类型品牌形象建设中的应用，如服务品牌、技术品牌等，并结

合大数据和人工智能等现代技术进行拓展。综合来看，尽管 CiteSpace 在品牌形象研究中的应用尚处于起步阶段，但其分析能力和应用潜力值得期待，随着研究的不断深入，我们有望看到更多研究者加入这一领域，推动品牌形象研究向更广阔的领域发展。

（一）关于国外品牌形象的研究现状

国外关于品牌形象的研究更加注重从品牌形象作为影响因素的角度进行探讨，并广泛采用实证研究和模型分析。例如，Rodrigues Paula 等（2022）通过结构方程模型（SEM）和偏最小二乘法（PLS）研究啤酒品牌形象如何影响消费者的偏好和满意度。他们的研究揭示了品牌形象在增加消费者品牌忠诚度和购买行为中的重要性，强调了品牌形象在消费者决策过程中的核心作用。此外，Kato Takumi（2021）对比日本汽车品牌的情感价值和功能性价值后发现，情感价值品牌形象更能影响消费者的购买意愿，这强调了品牌形象在品牌与消费者之间的情感传递的作用。

Albert A. Barreda 等（2020）通过研究发现，社交媒体的互动和奖励机制可以有效建立和加强品牌形象，并且品牌形象与品牌承诺能够正向影响消费者的情感依赖。这些研究不仅体现了国外学者在品牌形象研究上的深度和广度，还揭示了在不同文化和市场环境下，品牌形象如何影响消费者的认知和行为。综合来看，这些研究为了解品牌形象在全球化市场中的多维作用提供了重要的理论和实践参考。

随着全球市场的日益多元化和复杂化，关于品牌形象的研究也日益国际化和多元化。学者开始关注不同文化和地域背景下品牌形象的构建和影响，探讨品牌如何在不同的市场环境中建立和维护其形象。此外，随着数字化和网络化的发展，品牌形象的传播和影响方式也在发生变化。社交媒体和数字营销领域成为构建品牌形象的新渠道，这对品牌策略和消费者行为研究提出了新的机遇和挑战。

当前的研究表明，品牌形象的构建不仅需要考虑产品和服务的质量，还需要关注品牌传达的价值观和社会责任。消费者对品牌的感知不再仅仅基于产品的功能性属性，而是越来越多地基于品牌的道德和社会责任。因此，未来的品牌形象研究将更加注重品牌的可持续性和社会影响，探讨品牌如何在追求经济利益的同时，促进社会的可持续发展。

国外的品牌形象研究不仅涵盖了品牌形象对消费者行为的影响，还包括品牌形象在不同文化、社会和数字化环境中的作用和影响。这些研究为品牌管理和市场策略的制定提供了理论支持和实践指导，指出了未来研究的方向，如不同文化背景下的品牌形象构建、数字化环境中品牌形象的演变，以及品牌形象与可持续发展和社会责任感之间的关系。

（二）CiteSpace可视化软件在国外品牌形象领域应用的研究现状

在国外，CiteSpace可视化软件在品牌形象研究领域的应用相对较少，其主要被应用于图书情报与数字图书馆等领域。相比之下，国外学者在品牌形象方面的可视化分析多采用其他软件，如VOSviewer等。这一现象表明，在品牌形象研究中，不同的可视化工具可能因其特定功能和适用性而被应用。例如，Duque Oliva Edison Jair（2022）运用VOSviewer进行城市品牌化文献计量分析，其研究涵盖了城市品牌营销、居民与城市品牌、城市品牌治理以及城市品牌的经济影响等多个视角。这项研究通过综合分析城市品牌化的多个方面，揭示了城市品牌建设的复杂性和多维度。此外，Gordhan K. Saini（2022）的研究则聚焦雇主品牌化，分析了"前因与后果""概念化"等方面。该研究表明，雇主品牌化是一个动态的过程，其研究重点从早期的"企业品牌化"转向了更加深入的雇主品牌化研究。这一转变反映了品牌研究领域的深化和细化，以及对雇主品牌化作用机制的进一步了解。

Elías（2022）的研究则聚焦从老年人为主的品牌和品牌建设趋势。通过对品牌形象、品牌资产等与老年消费者行为相关主题的分析，这项研究揭示了品牌形象与年龄心理图、认知过程等方面的联系。这表明品牌在针对不同年龄群体的消费者时，需要采取不同的品牌策略和传播方式。尽管CiteSpace在国外品牌形象领域的应用不如其他领域广泛，但其他可视化工具如VOSviewer在这一领域的应用表现出了其独特的优势。这些研究从不同的角度深化了对品牌形象的理解，涵盖了从城市品牌化到雇主品牌化，再到针对特定群体的品牌建设等多个方面。这些研究的多样性和深度表明，品牌形象研究是一个多维度、跨领域的学术领域，其在全球化背景下的应用和发展将为品牌管理和市场策略提供重要的理论与实践支持。

在国际市场上，关于品牌形象的研究呈现出显著的成熟度，这一点不仅体现在研究的数量上，更体现在研究深度、广度以及方法的多样性上。国外学者在品牌形象研究中常采用实证研究方法，结合先进的统计模型如结构方程模型（SEM）

和偏最小二乘法（PLS），深入探讨品牌形象及其对消费者行为的影响。研究内容涵盖了品牌形象对消费者满意度和忠诚度的影响，品牌形象在不同文化和市场环境中的作用，以及品牌传播策略的有效性等多个方面。国外研究者不仅关注传统的产品和服务品牌，还涉及城市品牌化、雇主品牌化等新兴领域。这些研究在展现品牌形象的多维度和跨学科特点的同时，也揭示了品牌形象如何在全球化背景下适应不同的市场需求和文化特点。例如，城市品牌化研究不仅关注城市的经济发展，还关注城市文化、社会责任和居民满意度等方面，反映了品牌形象在公共管理和城市规划中的重要性。

（三）研究述评

相较国外的研究，国内在品牌形象研究方面虽然文献数量有所增长，但在研究深度和方法创新方面仍有待提升。国内的研究主要集中在品牌形象设计、塑造和传播策略方面，缺乏理论创新和方法论上的突破。这可能是由于国内品牌形象研究起步较晚，因此目前仍在探索适合国内市场和文化的研究路径。此外，国内研究在视角和层面上表现出较丰富的多样性，导致研究内容和结果的复杂性。例如，国内学者在探讨品牌形象时，更倾向关注品牌形象如何与消费者的文化认同和价值观相结合，以及品牌形象在不同消费群体中的差异化表现。这些研究反映了国内品牌形象研究的本土化特点，着重探索品牌形象在中国特定社会文化背景下的独特表现和影响。

在品牌形象研究中，CiteSpace等可视化工具的应用在国内外均较少。尽管这些工具在图书情报学等领域有广泛应用，但在品牌形象研究中的潜力尚未得到充分挖掘。国外学者更倾向使用VOSviewer等其他可视化工具进行品牌形象相关研究。未来品牌形象研究的重要方向包括探讨品牌形象在数字化和网络化环境中的演变，社交媒体和移动通信技术对品牌形象建设和传播的影响。同时，随着消费者对品牌背后拥有的道德和社会责任的关注日益增加，探讨品牌形象与可持续发展和社会责任相结合的方式，将是品牌形象研究的另一个重要领域。在方法论上，结合定量和定性研究方法，发展综合且具创新性的研究方法将成为品牌形象研究的关键。例如，通过混合方法研究，结合量化的数据分析，可以更全面地揭示品牌形象的多维度特征和影响因素。

二、CiteSpace 软件操作流程

（1）前期准备

下载安装：访问 CiteSpace 官方网站，下载并安装 CiteSpace 软件。

（2）数据准备

因 CiteSpace 不能直接分析 CNKI 文献数据，需进行数据转换。创建四个文件夹，分别命名为 data、input、output、project。下载的知网数据以"download_****"格式命名，保存于 input 文件夹中。

（3）数据转换

操作界面：启动 CiteSpace，点击"Agree"进入软件操作界面。在菜单栏中选择"数据"，并选定数据库为 CNKI。

转换过程：对 input 文件夹中的数据进行转换。转换成功的数据将存储在 output 文件夹中。

（4）数据导入与项目建立

数据导入：将 output 文件夹中的转换数据复制到 data 文件夹。

项目建立：在 CiteSpace 界面新建项目，并点击"save"保存。

图示：如图 2-1 所示，展示了用 CiteSpace 建立项目界面。

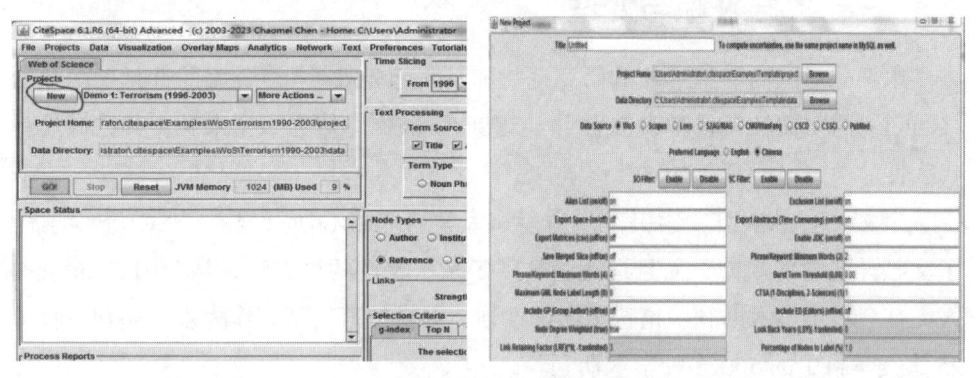

图 2-1　用 CiteSpace 建立项目界面

（5）生成图谱

参数设置：设定要分析的年份和时间切片，选择节点类型（如作者、机构、关键词等，每次仅能选择一项进行分析），以及阈值、网络裁剪等参数。

生成图谱：完成参数设置后，点击界面左侧的"go"按钮，即可生成共现图谱。基于共现图谱，可进一步实现对聚类、突现、时区图谱的分析。

图示：图 2-2 展示了 CiteSpace 的操作界面。

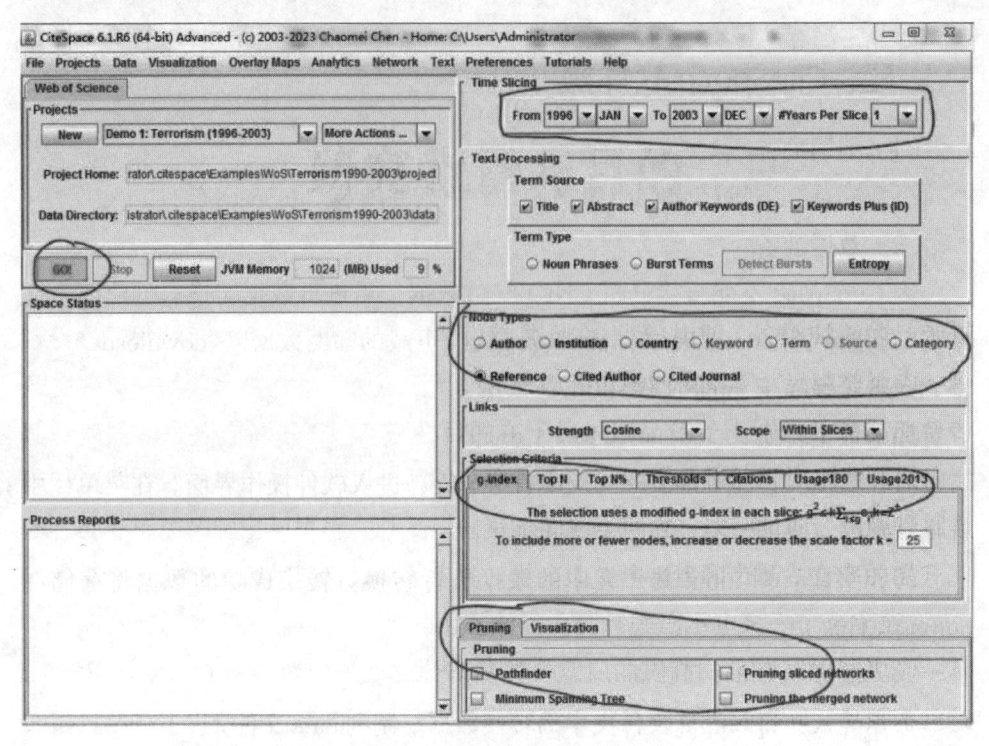

图 2-2　CiteSpace 操作界面

三、数据来源与处理

本部分对国内品牌形象的研究现状和发展趋势进行分析，因此选择中国知网（CNKI）的中文社会科学引文索引（CSSCI）数据库作为数据来源，其数据具有代表性。

中文社会科学引文索引，是由南京大学研究中心所开发。CSSCI 不仅遵循了文献计量学的规律，而且运用结合了定量、定性两种方法，从全国 2700 余种人文社会科学学术期刊中精选出学术性强、编辑规范的期刊作为来源期刊，收录 25 大类学科中的 500 多种学术期刊。

按期刊来源为中国知网 CSSCI 高级检索 1998—2022 年主题为"品牌"并含"形象"的文献，并以同义词扩展，检索出 2619 篇文献，检索后自动加手动剔除书评、艺术作品、会议、综述等与学术无关的文献，最终得出 2445 篇文献数据，按 refworks 格式导出，导出时间为 2023 年 3 月 31 日。

四、品牌形象研究结果与分析

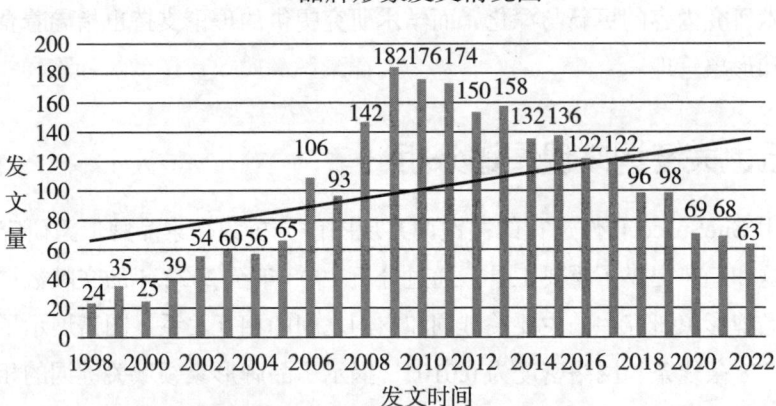

品牌形象发文情况图

图 2-3　1998—2022 年品牌形象文献发文时间分布图

品牌形象研究在中国知网数据库中的历史趋势分析显示，自 1998 年以来，该领域的研究经历了从起步到逐步成熟的过程。通过对时间序列数据的分析，可以揭示该研究领域的重要发展阶段。

初始探索阶段（1998—2004 年）

这一时期，品牌形象研究方向的发文量虽然相对较低，但呈现出逐年增长的趋势。这反映出在 20 世纪 90 年代末，品牌形象作为一个研究主题开始在国内学术界引起关注。研究重点多集中在品牌形象的基础理论和理论框架的建立上。

发展加速阶段（2005—2011 年）

在这一时期，品牌形象研究方向的发文量显著增加，尤其在 2009 年达到顶峰。这一趋势可能受到 2008 年北京奥运会等事件的影响，这些大型活动提高了公众和学术界对品牌形象的关注。同时，市场竞争的加剧和消费者意识的提升也推动了品牌形象研究数量的增长。

调整与深化阶段（2012—2022 年）

尽管从 2012 年起每年的发文量有所下降，对品牌形象的研究仍保持活跃态势。研究开始更加注重品牌形象的实际应用方面，如品牌形象与消费者行为的关系、品牌危机管理和数字营销。此外，新冠疫情对各行各业的影响也对品牌形象研究产生了一定影响。

品牌形象研究的发展受到多种因素的影响，包括经济环境、社会文化变迁、市场需求的演变以及特定时期的重大事件等。社交媒体的兴起和消费者对品牌道德的重视使品牌形象研究的视角逐渐扩展。品牌研究的历史趋势和当前状态反映出学术研究与市场实践之间的紧密联系。实践中存在的新问题和面对的挑战不断促使学术研究内容的更新与深化，而学术研究提供的理论支持也指导着企业的品牌建设和形象管理。

五、关键词共现图谱分析

利用 CiteSpace 软件进行的关键词共现图谱分析为探索品牌形象研究领域的热点主题和趋势提供了重要工具。通过分析 1998 年至 2022 年的文献数据，图谱呈现了品牌形象研究中的主要关键词和它们之间的相互关系。图谱展示了 391 个节点和 778 条线条，网络密度为 0.0102，揭示了品牌形象领域关键词的相互连接和整体结构。节点的大小在图谱中代表了关键词的出现频率，其中"品牌形象"作为最大的节点，突显其在品牌研究中的中心地位。"品牌""品牌资产""国家形象""城市品牌"和"消费者"，这些节点的大小和位置反映了它们在品牌形象研究中的重要性。这些关键词的共现揭示了品牌形象研究的广泛性和多样性，表明研究主题不仅限于商业领域，还涉及更广泛的社会和文化层面（见图 2-4）。

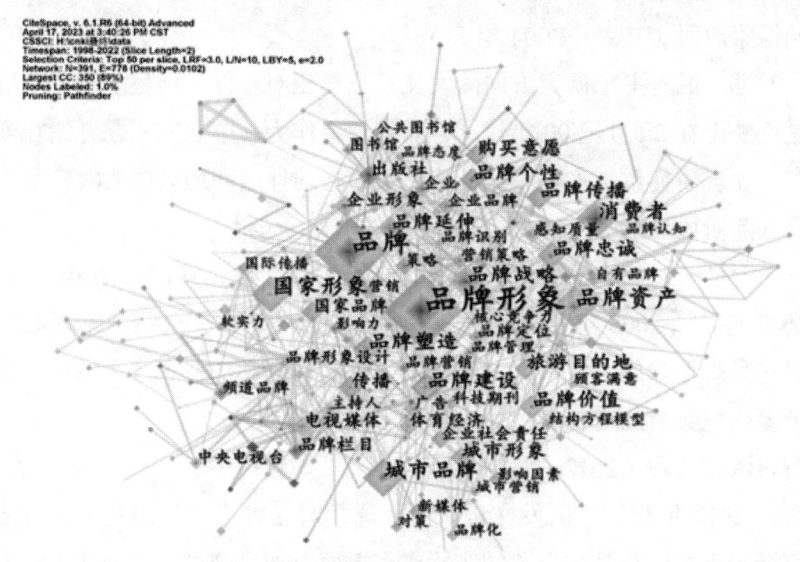

图 2-4　关键词共现图谱

表 2-1 中的数据进一步阐释了这些关键词在品牌形象研究网络中的中心性。品牌形象和品牌个性的中心性分别为 0.55 和 0.21，表明这些关键词不仅出现频繁，而且在连接不同研究主题方面发挥着重要作用。其他关键词如"品牌建设""品

牌资产""品牌塑造"和"传播",其中心性≥0.1,显示了它们在品牌形象领域的影响力和关联度。即使是中心性略低的"企业形象"和"出版社",也显示了它们在品牌形象研究中的潜在重要性。

从共现图谱不难看出,品牌形象研究的关键词和主题随着时间的推移不断演变与扩展。最初的研究可能更多集中于探索品牌形象的基本概念和理论框架,随着时间的推移,研究主题逐渐扩展到更具体的实践应用领域,如品牌个性、品牌资产管理、国家与城市品牌的影响等。这种演变反映了该领域研究主题的深化和多元化。例如,品牌个性的高中心性表明,研究者越来越关注品牌个性对消费者认知和行为的影响。同时,国家形象和城市品牌的出现,表明研究正从商业品牌扩展到更宽广的社会文化品牌领域。

图谱中关键词的相互连接和中心性揭示了品牌形象研究中各个主题之间的紧密联系。这种复杂的网络关系不仅揭示了品牌形象作为研究主题的多维性,还表明了不同研究主题之间的互相影响和依赖。例如,品牌资产的管理和品牌塑造的策略与品牌个性的构建密切相关,而这些又与消费者行为和国家形象等领域相交织。

表 2-1 高频关键词与高中心性关键词

排名	关键词	频次	出现年份	关键词	中心性	频次	出现年份
1	品牌形象	363	1998	品牌形象	0.55	363	1998
2	品牌	128	1998	品牌个性	0.21	33	2002
3	品牌资产	60	2000	品牌建设	0.15	36	2006
4	国家形象	48	2008	品牌资产	0.15	60	2000
5	消费者	43	1998	品牌	0.15	128	1998
6	城市品牌	42	2002	品牌塑造	0.13	34	2002
7	品牌建设	36	2006	传播	0.12	22	2004
8	品牌战略	36	1998	国家形象	0.12	48	2008
9	品牌塑造	34	2002	消费者	0.11	43	1998
10	品牌个性	33	2002	企业形象	0.08	20	1998
11	品牌价值	31	2000	出版社	0.08	21	1998
12	品牌传播	29	2006	品牌定位	0.06	17	2002
13	城市形象	26	2006	电视媒体	0.06	20	2000
14	购买意愿	25	2010	品牌传播	0.06	29	2006
15	品牌忠诚	25	2004	品牌价值	0.06	31	2000
16	品牌延伸	25	2002	品牌战略	0.06	36	1998
17	旅游目的地	25	2006	新媒体	0.05	13	2012
18	传播	22	2004	品牌栏目	0.05	20	1998
19	出版社	21	1998	购买意愿	0.05	25	2010
20	电视媒体	20	2000	旅游目的地	0.05	25	2006

六、关键词聚类图谱分析

在品牌形象研究领域，关键词共现图谱的生成与分析展现了该领域内高频关键词的情况，并揭示了研究热点的分布。CiteSpace 中的聚类分析通过 LLR 算法生成的图谱揭示了紧密的关联性（见图2-5），这不仅说明各研究主题之间的联系紧密，而且也指出了各主题间的潜在交叉点。聚类模块值 Q 值为 0.6178，表明聚类结构显著；平均轮廓值 S 值为 0.8519，表示模块间相似度高，均显著超出了常规的可信阈值。

具体来看，在图谱中生成的 13 个聚类标签中，前 12 个聚类标签覆盖了当前品牌形象领域内受学者广泛关注的研究主题。这些聚类从"#0 品牌资产"到"#11 区域品牌"，依次展示了研究的焦点，数字越小表示研究的集中度越高。每个聚类标签本身就是一个研究热点，如"#1 品牌""#2 品牌栏目"和"#3 城市品牌"，它们分别代表了品牌研究的不同角度和深度。"#4 品牌形象"作为一个独立聚类，凸显了品牌形象作为一个单独研究方向的重要性和研究的集中度。

其他聚类如"#5 国家形象"和"#6 出版社"展现了品牌形象研究如何延伸到更广泛的社会文化领域和产业实践。"#7 购买意愿""#8 体育经济"和"#9 原产地效应"等聚类进一步扩展了品牌形象的研究视角，表明研究者正在探索品牌形象如何影响消费者决策和特定产业的经济表现。此外，"#10 品牌传播"和"#11 区域品牌"的聚类标签，突显了在传播和地理位置方面的研究重点，反映了品牌传播策略和区域品牌建设在当前品牌形象研究中的重要性。

图谱中的每个聚类标签都代表着品牌形象研究领域内的一个独立研究方向，而这些方向之间的紧密联系和互动揭示了品牌形象研究的综合性和动态发展性。品牌资产的管理、品牌个性的塑造、品牌与消费者行为的关系，以及品牌在不同文化和市场环境中的表现，都是品牌形象领域当前和未来可能继续深入探索的重要方向。通过对图谱中的聚类标签进行深度分析，可以看出品牌形象研究领域是一个不断发展和变化的领域，具有多种研究视角和方法。随着品牌形象研究的不断深入，各个研究主题之间的相互作用和交叉融合预示着该领域研究将持续保持活跃，并可能带来新的研究方向和视角。

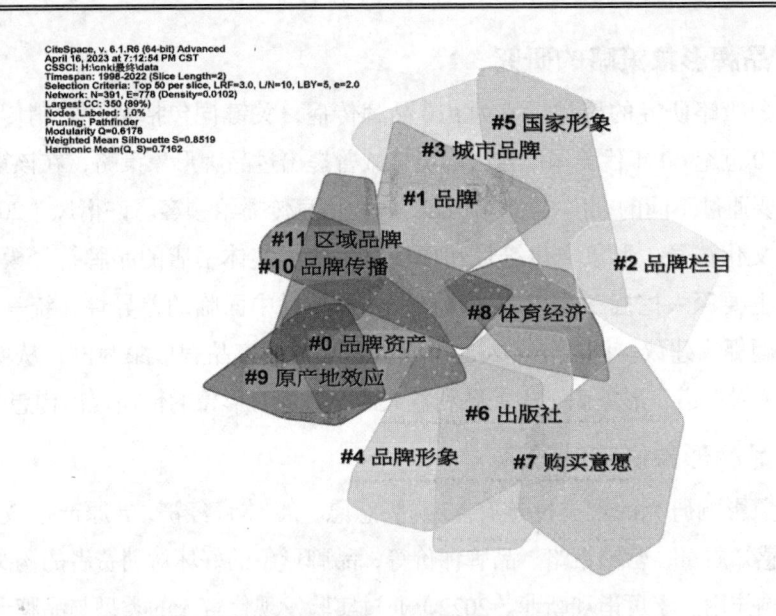

图 2-5 关键词聚类图

聚类图表明，品牌形象研究逐渐扩展，覆盖了从具体媒介到宏观层面的多个维度。各聚类标签不仅显示了品牌形象研究的多样化趋势，也指出了这些研究领域之间的交叉和互补性。

（一）品牌形象的应用研究

品牌形象应用研究包含#2 品牌栏目、#3 城市品牌、#5 国家形象、#6 出版社、#11 区域品牌第五个聚类标签，关键词有电视频道、城市形象、国家品牌、品牌战略、企业品牌等。不难发现，无论是共现还是聚类的图谱结果，都能看到品牌形象的应用范围逐渐从"小"到"大"、从"整体"到"具体"，学者结合研究对象本身的特点去研究品牌形象。孙斌（2022）以河南卫视"中国节日"系列为例，认为要想打造品牌就要使用统一的名称、塑造人物形象和立足传统节日。罗志伟等学者（2022）以广州非裔聚居区为例，运用案例研究和访谈方法，对居民情感的作用进行探讨，挖掘城市移民品牌化路径，为城市形象的管理提供参考。李珍晖和刘静怡（2022）认为电影是国家品牌形象塑造的重要载体，通过量化分析新主流电影在塑造国家形象中的问题并提出相应的建议。黄喆（2021）指出品牌竞争是出版社竞争的关键，出版形象、出版人和出版物对品牌构建具有重要意义，他认为出版形象是品牌构建的文化沉淀。刘文超等学者（2021）基于原产国等理论，提出区域品牌形象构成维度有区域经济形象、区域自然形象、区域企业形象和区域产业形象。

（二）品牌形象策略的研究

品牌形象策略研究的聚类标签为 #10 品牌传播，关键词包括整合营销传播、影响力等。20 世纪 60 年代美国广告大师奥格威曾提出过品牌形象策略，在该策略中，形象需要通过不同的推广技术将产品的属性信息传播给顾客。许衍凤（2022）提出由产品文化符号、形象文化符号和环境符号构成实体书店的品牌符号模型，在传播策略上要深入挖掘三个维度的特点，并为传播中面临的差异性、统一性、融入性等问题提出建议。闫欣洁（2020）以打造郑州城市品牌形象为例，从城市资源环境、传播渠道、形象识别、关系利益人四个方面对形象的传播提出构想。

（三）品牌形象影响的研究

品牌形象影响研究的聚类标签有 #7 购买意愿、#8 体育经济，# 原产地效应，关键词包括感知质量、营销策略、品牌评价等，品牌形象的好坏对消费者的购买意愿有重要影响作用。李可诣和靳菲（2022）通过实验发现代言人的类型与品牌形象对消费者的态度有交互影响。对活力型品牌而言，虚拟代言人能够使消费者产生更高的购买意愿，而保守型品牌则需要真实的代言人。孙彧和彭鑫（2022）通过实证证明品牌原产地形象会让消费者产生更高的购买意愿。沈纲和刘高福（2021）以体育消费者为调查对象，系统分析了体育赞助的感知对品牌形象的影响，并且发现，这会从真诚度感知和匹配度感知两个维度对赞助品牌形象产生强化作用，具有重要影响力的体育赛事将会使消费者产生购买意愿，从而促进体育赛事经济发展。

（四）品牌形象作为变量的研究

品牌形象作为变量的聚类标签为 #0 品牌资产，关键词包括品牌忠诚、消费者、品牌价值等。除了品牌形象，品牌资产、品牌忠诚等也是构成品牌的一部分。品牌形象与它们之间有着密不可分的联系，如品牌形象驱动着品牌资产，品牌资产是衡量品牌的标准。施万君和刘东锋（2022）通过实证研究认为，足球俱乐部的品牌资产由俱乐部形象、球迷认同和球迷忠诚构成。球迷对俱乐部形象的认知能够正向驱动球迷认同和提高忠诚度。杨一翁等学者（2022）从外部利益相关者的视角出发，发现公司形象将会影响外部品牌资产，公司愿景和文化将会影响内部品牌资产。

七、关键词突现图谱的历史脉络解析

关键词突现图谱为识别学术领域中的研究趋势提供了一种直观的工具。在品牌形象研究中，通过对时间序列的关键词频率分析，可以明确地看到在某一时间段内学者对特定关键词的集中关注。这种关注往往意味着该关键词所代表的概念或主题在当时是研究的前沿，或者在特定时间内有着重要的学术或应用价值。学者使用 CiteSpace 工具生成关键词突现图谱，将 39 个突现词映射出来，进一步筛选出了前 25 个突现词以进行深入分析，这些关键词按照其突现的时间段被分为早期、中期和近期三个不同的阶段（见图 2-6）。

Top 25 Keywords with the Strongest Citation Bursts

Keywords	Year	Strength	Begin	End
消费者	1998	11.36	1998	2005
出版社	1998	6.82	1998	2007
品牌形象	1998	5.9	1998	2001
名牌战略	1998	5.69	1998	2001
品牌栏目	1998	4.83	1998	2005
企业	2000	3.82	2000	2009
品牌战略	1998	6.52	2002	2009
频道品牌	2002	5.31	2002	2007
品牌延伸	2002	4.76	2004	2011
营销	2004	4.6	2004	2011
城市营销	2004	3.96	2004	2009
自有品牌	2006	4.83	2006	2011
品牌个性	2002	4.29	2006	2011
对策	2006	4.23	2006	2011
品牌价值	2000	4.45	2008	2013
顾客价值	2008	4.08	2008	2011
顾客满意	2006	4.32	2010	2013
动漫产业	2010	4.28	2010	2013
影响因素	2012	4.19	2012	2017
国家形象	2008	7.08	2014	2019
国际传播	2016	5.43	2016	2022
体育管理	2016	3.89	2016	2019
中国品牌	2016	3.86	2016	2021
品牌传播	2006	4.89	2018	2022
品牌建设	2006	4.66	2018	2022

图 2-6　关键词突现图谱

在早期阶段，品牌形象的研究前沿主要集中在"品牌栏目"上，这意味着学者更关注如何在各种媒介平台上展现品牌形象，品牌形象在不同栏目中的差异化表现和策略。这一时期的研究表明，媒介和内容是构建品牌形象的重要元素，品牌通过电视节目、杂志专栏等方式塑造公众心中的形象。这些研究为品牌形象的跨平台管理提供了初步的理论基础，并为后续制定品牌传播策略奠定了研究基础。

中期阶段的研究前沿则转向了"国家形象"这一更宏观的层面。"国家形象"的突现说明了这一时期学者开始探索国家品牌和形象对国际关系、外交政策、国际贸易等方面的影响。在全球化背景下，国家形象成为国际竞争中不可忽视的软实力。研究者通过对国家形象的分析，试图解读和评价各国在国际舞台上的形象塑造策略，以及这些策略对本国经济、文化交流和政治影响力等方面发挥的作用。

近期的研究前沿，"国际传播""体育管理""中国品牌""品牌传播"和"品牌建设"等关键词突现，其中"国际传播""品牌传播"和"品牌建设"三个关键词的突现强度显著，指示了未来品牌形象研究的新热点。这表明当前和未来的研究将更加关注品牌形象在全球范围内的传播效果，品牌在不同文化和市场环境中的建立和维护，品牌建设在国际化进程中的实践。

品牌形象研究的早期前沿集中于如何在媒体栏目中精确地塑造和传达品牌的形象。这个阶段的研究反映了品牌管理者和学者对品牌在公众心中坚立起来的重视。随着对品牌形象研究的深入，学者开始关注品牌形象在更多的国家和地区层面的影响力。中期的研究表明，国家形象的构建和传播已成为一个重要的国家战略，关注点从品牌的商业属性转移到了品牌作为国家软实力的一部分。在全球化的今天，品牌形象的国际传播成为一种新的学术和实践前沿。国际传播不仅涉及国家形象的全球塑造，还包括品牌如何通过跨文化传播在国际市场上建立信任和获得认同。同时，品牌建设的突现强度表明，无论是在本土还是国际层面，品牌的建设和维护策略都需要有战略性的思考与执行。这些关键词的突现揭示了品牌形象研究的新趋势，预示着未来研究可能聚焦品牌形象在全球化背景下的传播效果和战略建设。

随着数字化和信息化的不断发展，对品牌形象的研究也在不断进化。从品牌栏目的媒介策略，到国家形象的全球策略，再到品牌形象在国际舞台上的传播力，这一转变反映了品牌形象研究前沿的演进。近期的研究前沿更加注重品牌传播的战略性和系统性，这不仅关乎品牌信息的有效传递，也涵盖了品牌故事的情感共鸣和文化价值的传承。在这一过程中，品牌建设被视为构建持久品牌形象和增强品牌资产的关键活动，这就要求研究者和品牌管理者采用多元化的视角和创新的策略。

现代品牌管理不再是单向地传播，而是一个多维的互动过程。品牌形象的塑造与消费者的互动、市场反馈的快速响应以及品牌故事的深度叙述密切相关。因此，"体育管理"和"原产地效应"等关键词的突现，展示了品牌形象如何在特定行业和文化背景下实现差异化与特色化。体育赛事的品牌管理与原产地品牌的市场定位，都强调了品牌形象在特定领域内的深度开发和利用。此外，随着数字媒体和社交平台的兴起，"国际传播"和"品牌传播"两个关键词的突现强度不断增强，反映了品牌形象研究正在向数字化转型。品牌不仅要在传统媒体中树立强大的形象，还要在数字空间中塑造互动性和参与感。这就要求品牌形象研究不断创新，结合最新的数字营销技术和社交媒体策略，探索品牌形象在虚拟环境中的展现方式和互动模式。

综合这些突现关键词和其相应的时间段，品牌形象研究的前沿不断推进，展现出品牌形象研究领域的动态变化和学术深度。随着消费者行为、市场环境和技术手段的变化，品牌形象研究前沿也在适应这些变化，不断演进和扩展。这些研究趋势不仅为品牌形象的理论发展提供了新的方向，也为品牌的实践管理提供了战略性的见解。品牌形象作为一个复杂的研究主题，将继续吸引学者对其多样化功能、传播策略及在不同文化和市场环境中的角色进行深入研究。

八、研究热点的演进

关键词的时区图谱可以呈现出一个领域内研究热点的演进，由于数据过于繁杂，为了更清晰直观地看出探究热点的演进，将剔除频次为 5 以下的关键词，同时将时间切片设置为 7，在 CiteSpace 里找到 Timezone View 绘制出品牌形象时区图谱。结合本章分析把品牌形象的研究分为以下三个阶段：1998—2004（认识探索阶段）、2005—2011（繁荣上升阶段）、2012—至今（稳定发展阶段），每一个阶段的研究是对上一个阶段研究的有效承接（见图 2-7）。

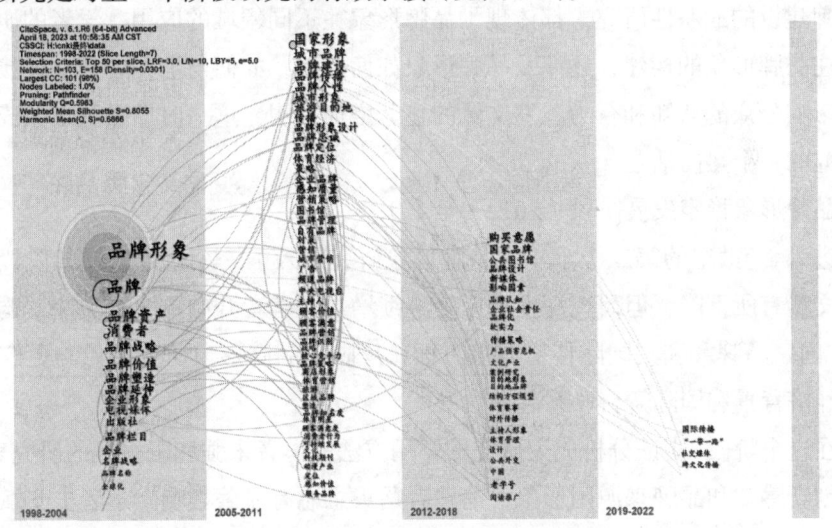

图 2-7 关键词时区图谱

品牌形象认识探索阶段（1998—2004 年）

在 20 世纪末至 21 世纪初，中国关于品牌形象的研究正在起步阶段，学者开始引进和探索西方的品牌形象理论，尝试将其与中国市场的实际情况相结合。在这一时期，CSSCI数据库的文献显示，研究主要集中在对品牌形象模型的构建上。例如，学者江明华和曹鸿星的比较研究发现，Biel模型由于其针对性和实证性，在中国的品牌形象研究中更具适用性。学者范秀成和陈洁提出的品牌形象综合测评模型，从品牌识别的角度出发，构建了一个包括产品、企业、人性化和符合四个维度的全面系统，这表明当时学者正试图建立一个更为全面的品牌形象理论框架。

此外，案例研究开始受到关注，研究对象涵盖了企业、电视频道栏目、出版社等，显示了品牌形象研究从理论向实际应用的转变。这一阶段的文献量虽然不多，但为后续的品牌形象研究奠定了坚实的理论基础，并对品牌形象的实证研究方法和应用范围提供了初步的探索内容。

品牌形象繁荣上升阶段（2005—2011年）

受2008年北京奥运会等重大事件的影响，品牌形象研究进入了繁荣上升阶段。这一时期，学者对品牌形象的内涵进行了更深入的探讨，研究范围也扩大到了旅游地、城市和国家等更广泛的层面。关键词如"国家形象""城市品牌""品牌建设""品牌传播"和"品牌个性"等出现频次增加，显示了品牌形象研究内容的不断深化。旅游目的地的品牌形象研究，奥运文化品牌的价值提升，以及城市品牌建设的战略性研究，都体现了品牌形象在不同领域的应用。学者的研究不仅关注品牌形象的构建，还涉及品牌形象如何传播，如何与消费者建立连接以及如何影响公众的认知和行为。发文量的显著增加表明，这一时期品牌形象成为学术研究的一个热门话题。

品牌形象稳定发展阶段（2012—至今）

进入21世纪的第二个十年，品牌形象研究转入了一个稳定发展的阶段。尽管发文量有所下降，但研究深度和广度继续增加。学者开始更多地关注"购买意愿""国家品牌"和"国际传播"等方面，反映了品牌形象研究开始与更广阔的社会经济背景和国际舞台联系起来。

在这个阶段，实证分析成为研究的常用方法。学者朱强和王兴元的研究表明，产品创新感知和品牌来源国形象对消费者购买意愿有显著影响。学者史安斌和童桐的研究则突出了国际传播中"第三文化人"的概念对国际品牌传播的新贡献。这些研究不仅反映了品牌形象对消费者行为的影响，还揭示了品牌形象在国际传播和文化交流中发挥的作用。

总体而言，品牌形象研究的三个阶段反映了从理论探索到实证应用，再到国际传播和跨文化研究的演变。学者的研究内容不断得到深化,"品牌形象"的概念也在不断扩展,涵盖了从商业到文化,从本土到国际的多个维度。这些研究不仅促进了品牌形象理论的发展,也为品牌管理的实践提供了丰富的策略和见解。

九、研究结论与建议

(一)研究结论

本章通过使用 CiteSpace 软件,对中国知网数据库中 1998—2022 年的 2445 篇品牌形象文献进行知识图谱分析,绘制了关键词共现图谱、关键词聚类图谱、关键词突现图谱和关键词时区图谱。通过分析得出以下结论。

从研究现状来看,关于品牌形象研究的发文量先上升后下降,发文量受到每一时期当时环境、经济、政治的综合影响,"品牌形象"概念是在 20 世纪 90 年代后期才传入国内,所以 1998—2004 年,发文量较少。随着国家经济的发展,2005—2011 年发文量高涨,在 2009 年达顶峰。受新冠疫情影响,近几年来有关品牌形象的研究文献的发文量是下降的,而且整个品牌领域的文献发文量也是下降的。但是品牌形象研究仍然在持续发展,说明学者对品牌形象这个研究项目依旧在持续关注中。

从研究热点内容来看,品牌形象领域内的研究热点有品牌资产、国家形象、消费者等,学者主要从以下四个方面去研究:品牌形象应用研究、品牌形象策略研究、品牌形象影响研究、品牌形象作为变量。在品牌形象应用研究方面,品牌形象的研究对象不再局限于企业,向着旅游地、城市、区域、国家等扩展。在品牌形象策略方面,主要对传播方式进行研究,并且更多的是对传播问题进行探讨,关于传播效果评估这一类文献则较少。在品牌形象影响研究方面,学者主要对消费者的影响进行研究,特别是购买意愿。在品牌形象作为变量的研究方面,研究多与品牌资产有关,关于品牌其他维度的研究较少,如品牌认知等。

从研究前沿来看,消费者和国家形象的突现强度较强分别为 11.36 和 7.08,未来品牌形象研究前沿是国际传播、品牌传播、品牌建设,其中有两个都是关于传播的。可以看出品牌形象在传播方面的重要性。

从研究热点演进来看,国内品牌形象研究分为三个阶段:1998—2004(认识探索阶段)、2005—2011(繁荣上升阶段)、2012 至今(稳定发展阶段)。认识探索阶段,中国知网数据库中关于品牌形象基础概念的文献较少,对模型的研究较多,但都是基于国外的研究。繁荣上升阶段,研究对象范围从企业扩大到城市、区域、国家等。稳定发展阶段，集中对购买意愿、国际传播等方面进行研究，这些研究还有待进一步深化。

（二）研究建议

从总体来说，国内品牌形象的研究虽然从单一研究向全面研究发展，但是仍然存在不少的问题，以下是对国内品牌形象研究的一些建议：

1. 丰富品牌形象基础理论研究

中国知网数据库中关于品牌形象概念、理论的文献较少，关于模型的文献虽然相对多一点，但多是借鉴了国外已经成熟的研究。国内的品牌形象研究起步晚，缺乏基础理论，而基础理论对进一步研究品牌形象具有重要的意义。首先，基础理论是研究的出发点，是明确研究方向的前提。其次，基础理论是逻辑的支撑，如果品牌形象研究缺乏理论基础，就会导致学者在方法设计、测量维度、结果产生等方面出现偏差，从而导致整个研究的科学性不强、可信度不高以及缺乏可行性。最后，基础理论发展的缓慢、滞后会导致研究缺乏创新和意义。因此，要想丰富国内品牌形象就要加强对基础理论的研究。一方面，可以通过调研和实证，调查消费者对品牌形象的态度和认知，从而得出品牌形象构成的维度与核心要素；另一方面，可以结合中国特有的文化背景以及国内消费者的特点，探索形成符合中国本土的品牌形象基础理论，再进一步优化品牌形象模型，从而在实践操作的时候能够创造更加具有价值的品牌形象，并对更深层次的品牌形象研究提供帮助。

2. 拓宽品牌形象应用范围研究

品牌形象研究不再局限于企业，而向着城市、国家层面发展，城市和国家品牌形象研究也都还有待深化。例如，根据现有资料来看，国家形象传播一直以电影塑造国家形象为主流，而其他的传播方式关注度不是很高，随着传播媒介的发展，还出现了如短视频、vlog 等传播形式。从政府官方来看，近年来，随着"一带一路"倡议的推进发展，其对国家形象的传播与塑造也有着重大影响，而对这一部分的研究才刚刚开始发展。例如，当前互联网时代快速发展，互联网、新媒体等对品牌形象的建立必然有着重大意义，目前直播带货就已经是各个企业营销的重要手段，主播、代言人的形象都时刻影响着消费者的购买行为，而如何利用互联网技术对品牌形象塑造、传播等都是值得思考的，学者可以从这几个方面着手研究。

3. 重视品牌形象传播效果评估研究

从本章研究结果看，对于品牌形象传播的研究在品牌形象研究中占据了一席之地。目前关于品牌形象传播的研究多是对传播策略上存在的问题进行讨论，并提出优化建议，而关于传播效果评估的文献较少，缺乏规范的品牌形象传播效果评估指标体系。建立一个科学的传播效果评估体系，有利于规范品牌形象传播的过程，提高传播的效率。建议可以采用定性和定量两种方法去研究品牌形象传播效果的评估，采用定性的方法，将消费者在传播过程中所感受到的品牌形象与实际的品牌形象进行比较，从中找到差异，以评估传播的效果。采用定量的方法，研究不同程度的传播频率、范围、强度等对消费者购买行为的影响。

4. 深化品牌形象维度和指标测量研究

除了对品牌形象与品牌资产进行研究，也应该加强对品牌形象与品牌忠诚、品牌个性等的研究。但是值得注意的是，目前的研究都还不够细化和全面，因为与品牌形象相关的维度有很多，不同的品牌形象模型就有不同的品牌形象维度，常见的有质量、社会责任、可靠性、个性等这些维度，而度量它们的有质量认知度、社会责任认知度等指标。另外，品牌形象的度量也有指标，其中比较有名的就是品牌知名度、品牌美誉度这两大指标。学者应该综合这些维度和指标，同时在研究过程中要厘清这些维度指标成分的独立性，以免重复测量。对品牌形象作为变量的研究进行更加深入的探讨，可以试着寻找出影响品牌形象的哪些维度和指标发挥的作用显著，哪些维度和指标发挥的作用不明显。企业就可以根据这些信息从某一方面优化品牌形象，从而促进消费者对产品和服务进行购买，增加企业的经济利益和品牌价值。

（三）结束语

品牌形象作为热门话题之一，其内容繁杂，研究成果丰富，本章使用CiteSpace软件进行文献的可视化分析，通过对品牌形象文献进行研究，得出以下结果：

借助Excel绘制品牌形象文献条形图，可以得到1998—2022年品牌形象发文量，条形图显示发文量在2009年达到顶峰，而近几年虽然发文量降低，但总体发文呈现缓慢增长态势。品牌形象研究每年的发文量都会受到每个时期综合因素的影响。从共现、聚类、突现图谱可以看到，品牌形象的研究热点分别集中在品牌资产、国家形象、消费者等方面，主要研究方向可以分成品牌形象应用研究、品牌形象策略研究、品牌形象影响研究、品牌形象作为变量的研究四个方面。从突现图谱看到品牌形象的研究前沿集中在传播方面，从时区图谱可以得到品牌形象的发展一共可以分成三个阶段：认识探索阶段（1998—2004）、繁荣上升阶段（2005—2011）、稳定发展阶段（2011—2022），每个阶段所研究的内容都有所不同。

结合共现、聚类、突现和发展演进，发现品牌形象的研究存在缺乏基础理论、研究不够深化、细化等问题。为了促进品牌形象研究的发展，本章提出了一系列建议：一是需要丰富品牌形象基础理论的研究；二是拓宽品牌形象应用范围；三是重视品牌形象传播效果评估；四是深化品牌形象维度和指标测量研究。

不管是对企业，还是城市、旅游地、国家来说，要想长远发展，只有塑造一个好的品牌形象，才能提高竞争力，创造更多的商业价值和经济效益，以达到长远的发展目的。本章梳理品牌形象领域内的研究现状、热点及趋势，希望能够为学者研究品牌形象提供借鉴参考，从而促进品牌形象理论研究的发展，只有研究理论成果的丰富，才能使企业、城市管理者等在实际操作的时候能够更加合理地建立品牌形象。

第三章　区域品牌管理案例研究

第一节　日本石川县的区域品牌：
形成机制、效应及提升对策研究

本章将以"石川县品牌食品营销促进会"提出的产地品牌实践建议"促进石川县生产的食品品牌化"为例，深入探讨区域品牌创建的实践。

石川县位于日本列岛的中心，这里有白山山脉和日本海带来的纯净水源、肥沃土地，以及寒暖流交汇形成的"海陆之福"。该地区还孕育了丰富的饮食文化。在如此优越的地理条件下，石川县的农畜水产品种类繁多，不仅有各类农产品，还有精心种植的"加贺蔬菜"等传统蔬菜，以及四季皆宜的新鲜海产品。这些丰富的物产不仅是大自然的馈赠，也是当地人民辛勤劳作的结晶。然而，尽管县食品品质优良，但由于生产面积小、地块少等原因，其在日本国内的知名度有限，这也影响了当地居民的健康生活质量和产区经济的竞争力。在21世纪的今天，这一问题愈发凸显。

"石川县品牌食品营销促进会"的建议为解决这一问题提供了新的思路。通过促进石川县生产的食品品牌化，可以整合当地资源，打造具有地域特色的品牌形象，提高县食品的附加值和市场竞争力。这一实践不仅有助于提升石川县在日本国内的知名度，还有助于推动当地农业、渔业和食品加工业的发展，为当地经济增长注入新的动力。同时，品牌化还能够提高石川县食品的质量和安全水平，让消费者更加放心地购买和食用。通过建立严格的质量标准和监管体系，确保县食品的品质和安全，这不仅有利于保障消费者的健康，还有助于提升石川县食品的口碑和信誉。促进石川县食品的品牌化是一项具有重要意义的实践，它将有助于提升石川县在日本国内的知名度和竞争力，推动当地经济发展，保障消费者的健康和食品安全。

品牌不仅是买方鉴别产品真假的重要依据，也是卖方即生产者的一种营销工具。简言之，品牌可以作为买方的标识符、卖方的营销工具。通过品牌，生产者可以使自己的产品与众不同，并在激烈的价格战中脱颖而出。为了实现这一目标，作为销售者的生产者需要根据这些想法采取行动，把产品做大做强。

生产者要充分认识到品牌的重要性，并采取积极有效的措施来打造和维护自己的品牌形象。只有提供高质量的产品，才能赢得消费者的信任和忠诚度，进而树立良好的品牌形象。同时，生产者还应该加强品牌宣传和推广，让更多的消费者了解和认识自己的品牌，提高品牌的知名度和美誉度。此外，随着市场需求的变化和消费者口味的升级，生产者要及时调整产品结构和功能，推出更符合市场需求的新产品。生产者应建立完善的售后服务体系，及时处理消费者的投诉和采纳其提出的建议。另外，提高消费者的满意度和忠诚度，也是生产者需要重视的。

品牌是生产者在市场竞争中的重要武器，作为销售者的生产者需要充分认识到品牌的重要性，并采取积极有效的措施来打造和维护自己的品牌形象，从而实现产品销售量的增长和企业的可持续发展。石川县的食品虽然因其美味而得到了许多消费者的支持，并且拥有许多优点和特点，但这并不能使其成为一个品牌。要想打造优质食品品牌，就需要不断地追求更好的口感、可靠的质量，让消费者感到安全和放心。

促进石川县食品品牌化的目的是鼓励消费者积极选择石川县食品，并使其成为日本国家认可的品牌。这就需要明确"生产销售"的基本概念，而不是简单地"销售生产出来的东西"。为了实现这一目标，需要建立相应的机制和系统，确定生产者应采取的方向。与石川县食品的生产、流通和销售有关的各方需要共同努力，以"提高品牌力"和"提高作为食品生产地区的知名度"为目标，发展共同品牌。这是优质食品生产、流通和销售相关各方共同努力、相互合作的指导方针。具体而言，生产者需要关注产品的质量和安全，不断改进生产工艺，确保食品的口感和品质始终保持在高水平上。同时，相关方还应该积极参与市场推广和品牌建设，通过各种渠道让更多的消费者认识和了解石川县的食品。流通环节的参与者则需要构建高效的供应链体系，确保食品在运输和储存过程中的质量与安全。此外，相关方还应该与生产者和销售者密切合作，共同制定市场推广策略，提高石川县食品的知名度和美誉度。销售者则需要通过优质的服务和专业的销售技巧，将石川县食品推向更广阔的市场。销售者应该了解消费者的需求和喜好，提供个性化的产品推荐和服务，从而增加消费者对石川县食品的信任度和忠诚度。

总之，县级食品品牌化需要各方共同努力，不断追求卓越，以满足消费者的需求和期望。只有这样，才能真正打造出具有竞争力和影响力的优质食品品牌，为石川县地方经济发展和百姓增收做出积极贡献。

一、区域品牌的意义

（1）建设品牌的意义

以品牌为目标，不仅是为了在产区竞争中取得优势，获得经济效益，还包括：

①生产受消费者青睐的食品的乐趣。通过打造品牌，生产者可以专注生产满足消费者需求和口味的食品。这种专注和满足消费者的过程可以为生产者带来乐趣和成就感。

②本地区多了一份自豪感。一个成功的品牌可以成为地区的骄傲，提升地区的形象和声誉。当产区和地区得到认可时，居民就会为自己的家乡感到自豪，这种自豪感可以增强社区居民的凝聚力和归属感。

③产区和地区得到认可的喜悦。品牌的成功可以为产区和地区带来广泛的认可与赞誉。这不仅可以增加地区的知名度，还可以吸引更多的投资、游客和资源，促进地区的发展和繁荣。

④振兴乡村的效果。通过品牌建设，可以推动本地区的经济发展，吸引更多的人参与和互动。这有助于创造就业机会，增加人口流动性，并提升地区的活力和促进其繁荣发展。

以品牌为目标不仅关乎经济效益，还涉及生产者的乐趣、地区的自豪感、认可度的提升。通过品牌建设，可以为产区和地区带来多方面的积极影响，促进地区可持续发展和社会繁荣。

（2）石川县为打造区域品牌所做的努力

①加贺蔬菜（金泽农产品品牌协会）

金泽农产品品牌协会从过去种植的蔬菜中精心挑选了15种，将其认证为"加贺蔬菜"。这些蔬菜经过严格的筛选和品质检测，确保其符合高质量标准。生产商和销售商紧密合作，为优质产品贴上认证标签，并通过各种渠道积极向消费者进行推广。

为了提高"加贺蔬菜"的知名度和市场竞争力，协会采取了一系列措施。他们与农民合作，共同制定生产标准和规范，确保蔬菜的品质和安全。同时，协会还组织农民参加培训和研讨会，提升他们的种植技术和管理水平。

在市场推广方面，协会积极利用各种媒体和渠道进行宣传。他们通过举办农产品展览和活动，向消费者展示"加贺蔬菜"的特点和优势。此外，协会还与当地的餐馆、超市等合作，推广"加贺蔬菜"，提高其市场份额。

②能登蔬菜（能登蔬菜培育七尾鹿岛协议会）

能登蔬菜培育七尾鹿岛协议会将 11 种当地传统和特色蔬菜认定为"能登蔬菜"。自 2005 年 10 月起，协议会通过扩大生产规模和促进当地消费，将其作为地区品牌进行推广。为了确保"能登蔬菜"的品质和特色，协议会与农民和相关机构合作，制定了严格的生产标准和规范。协会注重保护和传承当地的蔬菜品种，推广传统种植技术和方法。同时在市场推广方面，协议会积极开展宣传活动，向消费者介绍"能登蔬菜"的独特之处。协议会组织农产品展销会、农事体验活动等，让消费者亲身体验和了解"能登蔬菜"的种植过程和品质。

③能登牛肉（能登牛肉品牌促进协议会）

能登牛肉品牌促进协议会对在能登县域饲养的黑色或深棕色肉牛进行认证，并根据日本国家标准对其肉质、色泽等进行分级。认证产品贴上徽标标志，在商店和其他地方进行宣传。

为了确保能登牛肉的品质和安全，协议会与农民和养殖场合作，制定了严格的养殖标准和规范。他们注重牛的饲养环境、饲料管理和疾病防控，以确保牛肉的质量和健康。

在市场推广方面，协议会积极利用各种渠道进行宣传。协议会通过举办牛肉品尝活动、农产品展览等方式，向消费者展示能登牛肉的特点。此外，协议会还与当地的餐馆、肉店等合作，推广"能登牛肉"，提高其市场份额。

④天然能登冷鰤鱼（石川县渔业协同组合联合会）

石川县渔业协同组合联合会向能登定置渔网捕获的 10 公斤以上冷鰤鱼授予"天然能登冷鰤鱼"标志。通过标签和渔获证书提供渔获信息，以促进能登鱼的品牌化。

为了确保天然能登冷鰤鱼的品质和可持续性，联合会与渔民合作，制定了严格的捕捞标准和规范。联合会注重保护渔业资源，推广可持续捕捞方法。

在市场推广方面，联合会积极开展宣传活动，向消费者介绍天然能登冷鰤鱼的独特之处。联合会组织渔业展览、品尝活动等，让消费者了解能登冷鰤鱼的捕捞过程和品质。

⑤能登对虾（石川土岐渔业合作社）

石川土岐渔业合作社使用活鱼包装，将网箱捕获的活虾以新鲜、鲜活的状态送到百货商店和消费者手中。这种鲜活甜虾已注册为"能登甜虾"商标，并正在开展开创性的公关活动。

为了确保能登对虾的品质和新鲜度，合作社与渔民合作，采用了先进的捕捞和运输技术。他们注重虾的养殖环境和饲料管理，以确保对虾的品质。

在市场推广方面，合作社积极利用各种渠道进行宣传。合作社举办对虾品尝活动、参加农产品展览等，向消费者展示能登对虾的新鲜和美味。此外，合作社还与当地的餐馆、超市等合作，推广能登对虾，提高其市场份额。

这些努力展示了石川县为打造地区品牌所采取的积极行动。通过对"加贺蔬菜""能登蔬菜""能登牛肉""天然能登冷鲫鱼"和"能登甜虾"等品牌的推广，石川县旨在提高农产品和渔业产品的知名度、质量和市场竞争力，促进地区经济发展。

总的来说，石川县通过这些努力，不仅为当地农民和渔民提供了支持与机会，也为消费者提供了高质量的农产品和渔业产品选择。这些品牌建设举措有助于提升地区的形象和声誉，促进地区可持续发展，并为当地社区带来经济和社会效益。

二、构建区域品牌的基本流程

（1）都道府县食品的定位

都道府县的食品可以分为三种类型：全面市场销售型、本地生产本地消费型和品牌型。全面市场销售型食品作为大量生产的重点产品，主要销往县外市场；本地生产本地消费型食品则为少量生产，主要在本地区销售；品牌型食品虽然数量较少，但作为都道府县的特色食品备受推崇，通过县域外的各种销售网络进行销售。

县域生产食品的特征：县域生产的食品在纵轴上可以分为传统型和新颖型，在横轴上可以分为认可型和知名度较低的类型。针对每个类型都有不同的营销策略，以达到更好的品牌推广效果，具体如下：

一是传统且知名度高的原料，是指通过批发市场等销售渠道已经被消费者认可为品牌的食材，或者通过创建主题或增加饮食文化故事等方式被消费者认可为品牌的食材。需要考虑如何保持销量，并采取措施确保数量上的稳定供应和进一步扩大产品的质量优势。

二是新颖且知名度高的原料,是指虽然知名度较高,但由于产量低、供应不稳定,尚未成为品牌的原料,这些原料根据培育方式,将来有可能成为品牌。增加产量以确保稳定供应虽然是一项有效措施,但采取充分措施确保销售渠道的畅通也很重要。例如,只在当季供应产品,以防止供过于求导致价格暴跌。

三是新颖但知名度低的原料,是指由于数量少,销售渠道仅限于县域特定地区,因此知名度不高,但根据其发展情况,如具有其他县产品所没有的特点,将来就有可能成为品牌的食材。因此必须建立强大的生产基地,并通过开展有效的宣传活动等来制造轰动效应。

四是具有传统特色但知名度低的原料,是指虽然生产时间较长,但很普通,特色不明显,通过当地生产销售,供当地消费的食材。因此,需要考虑在吸引顾客的机制上下功夫,如早晨新鲜采摘、注重口味和质量等。

（2）构建品牌的步骤

发扬各县食品的个性和特色需要智慧,石川县在悠久的历史中孕育出了各种各样值得骄傲的特色食品。因此,要打造一个成功的品牌,就需要相关各方相互配合,有计划、有步骤地进行。通过全面分析现状、制订详细的规划方案、有效地执行生产和销售计划,以及不断审查和改进,可以确保品牌的成功和持续发展。品牌建设是一个渐进的过程,不可能一蹴而就。它需要在生产、流通和销售等相关各方的积极配合下,有计划、有步骤地进行。这个过程涉及多个环节和策略的综合运用。

第一步是全面分析现状。通过问卷调查等方式,从宏观层面分析现状,综合考虑市场和顾客的评价及认可度、产品的特点和优势、生产和销售中存在的问题、未来的消费趋势等,并对每一类产品进行具体分析。品牌建设需要明确品牌的核心价值和定位。这包括对目标市场、目标客户群体、品牌形象和品牌个性的深入了解。通过市场调研和分析,确定品牌的独特卖点和差异化优势,为品牌的发展奠定坚实的基础。

第二步是编制规划方案。根据现状分析结果,明确各项工作的实施细节,包括开展时间、地点、人员、内容等。在销售季节和推送广告期间,要明确销售区域和销售网络,如批发市场、专营店、农产品直销等。同时,要明确生产商、经销商和销售商等相关各方的职责,确定销售目标群体,向他们宣传产品的质量和功能优势及特殊性,树立品牌形象并制订推广计划。

制订区域品牌策略和营销计划。根据品牌的定位和目标，制定相应的区域品牌策略，包括品牌名称、品牌标识、品牌口号等的设计和传播。同时，制订全面的营销计划，包括广告宣传、公关活动、促销策略等，以吸引目标客户的关注和认可。需要注意的要点包括：要向客户传递清晰的信息；要确保产品得到所有客户的认可；要将重点放在具有差异性和有优势的产品上。

第三步是根据计划进行生产和销售实践。建立适当的生产和供应系统以及相关各方之间的合作系统，将打造区域品牌付诸实践。首先，建立良好的区域品牌形象和品牌文化。通过品牌传播、品牌故事、品牌活动等方式，塑造积极、独特的品牌形象，传达品牌的价值观和使命。培养品牌与消费者之间的情感共鸣，建立品牌的忠诚度和口碑效应。其次，注重产品和服务的质量和创新。品牌的核心是产品或服务，只有提供高质量、有竞争力的产品或服务，才能赢得客户的信任和忠诚度。不断进行创新和改进，满足客户的需求和期望，提升品牌的竞争力和口碑。

第四步是分析结果，审查生产和营销方法。持续收集和分析市场调研信息，如客户的反馈和意见，改进产品并强化生产领域的系统。同时，要严格把控市场营销和自我调节。同时，持续监测和评估品牌的表现。通过市场反馈、客户满意度调查等方式，了解品牌的市场表现和客户的反馈。根据评估结果进行调整和改进，不断优化品牌策略和营销活动，以适应市场变化和客户需求的变化。

三、产品策略

（1）安全、放心和"可靠的产品"

①食品安全和保障

为了增强人们在安全和质量方面的可靠感与安全感，需要采取一系列措施。首先，要宣传减少农药使用次数，记录生产管理的历史信息。其次，需要以更加直观的方式进行呼吁，让人们更加清楚地了解这些措施的重要性。

这些措施包括采用良好农业规范管理方法，以在生产阶段将风险降至最低。良好农业规范管理办法是一种在生产过程中降低风险的管理方法，通过制定一系列的标准和规范，从源头上控制农产品的质量和安全，减少农药、化肥等有害物质的使用，保障农产品的质量和安全。

妥善管理有关生产和相关历史信息，引入可追溯系统。另外，建立可追溯系统也是非常重要的。可追溯系统可以让人们了解到生产者的情况，包括生产者的姓名、地址、生产过程、使用的农药和化肥等信息。通过可追溯系统，消费者可以清楚地了解到农产品的生产过程和质量情况，从而更加放心地购买农产品。同时，在装运前，对农药残留的检查也可以保障农产品的安全。通过对农产品进行检测，可以及时发现农产品中存在的问题，保障农产品的质量和安全。

利用信息技术，如无线IC标签和二维码，促进信息传播，直至最终用户。为了让客户更加清晰地了解农产品的信息，还需要为客户提供通俗易懂的信息。这可以通过使用信息技术，如无线IC标签和二维码等，来促进信息的传播和共享。这些技术可以让客户通过扫描二维码或者读取IC标签上的信息，快速了解到农产品的生产过程、质量情况等信息。

对农产品中的农药残留、水产品中的细菌和病毒实施装运前自愿检查，确保农产品安全。

制订计划并实施风险管理方法，在生产阶段将危害降至最低。

组织与消费者的食品安全保障交流会和意见交换会。

总之，为了在安全和质量方面获得可靠感和安全感，需要采取一系列措施，包括宣传减少农药使用次数、记录生产管理的历史信息、采用风险管理方法、建立可追溯系统、实施装运前自愿检查、利用信息技术促进信息传播等。这些措施可以保障农产品的质量和安全，让消费者更加放心地购买农产品。

②全面的质量控制和售后服务

在产品的生产阶段，除了要进行预冷和冷藏等全面的新鲜度和质量管理，还必须与销售相关人员通力合作。通过发布和保证运输与着陆日期、生产者名称和渔获证书等信息，建立起一系列的管理标准，同时还要构建可追溯系统。同样重要的是，要调查并改善售后服务和问题处理方式。例如，可以设立"客户意见箱"，专门处理有关质量和其他问题的投诉和咨询。

完善登陆港口的预冷、冷藏设施和消毒冷海水供应设施，彻底实施新鲜度和温度质量控制。这些措施对确保产品的新鲜度、质量和安全至关重要。同时，可以彻底实施新鲜度和温度的质量控制，确保产品在运输过程中保持最佳状态。此外，建立可追溯系统还可以帮助追踪产品的来源和流向，以便在出现问题时能够快速采取纠正措施。

建立多种形式的"顾客意见箱"，如利用网站等方式，准确及时地回应客户的投诉和意见。为了更好地了解客户的需求和意见，应该建立各种形式的"顾客意见箱"，如利用网站。这样，客户可以方便提出投诉和意见，可以及时、准确地做出回应，以提高客户满意度。

在售后服务方面，也需要不断改进和调查。设立"客户参考箱"可以帮助收集客户对产品质量和其他问题的反馈，以便及时改进和优化产品。此外，还应该加强与客户的沟通，了解他们的需求和期望，提供更好的服务和支持。

总之，为了在安全和质量方面获得可靠感和安全感，需要在生产、销售和售后服务等各个环节不断努力，采取一系列措施来确保产品的新鲜度、质量和安全。只有这样，才能赢得客户的信任和满意，实现企业的可持续发展。

（2）创造特色化和定位明确的产品

在竞争激烈的市场中，要使食品配料成为广为人知的品牌，就必须在质量和服务方面超越其他食品配料，从而与其他产品区分开来。为了应对不断变化的时代和多样化的客户需求，公司将根据生产商的政策、目标和愿景，生产能够具有吸引力的食品。

此外，产品的质量也需要进一步提高。引入新的统一标准将有助于提高质量和标准的一致性。通过这些努力，公司将能够生产出更高质量、更具特色的产品，从而满足客户的需求。

确定和传播有关食品功能和营养价值的信息，使消费者更了解产品的特点和优势。通过各种渠道，如宣传册、广告、社交媒体等，向消费者传递这些信息。可以介绍食品的成分、营养成分含量、健康功效、食用方法等方面的内容，让消费者对产品有更全面的了解。此外，可以通过专业的营养学家、健康专家的意见和推荐，增加信息的可信度和权威性。另外，还可以组织一些健康饮食活动、讲座，让消费者亲身体验产品的优势，提高他们对产品的认知度和信任度。通过这些努力，可以使消费者更加明智地选择食品，并且对产品产生更高的满意度和忠诚度。开展质量控制活动，确保食品质量的稳定性和优越性。这包括对原材料的选择、生产过程的监控以及最终产品的检验。对海产品实施统一的新质量标准，并与经销商合作，推广贴标签和发放渔业证书，以使产品与其他产品区分开来。通过这些措施，消费者能更容易地识别和选择高质量的产品，同时也为公司的产品建立了更高的信誉和品牌形象。

通过引进深层海水生产系统等创新技术，实现产品的差异化和升级。这将使公司在市场上脱颖而出，并为消费者提供更健康、更优质的产品。

为了确保这些措施的有效实施，公司应与相关利益方进行紧密合作，包括生产商、经销商和监管机构。共同努力将有助于推动行业的发展，提高产品的质量和可持续性，以满足消费者不断增长的需求。

（3）按需生产

为了将其认定为计划产品，确保满足需求的最低产量和对客户的稳定供应至关重要。在确保满足县域需求的生产量的同时，应促进现有生产区域的扩大和新生产区域的创建，以满足县外实际消费者的需求，同时通过彻底的资源管理确保产品的稳定供应。此外，成立一个项目小组，从多方面支持扩大生产和建设生产区。如果扩大生产有困难，还需要考虑食品"稀缺性"营销问题。

成立由生产、流通、行政、检测和研究等部门组成的项目小组，针对实际消费者要求提高生产率，制定具体目标并开展工作。该项目小组将制定具体的目标，并积极开展工作，以确保满足消费者的需求。这个项目小组将由各个领域的专业人士组成，项目小组成员将共同合作，充分利用各自的专业知识和经验。生产部门将负责提高生产效率，优化生产流程，并确保产品的质量和安全。流通部门将负责产品的分销和销售，建立有效的供应链体系，确保产品能够及时、准确地送达消费者手中。行政部门将提供政策支持和协调，为项目的顺利实施提供保障。检测部门将负责对产品进行质量检测和监管，确保产品符合相关标准和法规。研究部门将对市场需求和消费者偏好进行深入研究，为产品的研发和改进提供指导。

为了解决与生产和流通有关的问题，邀请专家和与流通有关的人员到生产地区，对生产地区进行指导，包括培养生产地区领导人。通过邀请专家和与流通有关的人员到生产地区，引入先进的生产技术和管理经验，优化生产流程，提高产品质量，并确保产品能够顺利流通到市场。专家将与当地生产者和相关人员进行深入交流和合作，共同制订解决方案，解决生产和流通中出现的问题。此外，培养生产地区的领导人也是至关重要的。他们将接受专业的培训和指导，学习如何有效管理团队、制订发展战略以及与其他相关方进行合作。这将有助于提升生产地区的整体管理水平，促进地区的可持续发展。

通过多部门的协同努力，能够更好地满足实际消费者对都道府县食品的需求，制定具体的目标并有针对性地开展工作。这将有助于提高产品的质量和供应的可靠性，增强消费者的满意度，并促进地方经济的发展。通过这种方式，致力于建立起良好的生产和流通体系，提高产品的竞争力，并为生产地区的发展注入新的活力。这一举措将有助于实现经济增长、就业机会增加以及地区繁荣目标。

（4）维护和建立品牌信誉

①获取和利用知识产权

获得专利和商标等知识产权可以有效地确保品牌在外部的使用，并获得优势地位。特别是在取得和利用"地区集体商标"方面，可以将县域生产的食品冠以"加贺""能登"和"金泽"等地区名称，从而进一步推动地方经济的发展和特色产品的推广。

通过获得专利和商标等知识产权，品牌所有者可以保护自己的创新成果和商业标识，防止他人的侵权行为。这不仅有助于维护品牌的独特性和市场竞争力，还能够为品牌的持续发展提供法律保障。

特别是对地方产业而言，取得和利用"地区集体商标"具有重要意义。将县域生产的食品冠以特定的地区名称，如"加贺""能登"和"金泽"，可以增强这些产品的地域特色和区域品牌价值。这样的做法有助于消费者对产品的来源和质量产生认同感，进而提高产品的市场竞争力。

此外，地区集体商标的使用还能够促进地方经济的发展。通过打造具有地方特色的区域品牌形象，吸引更多游客和消费者，推动地方产业的繁荣。这不仅有助于增加就业机会，还能够提升地方的知名度和美誉度，为地方经济的可持续发展打下坚实的基础。

因此，为了确保品牌的外部使用和优势，应该积极进行专利和商标等知识产权的申请和保护工作。同时，充分利用地区集体商标的力量，将地方特色产品推向更广阔的市场，促进地方经济的繁荣和发展。

农业和渔业合作社积极推动"地区集体商标"和标识的注册。农业和渔业合作社积极推动"地区集体商标"和标识的注册，以提升当地农产品和水产品的市场竞争力和知名度。地区集体商标和标识可以为农产品和水产品赋予独特的身份和品牌价值，有助于消费者识别和选择本地产品。通过注册地区集体商标和标识，合作社可以保护本地产品的知识产权，防止侵权行为，并促进地方产业的可持续发展。应与当地政府和相关机构合作，共同制定和推广地区集体商标和标识的注册计划。合作社还组织农民和渔民进行培训，提高他们对品牌建设和市场营销的认识，帮助他们更好地利用地区集体商标和标识来推广产品。此外，农业和渔业合作社应积极参与市场推广活动，通过举办农产品展销会、参加贸易展览会等方式，展示和宣传本地产品的特色和优势。他们还利用互联网和社交媒体等渠道，加强与消费者的互动和沟通，提高本地产品的知名度和美誉度。通过这些努力，农业和渔业合作社不仅推动了地区集体商标和标识的注册，还促进了本地农产品和水产品的销售和发展，为地方经济的繁荣做出了积极贡献。

颁发生产和捕获证书，并在网站和其他媒体上提供产品信息。为确保产品的合法性和质量，相关部门会严格审核并向符合条件的生产商和捕捞者颁发生产和捕获证书。这些证书将作为产品的身份证明，展示其合法性和符合相关标准的信息。为了提供更广泛的产品信息渠道，相关部门会将这些证书以及产品的详细信息发布在专门的网站和其他媒体平台上。这样一来，消费者和其他利益相关者可以方便地获取产品的来源、生产过程、质量等重要信息。

通过在网站和其他媒体上提供产品信息，消费者可以做出更明智的购买决策。他们可以了解产品的生产环境、捕捞方式以及相关质量标准，从而对所购买的产品有更全面的了解和信心。这一举措不仅增加了产品的透明度，还有助于建立消费者对产品的信任。消费者可以通过证书和产品信息追溯产品的来源，确保所购买的产品符合他们的期望和要求，同时，这也为生产商和捕捞者提供了展示其良好生产实践的机会，能够提高产品的可追溯性、透明度和信誉度，促进消费者进行知情选择，并推动整个行业可持续发展。

②重视培养品牌管理人才

品牌创建的成败关键在于人才。因此，不仅在生产方面需要专业技术人才，还需要精通品牌管理的人才。这些人才需要具备综合管理质量和市场营销的能力，以确保产品或服务的质量，并通过有效的市场营销策略将品牌推向市场。

拥有精通品牌管理、能够综合管理质量和市场营销的专业人士是品牌创建成功的重要保障。他们能够确保产品或服务的质量达到预期标准，并通过精确的市场营销策略吸引目标客户，提升品牌的知名度和竞争力。在品牌创建过程中，这些人才的专业知识和经验能够帮助企业做出明智的决策，推动品牌的发展和壮大。

③检查、评估和改进品牌

为了获得品牌评价并体验到满意感，有必要培养能够检查、评估和改进品牌，保持和提高产品质量和新鲜度的能力，以保持和稳定产品力，以表3-1为例。

表3-1 品牌力的评价指标

评价指标	评价内容
信赖性	令人安心的能力，维持和提高质量、新鲜度的能力
优势	建立独特的流通系统
差异化力	获得商标注册等知识产权，在功能和特长方面的差异，独特的举措、定位
自产自销应对能力	实施产地和消费者之间的交流，实施直销、网上销售等
市场营销组	设置品牌经理；实施销售和商谈会等独立的销售渠道开拓
信息发言力	开设主页；发行信息杂志、邮件杂志，制作和分发料理食谱等
创造性	与食品加工产业等合作实施新商品开发，反映该食材特性的品牌命名
未来性	有无生产和销售的中长期愿景，有无应对危机的能力

④发现和培育新的县级区域品牌食品

在该县域，隐藏着各种各样的食品，有些是少量生产的，不在市场上销售，只供家庭食用；有些则是由于生产者减少，目前产量不多。其中一些食品在功能和成分方面都非常出色，有望在未来被纳入区域品牌的计划食品范畴。

为了发掘这些未被利用的资源，有必要与相关利益方合作，改进栽培和合理栽培技术，开发新技术，分析功能成分，进行市场性调查等。通过这些努力，可以发掘和培育新的、有吸引力的县级食品。此外，为了支持这些生产者，有必要建立种子和秧苗库以及屠宰场，以保存和管理优良种子和秧苗。这样可以确保生产者获得所需的资源，并促进县级食品的可持续发展。

各市町村、农业事务局、农林总局等应共同开发传统蔬菜等地方生产的食品，研究其利用率和适销性，并建立稳定的生产技术。需要深入研究这些食品的利用率和市场适销性，以便制订相应的生产计划和营销策略。同时，还需要建立稳定的生产技术体系，确保这些地方生产的食品能够持续、高效地供应市场。

在此过程中，各部门需要积极开展合作，共享资源和信息，形成合力。农业事务局可以提供农业技术支持和培训，帮助农民提高生产技能；农林总局可以加强对农产品质量和安全的监管，确保产品符合相关标准；各市町村可以积极组织农民合作社，提高农民的组织化程度和市场竞争力。通过这些努力，可以促进地方特色食品的发展和推广，提高农民的收入水平，同时也有助于保护和传承地方的传统美食文化。

在试验和研究机构建立"良种库"，以持续管理和生产优良的县级传统蔬菜品系。改进传统工艺，开发新技术，促进完善栽培设施的发展，以适应海产品的运输。在试验和研究机构当中，建立"良种库"这一举措至关重要。"良种库"可用于持续管理和生产优质的县级传统蔬菜品种，这有助于保护和传承地方农业遗产。与此同时，不断改进传统工艺、开发新技术也是必不可少的。这些努力将促进栽培设施的发展，从而提高生产效率和产品质量，以满足市场需求。

此外，对海产品的运输，也需要做出相应的调整和改进。这可能涉及优化运输路线、改善运输条件以及采用更先进的保鲜技术等方面，以确保海产品在运输过程中的质量和安全。通过建立"良种库"、改进传统工艺和开发新技术、完善栽培设施以及优化海产品运输等一系列措施，可以推动县级农业的可持续发展，进而保护和传承地方农业遗产，最终提高生产效率和产品质量，满足市场需求。

增加农产品的附加值具有多个方面的重要意义。首先，它能够直接提高农民的收入水平。通过对农产品进行加工、包装和营销等增值活动，可以提高农产品的价格，从而为农民带来更多的经济收益。其次，增加农产品的附加值可以满足市场日益多样化的需求。消费者对农产品的需求不再局限于基本的食品需求，还包括对品质、健康、方便等方面的需求。通过增加附加值，农产品可以更好地满足这些需求，从而提高市场竞争力。此外，增加农产品的附加值还能够提升农产品在全球化市场中的竞争力。在竞争激烈的市场中，通过提高附加值，使农产品在质量、品牌、包装等方面具有竞争优势，从而提高其市场份额。

同时，增加农产品的附加值可以促进农村经济的多元化发展。它带动了相关产业的发展，如农产品加工、包装、物流等，为农村地区创造了更多的就业机会，促进了农村经济的繁荣。另外，通过对农产品进行加工和处理，还可以减少农产品在运输、储存和销售过程中的损失和浪费，提高了资源的利用效率。

为增强县级农产品的市场竞争力，增加农产品品牌的附加价值，实现品牌溢价，有必要进一步加强食品产业、大学、试验研究机构和行政部门之间的合作。通过采取一系列措施，如调查农产品的功能、应用相关技术以及扩大其在加工部门的使用，来提高县域食品的附加值。

为实现这一目标，需要促进产学官合作，鼓励各方共同开发新技术和新产品。此外，还应促进质量评估技术和功能性发明等研究技术与先进技术的转让和引进。从消费者的角度出发，开发使用方便且独具特色的食品。例如，可以连皮食用的水果，这种创新产品将满足消费者对于便捷和健康的需求。

为确保这些措施的有效实施，需要建立完善的质量监管体系，加强对农产品生产、加工和销售过程的监督管理。只有通过严格的质量控制，才能真正提高农产品的附加值，赢得消费者的信任和市场份额。

总而言之，增加农产品的附加值对实现农业可持续发展和乡村振兴具有重要意义。它不仅能够提高农民的收入，满足市场需求，还可以提升农产品的竞争力，促进农村经济发展，减少农产品浪费，同时保护环境和资源。因此，应该积极推动农产品附加值的增加，为农村地区的发展和农民的福祉做出贡献。

四、销售策略

为了有效推进品牌建设，需要在满足客户需求的基础上，进一步明确能够充分挖掘食材潜力的目标市场。这一重要步骤对品牌的成功至关重要。随后，为了支持和协助相关商业活动，需要提供最适合这些销售渠道的食材和服务形式。因此，必须采取一系列销售措施来确保品牌的顺利推广。

找准区域品牌的目标市场是品牌成功的关键之一。首先，找准区域品牌的目标市场对于品牌的成功至关重要。其次，通过确定目标市场，品牌可以更好地了解消费者的需求、偏好和购买行为。这样品牌就能够有针对性地开发产品、制定营销策略和提供服务，以满足目标市场的特定需求，从而增加产品的吸引力和销售量。例如，某地区的消费者对健康食品有较高的需求，品牌可以针对这一目标市场，开发更多的健康食品，并通过广告宣传和促销活动来吸引消费者。

通过了解目标市场的需求和偏好，品牌可以有针对性地开发产品、制定营销策略和提供服务，从而提高品牌的竞争力和市场份额。具体而言，需要深入思考如何有效传播农产品的区域品牌形象，以赢得客户的认可和信任。同时，还需要积极探索最佳的分销和销售方式，以确保产品能够迅速、准确地到达目标市场。通过实施这些销售措施，可以有效提高品牌的知名度和美誉度，增强品牌的市场竞争力。在这个过程中，应不断优化销售策略，以满足客户需求为导向，持续推动品牌的发展和壮大。

为了实现品牌的可持续发展，还需要不断关注市场动态和消费者需求的变化，及时调整品牌策略和产品供应。此外，积极与供应商、经销商和其他合作伙伴建立良好的合作关系，共同推动品牌的发展。

在品牌建设过程中，还应注重品质管理和食品安全，确保为消费者提供安全、健康、高品质的农产品。通过不断提升产品质量和服务水平，树立良好的品牌形象，赢得消费者的信赖和忠诚度。总之，区域品牌建设是一个综合性的工程，需要从多个方面入手，不断完善和优化品牌策略。只有在追求客户需求的同时，充分发挥食材的潜力，才能实现品牌的长期发展和商业成功。

（1）树立和加强品牌形象

①明确品牌形象

仅仅标注"石川县制造"这样简单的信息，已经远远不足以吸引客户购买产品了。在当今竞争激烈的市场中，为了获得顾客的支持和青睐，必须全力树立起"石川县独有""石川县是最好的"这样的品牌形象。

为了实现这一目标，从生产到流通和销售的各个环节、各个相关方，都必须齐心协力，共同努力。需要加强合作，共同制订并执行品牌推广计划，确保品牌形象在市场上得到广泛传播。在生产环节，要确保产品的质量始终如一，以满足顾客的期望。同时，要不断创新，开发出独特的产品特点，使产品在市场上脱颖而出。在流通环节，要确保产品能够及时、准确地到达顾客手中。此外，还要提供优质的售后服务，让顾客在购买和使用产品的过程中感受到关怀和支持。

②树立鲜明形象

为了使品牌形象深入人心并得到顾客的认可，向顾客强烈传达石川的独特之处、解释石川为什么是品牌的故乡以及石川是最佳选择的理由显得至关重要。同时，提供食品信息固然重要，但更重要的是向顾客讲述食品背后的饮食文化、传统手工器皿、与食品相关的人物以及其他与食品有关的故事，以塑造通俗易懂且独特的形象来吸引顾客。

此外，为了让更多的顾客认识到本县食品的优秀性和优越性，与在本县各地举办的食品活动建立合作体系，进一步宣传本县食品的形象是必要的。通过与这些活动的合作，可以扩大品牌的知名度和影响力，吸引更多的顾客关注和认可品牌。

综上所述，持续向顾客传达石川的独特之处、品牌故乡的背景以及品牌作为最佳选择的原因，同时深入挖掘和传播食品背后的文化、故事等元素，并与食品活动建立合作，将有助于品牌形象的塑造和推广，从而实现品牌的长期发展和成功。

持续调查顾客对食品的印象和认知度，利用这些信息来树立和传播品牌形象。持续调查顾客对食品的印象和认知度，利用这些信息树立和传播品牌形象，是打造一个成功品牌的关键。

为了深入了解顾客的印象和认知度，可采用多种方法进行调查。例如，通过在线调查问卷、面对面访谈、焦点小组讨论等方式，收集顾客对食品的评价、喜好、购买行为等信息。此外，还可以利用社交媒体和其他在线平台，观察顾客对食品的讨论和反馈。在获得了这些宝贵的信息之后，就可以利用它们来树立和传播品牌形象。可根据顾客的需求和期望，调整和改进产品的配方、包装和营销策略，以提高产品的吸引力和竞争力。

深入挖掘食材背后的饮食文化、传统工艺器皿、与食材相关的人物、旅游资源以及美食活动等，将其作为一种美食语言，进行有效的信息表述和品牌形象渗透。例如，通过宣传短片、广告、宣传册等渠道，向顾客介绍食材的来源、种植和加工过程，以及与之相关的文化和历史背景。这样不仅可以增加产品的附加价值，还可以提高顾客对品牌的认同感和忠诚度。此外，还可以利用与食材相关的人物和故事，打造品牌的个性和形象。例如，讲述农民的故事，让顾客了解他们为了种植出优质食材所付出的努力；或者介绍厨师的创意和烹饪技巧，让顾客感受到他们对制作美食的热情和执着。这些故事和人物可以让品牌形象更加生动、有情感，从而吸引更多的顾客。最后，利用旅游资源和美食活动，将品牌形象推向更广泛的受众。例如，与旅游机构合作，推出与品牌相关的美食之旅；或者参与各种美食节和活动，展示品牌的产品和文化。这样不仅可以提高品牌的知名度和美誉度，还可以为品牌带来更多的商业机会和收益。

持续调查顾客对食品的印象和认知度，并利用这些信息树立和传播品牌形象，是打造一个成功品牌的关键。通过深入挖掘食材背后的文化、故事等元素，并将其作为一种美食语言进行有效的信息表述和品牌形象渗透，以吸引更多的顾客，提高品牌的竞争力和市场份额。

（2）有针对性的销售和信息开发

目前，由于生产和销售条件的限制，石川县生产的食品主要销售地仅限于关西地区。然而，为了促进品牌建设，今后有必要在更多地区获得认可。为了实现这一目标，有必要设定具体的目标，如"何时""何地"和"针对谁"，并考虑针对每个目标应采取的措施。例如，可以将重点销售地区划分为"本地生产本地消费地区（县域）""传统销售地区（关西）"和"信息传播地区（首都圈周边）"。针对每个目标地区，可以考虑采取适当的方法，如与当地经销商合作、参加当地的食品展览、在社交媒体上进行推广等。通过这些努力，可以提高品牌的知名度和认可度，从而促进产品的销售和品牌的建设。

能登机场作为对外宣传的窗口，经常开展各种各样的宣传活动，旨在提高机场的知名度和使用率，吸引更多的游客和旅行者，以下是对此次活动的总结：

除了与零售商和餐馆合作，还设立了县食品角，通过提供菜肴和其他物品来介绍县食品的吸引力和其他各种信息。利用各种网站提供有关生产商、产地、季节性供应、营养价值、烹饪方法等详细信息。同时，与餐馆和食品行业合作，提出使用本地区食品制作各种菜单的建议。为了鼓励人们食用本地区食品，举办了本地区食品烹饪比赛，以及生产者和消费者之间的交流会和信息交流会。这些活动不仅有助于提高人们对本地区食品的依赖程度，还可以利用早市和温泉等旅游资源和设施，向游客提供有关食品和饮食文化的信息，打造食品和石川的粉丝群体。

促进会为提高机场利用率而采取的一项成功举措是在活动期间，为所有搭乘从该机场出发的航班的旅客提供参加抽奖的机会，奖品是能登蟹和樽的特色餐具。大量空位增加了中奖机会，从而提高了登机率，同时也为向外地人宣传县域食品提供了机会。通过这些努力，不仅能够提高能登机场的利用率，还能够促进本地区食品的销售和推广，为当地经济发展做出贡献。

①传统销售地区（关西地区）

在高效的物流系统和石川县食品良好声誉的支持下，关西地区已成为石川县食品稳定的销售目的地。为了进一步巩固和扩大市场，需要持续致力于品牌形象的渗透和知名度的提升。同时，还需要准确地了解和满足消费者的需求，将目标锁定在量贩店、百货商店和合作社等主要销售渠道上。

为了实现这一目标，可以采取如下一系列措施。首先，可以加强市场推广活动，通过广告、宣传册、社交媒体等渠道，将本县食品的独特之处和优势传达给更多的消费者。其次，可以举办各种促销活动，如满减、打折、赠品等，吸引消费者购买本县食品。此外，还可以与量贩店、百货商店和合作社等销售渠道合作，共同推广本县食品，提高销售量和知名度。

在量贩店等场所积极举办石川县食品展销会。在展销会的筹备阶段，需要与各大量贩店进行合作，确定展销会的时间、地点和规模，并邀请本县的食品生产商参展。为了吸引更多的消费者参加展销会，可以通过广告宣传、社交媒体推广等方式，提前宣传展销会的亮点和特色，吸引消费者的关注。在展销会现场，可以设置多个展区，分别展示本县不同类型的食品，如农产品、水产品、畜产品、副食品等。为了增加消费者的参与度和购买欲望，不仅可以设置试吃区，让消费者品尝到本县食品的美味，还可以设置抽奖环节，为消费者提供购买本县食品的优惠券或小礼品。

此外，为了提高展销会的影响力和效果，可以邀请食品专家、厨艺大师等人士到现场开讲座和进行演示，介绍石川县食品的特点和烹饪方法，提高消费者对本县食品的认知度和好感度。通过在量贩店等场所举办本县食品展销会，可以提高本县食品的知名度和销售量，促进本县食品产业的发展，同时也为消费者提供了更多选择和了解本县食品的机会。

举办有生产者参加的店内品尝会和小组访谈，以提高对石川县食品的认知度，增加本县食品爱好者的数量并建立粉丝群。在这些活动中，生产者将能够与消费者直接互动，分享他们的生产过程、产品特点以及背后的故事。这种亲密接触将增加消费者对本县食品的了解和信任，同时也为生产者提供了一个展示自己产品的机会。

店内品尝会是一个让消费者亲身体验石川县食品的好方式。在品尝会上，可以提供各种本县特色美食供消费者尝试，让他们能够品味到独特的风味和口感。同时，生产者可以在现场介绍产品的制作方法、原材料的选择以及与当地文化的联系，让消费者更深入地了解本县食品的独特之处。

小组访谈则是一个互动交流的环节。可以组织消费者小组，让他们与生产者进行面对面的对话。消费者可以提问、分享自己的体验和意见，而生产者则可以借此机会了解消费者的需求和期望，进一步改进和优化产品。

建立石川县食品专用网站，开发本县食品各类信息的接收和发送系统。为了更好地推广本县食品，可以建立一个专门的本县食品网站，并开发一个本县食品各类信息的接收和发送系统。这个网站将成为一个集中展示本县食品的平台，通过精美的图片、详细的产品介绍和美食故事，向用户展示本县食品的独特魅力。网站还可以提供本县食品的购买渠道、推荐餐厅和烹饪方法，方便用户购买和品尝本县食品。为了方便用户接收和发送本县食品的相关信息，可以开发一个信息接收和发送系统。用户可以通过这个系统订阅本县食品的最新信息，如新品推出、促销活动等。同时，用户也可以通过这个系统向品牌方反馈对本县食品的意见和建议，以及分享自己的烹饪经验和美食心得。

这个系统还可以与社交媒体平台进行集成，方便用户将本县食品的信息分享给他们的朋友和家人。通过社交媒体的传播，可以将本县食品的品牌和特色推广给更广泛的受众。此外，还可以利用这个网站和信息系统收集用户的购买行为和偏好数据，以便更好地了解用户需求，优化产品和服务，提高用户满意度。

除了以上措施，还可以加强对消费者需求的研究和分析，了解他们的购买习惯、喜好和需求，以便更好地满足他们的需求。可以通过市场调研、消费者问卷调查、在线调查等方式，收集消费者的反馈和建议，不断改进和优化本县食品的品质和服务。

②信息发源地（首都圈）

尽管该地区作为人流、物流和信息流的中心，同时也是全国的媒体和流通中心，但由于高昂的物流成本和较长的运输时间，都道府县食品在营销和销售渠道开发方面的进展一直较为缓慢。

为了更好地推广都道府县食品，最好在信息传播能力强的知名酒店、高级餐厅和百货公司举办"都道府县食品展销会"。通过这样的活动，可以让更多的人了解和认识都道府县食品的价值。同时，还需要不断探索和开发创新的销售方法，以满足消费者的需求和期望。

通过与东京的烹饪专业人士合作，在酒店、都道府县食品展销会和百货商店开展销售活动，以引起轰动并传播都道府县食品的信息。为了引起轰动并传播都道府县食品的信息，可以与东京的烹饪专业人士合作，在酒店、都道府县食品展销会和百货商店等场所开展一系列销售活动。可以邀请东京的知名厨师和烹饪专家参与活动。他们可以通过现场烹饪示范、举办美食讲座等形式，向消费者展示如何使用都道府县的特色食材制作出美味可口的菜肴。这样的合作不仅能够增加活动的吸引力，还可以提升都道府县食品的知名度和美誉度。在酒店方面，可以与多家知名酒店合作，将都道府县的特色美食纳入其菜单中，并举办特别的美食活动。例如，推出都道府县美食套餐、举办主题晚宴等，让消费者在品尝美食的同时，更好地了解都道府县的饮食文化。

都道府县食品展销会是一个集中展示和销售都道府县特色食品的平台。可以组织参展商提供丰富多样的产品展示和品尝活动，吸引众多消费者前来参观和购买。此外，还可以设置厨艺比赛、美食评选等环节，增加互动性和参与度。百货商店也是一个理想的销售场所。可以在百货商店设立专门的都道府县食品展区，展示和销售各种特色食品。通过举办促销活动、提供优惠券等方式，吸引消费者购买都道府县的食品，增加销售量。努力举办信息交流会等，加深烹饪、流通等专家对都道府县食品的了解。为了加深烹饪、流通等专家对都道府县食品的了解，需要努力举办各种信息交流会。

首先，可以组织都道府县食品的展示活动，让专家亲身体验和品尝这些美食，了解其独特的风味和特点。在展示活动中，可以提供详细的产品介绍和制作方法，让专家更好地了解都道府县食品的背景和文化。其次，可以邀请烹饪专家和流通专家参加专业研讨会，分享他们对都道府县食品的见解和经验。这些研讨会可以围绕都道府县食品的烹饪技巧、市场需求、流通渠道等方面展开讨论，促进专家之间的交流和合作。此外，还可以组织实地考察活动，让专家深入都道府县的食品生产基地、农田和市场，了解当地的食材种植和加工过程。这样的实地考察可以提供第一手的信息和经验，帮助专家更好地了解都道府县食品的质量。

开展都道府县食品与旅游信息相互评论和联合宣传活动。为了促进都道府县食品与旅游信息的互动及传播，可以开展一系列相互评论和联合宣传活动。首先，可以在旅游信息平台上设立都道府县食品的专属板块，供游客分享他们对当地美食的评价和体验。这些评论可以包括对菜品口味、餐厅服务、食材质量等方面的评价，为其他游客提供参考和建议。其次，可以组织都道府县食品与旅游的联合宣传活动。例如，举办美食节或美食之旅，将都道府县的特色食品与当地的旅游景点相结合，吸引游客前来品尝美食并体验当地文化。此外，可以与旅游社合作，推出包含都道府县美食体验的旅游套餐，为游客提供全方位的旅游体验。可以邀请美食博主或旅游达人进行都道府县食品的评论和推广。他们可以通过社交媒体、博客或视频平台分享自己对都道府县食品的评价和推荐，吸引更多人的关注和兴趣。

为了进一步扩大都道府县食品的影响力和知名度，可以与媒体合作，进行宣传报道和广告投放。另外，还可以利用社交媒体和网络平台，开展线上营销活动，如抽奖、优惠券、团购等，吸引更多的消费者关注和购买都道府县食品。

通过与东京的烹饪专业人士合作，在酒店、都道府县食品展销会和百货商店开展销售活动，能够有效地引起轰动，传播都道府县食品的信息。这样的活动将吸引更多的消费者关注和尝试都道府县的特色美食，促进都道府县食品的销售和推广。同时，也有助于加强都道府县与东京之间的文化交流，增进人们对都道府县饮食文化的了解和喜爱。

通过举办信息交流会等活动，能够为烹饪、流通等专家提供更多了解都道府县食品的机会。这样的努力将有助于推动都道府县食品的发展和推广，促进地方经济的繁荣。同时，专家的深入了解也将为都道府县食品的创新和改进提供宝贵的意见及建议。

总之，为了促进都道府县食品的销售和推广，需要采取多种措施。只有不断创新和改进，才能让都道府县食品在市场上获得更多的认可和支持，为都道府县的经济发展和农民增收做出贡献。

（3）建立完备的分销渠道

①应对多样流通

为了确保都道府县食品能够高效地流通，有必要构建符合消费者需求的流通路径和手段。因此，除了加强和拓展现有批发市场的销售渠道，还必须创建一个能够应对商业用途、加工和礼品等不同销售渠道的销售体系。除了采用全面介绍县域时令食品和特色食品的目录等促销措施，还必须开展各种各样的销售活动，努力充实销售渠道，通过引入互联网销售来扩大销售渠道，并培养熟悉这些销售渠道的人才。

为了确保都道府县食品流通顺畅，促进销售渠道的发展，有必要建立一个能够应对多样化销售渠道的销售体系。这个体系应该具备灵活适应不同销售渠道的能力，包括商业用途、加工和礼品等。特别是在生鲜品牌的运输方面，利用空运缩短配送时间尤为重要。空运可以大大缩短食品从产地到消费者手中的时间，确保食品的新鲜度和品质。这对运送生鲜产品来说尤为关键，因为它们对时间和温度的要求较高。

为了实现这一目标，可以与物流公司合作，建立高效的空运配送网络。同时，优化供应链管理，确保生鲜产品在运输过程中的质量和安全。此外，还可以利用现代信息技术，实时跟踪货物运输情况，提供准确的物流信息给客户。

开展广泛的活动，包括制作销售目录和直邮。为了提高活动的效果，需要确保销售目录的内容准确、详尽，并且能够吸引目标受众的注意力。在制作销售目录时，可以考虑使用高质量的图片和清晰的文字说明，突出产品的特点和优势。同时，确保目录的设计简洁大方，方便客户阅读和理解。

发送直邮也是一种有效的营销手段。在发送直邮之前，需要对目标客户进行细分，根据不同的客户群体制定个性化的邮件内容。邮件的主题应该具有吸引力，能够引起客户的兴趣，并促使他们点击阅读。在邮件内容中，可以提供优惠活动、产品推荐或独特的购买激励，以增加客户的购买意愿。

此外，为了提高直邮的效果，还可以结合其他营销渠道进行整合营销，如社交媒体、电子邮件营销等，形成多渠道的宣传和推广，提高活动的曝光度和影响力。

②加强与其他行业的合作

与食品行业的合作：要成为一个广为人知且备受认可的品牌，稳定的供应是至关重要的。然而，从目前的情况来看，县域许多食品（尤其是新鲜食品）的长期稳定供应仍面临一些挑战。此外，尽管该县的许多食品是极好的加工原料，且具有丰富的功能，但这些优势并没有得到充分的利用和开发。

向食品行业提供关于功能性等方面的信息，努力开发能够发挥其特性的新产品；促进生产者和制造商之间的"食品"和"农业"匹配，如组织跨行业交流会，以促进农业食品的利用。同时，与食品行业展开合作也是十分必要的，可以共同努力，以县域生产的食品为原料，创造各种创新产品，如加工产品和特色饮料等。通过这种方式，能够充分利用当地的资源，提高食品行业的附加值，同时也有助于保障食品的稳定供应，满足市场需求。这种合作模式还有助于打造具有地方特色的品牌，提升县域食品的知名度和竞争力，为县域经济发展注入新的活力。通过与食品行业的紧密合作，还可以共同探索新的市场机会，开发满足消费者需求的产品。同时，这种合作也将促进县域食品行业的技术创新和升级，提高生产效率和产品质量。

"美食"是观光旅游中不可或缺的重要资源，如何将这些资源进行有效整合和利用显得至关重要。通过这种方式，游客会因为被"美食"所吸引而再次光顾，进而提升县域食品的品牌知名度。因此，生产、流通和旅游行业必须齐心协力、紧密合作，共同向游客宣传能登县食品的品牌形象。同时，还需要从食品的生产和供应两个方面入手，全方位宣传"能登"地区的美食文化。为了实现这一目标，可以在县域的温泉旅馆和餐馆中开发利用能登食材和饮食文化的示范菜肴及菜单。

另外，还可以向游客提供餐馆等场所的详细信息，让游客能够更加便捷地了解和体验当地的美食文化。为了进一步推动县域食品产业的发展，鼓励烹饪和旅游专业人士积极提出建议，开发与美食相关的旅游、节日和活动的主题课程，如"美食旅游"等。通过这些活动的开展，可以吸引更多的游客前来参与，促进游客对饮食文化设施（如日本酒酿造厂、鱼露制造厂、糕点文化馆等）的了解和接受。

③强化综合协调功能，拓宽销售渠道

当前的流通和销售主要依赖网格销售和批发市场销售，这种单一、大量的销售模式虽然在物流成本方面具有一定优势，但难以满足小批量产品、不同类型产品和专业产品等多样化的客户需求。

因此，必须进一步发展和强化食品综合处理的协调（中介和调停）功能，以提供更为全面和高效的服务。这包括供应现有配送难以处理的小批量产品，以及提供农产品、水产品和其他食品的批量配送服务。通过这些努力，可以进一步拓展县域食品的销售渠道，提高销售效率和满足客户的多样化需求。

农产品和水产品生产者协会将共同向经销商和其他相关方推荐使用都道府县食品制成的各种包装产品和特产。农产品和水产品生产者协会将齐心协力、紧密合作，共同向经销商和其他相关方面积极推荐使用都道府县食品制成的各种包装产品和特色产品。为了实现这一目标，协会将充分发挥各自的专业优势，共同开展市场调研，深入了解消费者的喜好和需求，精准推荐符合市场趋势的产品。在合作过程中，协会将加强信息共享，及时交流市场动态、产品信息和技术创新等，共同制订营销策略和推广方案。同时，他们还将积极参与各种农产品和水产品的展销活动，提升都道府县食品的知名度和美誉度。通过携手合作，农产品和水产品生产者协会将为都道府县食品的发展注入新的活力，推动农产品和水产品行业的繁荣，为人们的健康饮食和美好生活贡献力量。

加强与首都圈各个店铺的合作，努力拓展和扩大销售渠道。通过与首都圈各个店铺的紧密合作，将能够更好地了解市场需求和消费者偏好，进而针对性地推出产品和服务，满足客户的多样化需求。同时，还应积极开展市场推广活动，提高品牌知名度和产品曝光率，吸引更多的潜在客户。

为强化市场和生产信息的收集、分析与交流，以及新产品开发的调解和中介功能，将考虑由县域生产者协会参与，建立一个具有贸易公司职能的组织。具体开展方式如下：第一，确定组织目标和职能，包括市场和生产信息收集、分析、交流。第二，成立筹备委员会，负责组织的规划和前期准备工作，并与县域生产者协会沟通，了解他们的需求和参与意愿。第三，设计组织结构，确定人员配备，并制定规章制度。第四，完成组织的注册和提供相关法律手续，建立信息收集和分析系统，以及组建调解和中介团队。第五，制订运营计划，建立合作伙伴关系，定期评估和改进组织的运作效果。通过以上方式，可逐步建立起一个为县域生产者提供服务的组织，促进经济的发展和繁荣。

五、信息传播措施

随着信息技术的日益发展和其他因素的影响，客户能够获取到的信息量与日俱增。在信息泛滥的时代，为了从大量的信息中获取到令人满意的县产食品信息，与客户建立良好的沟通显得越来越重要。因此，有必要建立起自己的粉丝群体，并建立最适合销售环境的信息接收和传送系统。

通过建立农产品和海产品粉丝群体，可以与客户建立直接的联系和互动，了解他们的需求和偏好，及时提供有关产品的信息和推广活动。这样不仅可以增加客户的黏性和忠诚度，还可以通过口碑传播吸引更多的潜在客户。同时，建立适合销售环境的信息接收和传送系统也是至关重要的。这包括利用现代信息技术，如移动应用、社交媒体、电子邮件等，及时向客户传递产品信息、促销活动和购买渠道。此外，还可以通过数据分析和市场研究，了解客户的购买行为和趋势，以便更好地满足他们的需求。

通过建立自己的粉丝群体和信息接收传送系统，能够与客户建立更紧密的联系，提供个性化的服务和产品推荐，增强客户的购买体验。这将有助于提高销售效率、增加销售额，并在竞争激烈的市场中脱颖而出。

为提高品牌的知名度和渗透率，实施粉丝俱乐部建设的方法如下：

（1）创造粉丝俱乐部以增加需求

①创造口碑和回头客

口碑是一种非常有效的传播方式。好的口碑可以通过人们的口口相传迅速传播开来，而且效果非常显著。但是，一旦出现问题，负面影响也会迅速扩散，对品牌形象造成严重的损害。因此，积极推动粉丝俱乐部的建立和活动的开展是非常必要的，这样可以回应顾客对食品挑选和食用的"特殊声音"。

建立粉丝俱乐部可以帮助品牌与顾客建立更紧密的联系。俱乐部可以通过社交媒体、线下活动等方式，将品牌的粉丝聚集在一起，分享共同的兴趣和爱好。这样可以增强粉丝的归属感和忠诚度，让他们成为品牌的忠实拥护者。举办品尝推广活动是一种直接让顾客了解产品的方式。在活动中，顾客可以品尝到品牌的产品，了解产品的特点和优势。这样可以增加顾客对产品的认知度和好感度，从而提高购买意愿。

建立粉丝俱乐部，通过品尝促销活动、生产区监督活动、亲子体验活动等提供各种信息，培养粉丝，增加需求。具体来说，通过建立粉丝俱乐部，可以增加粉丝的数量，可在生产地举办品尝推广活动、监督活动、亲子体验活动等，为顾客提供各种服务。此外，通过设立"顾客意见箱"和明确咨询台，将顾客的投诉和意见反映到今后的产品开发中，从而加深与顾客之间的信任关系。

通过开展亲子体验活动可以吸引家庭消费者的参与。通过让家长和孩子一起参与活动，品牌可以传递家庭价值观和健康饮食理念，培养下一代对品牌的认知和喜好。设立"顾客意见箱"和明确咨询台可以让顾客更方便地表达意见和建议。品牌可以及时收集顾客的反馈，了解顾客的需求和期望，从而不断改进产品和服务，提高顾客的满意度。

设立多种形式的"顾客意见箱"，反映顾客对食品的投诉和意见，明确咨询窗口。监督活动可以让顾客更深入地了解品牌的生产过程和质量控制。通过组织顾客参观生产地、了解生产流程、与生产者交流等方式，顾客可以对品牌的产品质量有更直接的了解，增加对品牌的信任度。同时，可建立"食品原料监测系统"，持续调查和评估顾客满意度，并反映到今后的产品开发中。

通过以上措施，品牌可以与顾客建立更紧密的联系，增加顾客的忠诚度，提高品牌的知名度和美誉度。同时，品牌也可以从顾客的反馈中不断改进和创新，提升产品和服务的质量，实现可持续发展。

②利用地方食品的支持者建立网络

在信息交流便捷的东京都内，通过举办信息交流会、研讨会，以及邀请产地代表等方式，加深消费者对地方食品的认知。为了吸引熟悉食品和产地的有影响力的烹饪界人士成为地方食品的支持者，需要付出更多的努力，与他们建立紧密的合作关系，在食品开发和销售渠道方面获取他们的专业建议和支持。此外，该项目还将积极争取旅游和产品开发等其他领域的专业建议和合作。除此之外，还需要与旅游业和产品开发等其他行业的各种网络建立联系，进一步扩大与食品相关的网络。这样一来，就能够形成一个多元化的合作体系，共同推动地方食品的发展，提升其知名度和市场竞争力。与此同时，还可以借助这个网络，促进不同领域之间的交流与合作，实现资源共享和优势互补，为地方食品的可持续发展创造更加有利的条件。

召开信息交流会：定期组织信息交流会，分享关于地方食品的信息，包括产地特色、烹饪方法、营养价值等，以提高消费者对地方食品的认知度。同时，利用信息交流会开拓销售渠道，与经销商、零售商等建立联系，促进地方食品的销售。

加强与其他行业网络的联系：积极与旅游业、产品开发等其他行业的网络进行合作，共同推广地方食品。例如，与旅游公司合作，将地方美食融入旅游线路中，提高地方食品的知名度和吸引力。

扩大与食品有关的网络：通过参与食品行业的展览、活动等，扩大与食品有关的网络，结识更多的食品生产商、供应商、厨师等相关人士，建立合作关系，共同推动地方食品的发展。

建立适应销售环境的信息系统：利用现代信息技术，建立一个适应销售环境的信息系统，及时收集、分析市场数据和消费者反馈，以便更好地了解市场需求和趋势，调整生产和销售策略。

（2）构建适应销售环境的信息系统

①丰富有效的信息传播

为了推广县域生产的食品，传播品牌形象并获得认可，必须明确产品的卖点。这些卖点包括质量的可靠性、与其他产品的差异化、主题性、特殊性、文化和故事性等。通过强调这些卖点，可以鼓励人们购买产品。

积极利用各种媒体和与顾客直接对话等有效的信息说明方式也至关重要。通过这些渠道，可以将产品的信息传达给更广泛的受众，并与他们建立互动和联系。此外，"石川县食品信息中心"正筹备建立。这个中心将作为一个连接点，使人们能够随时随地自由获取有关县域食品的信息。无论是消费者、生产者还是其他相关人员，都可以通过这个中心了解到县域食品的最新情况、特色和推荐。

同时，要开发一种信息系统，旨在使所有与县域食品相关的人员都能参与这个过程。这个系统将提供一个平台，让人们可以分享经验、交流想法，并共同推动县域食品的发展。

通过这些努力，旨在提高县域食品的知名度和认可度，促进县域食品产业的发展，并加强与消费者和相关人员的联系和合作。

利用电视、报纸、食品杂志、旅游杂志等媒体，广泛宣传都道府县的特色食品，提高人们的购买兴趣。通过这些媒体平台，能够将都道府县的美食文化传递给更广泛的受众群体，吸引更多人的关注。电视广告可以通过生动的画面和诱人的音效，展示都道府县特色食品的独特魅力；报纸和杂志可以提供详细的美食介绍和烹饪方法，让人们更深入地了解都道府县的美食文化。此外，旅游杂志还可以将都道府县的美食与旅游景点相结合，为游客提供全方位的美食体验。通过这些宣传手段，能够激发人们的购买欲望，促进都道府县特色食品的销售，同时也有助于传承和推广地方的美食文化。与相关方面合作，推动建立"石川县食品信息中心"（暂定名），集中收集和传递县域食品信息。

②加强与IT部门的合作

为了扩大都道府县食品的销售渠道和销售范围，可以充分利用互联网。随着互联网邮购销售成为当今常见的销售方式之一，建立基于互联网的品牌社区（信息交流场所）将备受关注。

因此，可以利用互联网举办"石川县食品和饮食文化博览会"（暂定名）。通过这个活动，使县食品的网上邮购销售更加系统化，同时促进"品牌社区"的形成。这样一来，对县食品有浓厚兴趣的顾客就能够在这个社区中交流意见和信息，分享他们的购买体验和美食心得。

举办这样的活动不仅能够提高都道府县食品的知名度和销售量，还能够让更多的人了解和喜爱这些地方特色美食。在活动中，可以通过展示各种美食的制作过程、介绍当地的饮食文化、举办美食比赛等形式，吸引更多的人参与其中。

此外，还可以利用互联网的优势，将活动的信息和产品推广到更广泛的受众群体中。通过社交媒体、电子邮件、在线广告等方式，与相关利益方积极展开合作，共同将互联网食品展销会和互联网邮购销售进行系统化整合，以便为消费者提供更全面、更准确的信息，并进一步拓展销售渠道，提高销售效率。在这个过程中，可以充分利用互联网技术的优势，打造一个全新的数字化平台。通过这个平台，消费者可以轻松地浏览各种美食产品信息，观看产品展示和制作过程视频，了解不同地区的特色美食文化。同时，还可提供在线订购和邮购服务，让消费者能够方便地购买到自己喜欢的美食产品。为了确保产品的质量和安全，工作人员与供应商建立紧密的合作关系，严格把控产品的源头和生产过程。此外，还可建立健全的售后服务体系，及时处理消费者的投诉和建议，不断提升消费者的购买体验。

着力通过互联网构建"品牌社区"。在"品牌社区"中，将为消费者提供一个互动交流的平台，让他们能够分享自己的美食体验、交流烹饪技巧，甚至参与产品的研发和推广。这样的互动不仅能够增加消费者的参与感和忠诚度，还能够使消费者提供宝贵的市场反馈和产品改进意见。为了吸引更多的消费者加入"品牌社区"，将推出一系列有趣的活动和奖励机制。例如，举办美食比赛、分享美食故事等，让消费者在参与的过程中感受到品牌的魅力和乐趣。同时，还可为积极参与的消费者提供优惠、礼品等奖励，以鼓励他们继续支持和参与品牌的发展。

通过这些努力，不仅能够为消费者提供更加优质的服务，同时也能为都道府县的食品产业发展做出积极的贡献。通过互联网构建"品牌社区"，不仅可以提高品牌的知名度和美誉度，还能够促进都道府县的食品产业发展，为地方经济增长做出贡献。

③加强市场调查

为了提供更符合顾客需求的食品配料，有必要持续收集和分析市场调研信息，不仅包括市场趋势信息，还包括顾客和经销商的评价。通过将这些信息及时传递给生产者，必要时进行反馈，并与产品改进相结合，以生产出更好的产品。因此，必须提高和加强农业、渔业合作社在其生产领域的营销研究职能。

为了提高营销研究能力，营销部门建立了相关机制，如直接咨询等。通过这些机制可收集和分析市场信息，了解消费者需求和市场趋势，以便更好地满足客户的期望。

直接咨询是一种有效的机制，它允许生产者与客户进行直接的沟通和交流。通过与客户面对面或通过电话、电子邮件等方式进行交流，能够了解他们的具体需求、偏好和意见。这种直接的互动有助于建立客户关系，增强客户的忠诚度，并收集有关产品和服务的有价值的信息。

此外，推广部门还利用市场调研工具和技术来收集和分析更广泛的市场数据,包括进行市场调查、分析竞争对手、研究行业趋势等。通过这些研究,能够深入了解市场动态,发现潜在的机会和挑战,并制定相应的营销策略。

为了确保研究的准确性和有效性,相关部门建立了数据分析团队,他们负责处理和分析收集到的大量数据。这些团队使用先进的统计方法和数据挖掘技术,提取有用的信息并将其转化为有意义的洞察。

④应提高和加强生产领域的营销研究职能

为了更好地满足市场需求和提升企业竞争力,相关方应提高和加强生产领域的营销研究职能。通过深入研究市场动态、消费者需求和竞争对手策略,相关方能够更好地了解市场趋势和变化,为生产决策提供有力的支持。

在提高营销研究能力方面,相关方可以加强数据收集和分析能力,利用先进的市场调研方法和技术,获取准确、全面、及时的市场信息。同时,培养专业的营销研究团队,提升他们的数据分析和决策支持能力,以更好地指导生产活动。此外,还应加强与其他部门的合作与沟通,确保市场信息能够及时、准确地传递到生产领域。通过建立有效的信息共享机制和团队协作,生产部门能够更好地理解市场需求,并根据研究结果进行产品设计、生产计划和质量控制等决策。

加强生产领域的营销研究职能是企业适应市场变化、提高竞争力的重要举措。只有通过深入的市场研究和精准的决策支持,相关方才能生产出符合市场需求的优质产品,满足消费者的期望,实现企业的可持续发展。

六、区域品牌利益相关方的协同合作

县域食品的品牌化是一个复杂而又重要的过程,需要生产者、生产者协会、销售商、旅游和食品协会等广泛的利益相关者共同努力与相互合作。同时,各方还需要有强烈的成功意识。在这个过程中,每个相关方都必须充分认识到自身的作用。

生产者是县域食品品牌化的基础。生产者需要注重产品的质量和安全,不断改进生产工艺和技术,提高产品的附加值。只有生产出高质量的产品,才能赢得消费者的信任和忠诚度。此外,生产者还应该积极参与到品牌化建设的过程中,与其他利益相关者合作,共同打造县域食品品牌。

生产者协会在县域食品品牌化中扮演着重要的角色。协会应该发挥组织协调作用,为生产者提供技术支持和市场信息,促进县域食品品牌的发展。生产者协会还可以组织培训和研讨会,提高生产者的生产技能和品牌意识。

销售商是县域食品品牌与消费者之间的桥梁。销售者需要积极推广县域食品品牌，提高品牌的知名度和美誉度，拓展销售渠道。销售商还应该关注市场需求和消费者反馈，及时调整销售策略，满足消费者的需求。

旅游和食品协会可以通过举办美食节、推广地方特色美食等活动，提升县域食品品牌的影响力。这些活动可以吸引游客，促进地方经济的发展。

都道府县和市町村政府在县域食品品牌化过程中也起着重要的支持作用。他们可以提供政策支持和资金扶持，鼓励生产者进行技术创新和品牌建设。政府还可以加强对县域食品的监管，确保食品安全和质量。

总之，县域食品的品牌化需要各方共同努力，形成合力。只有这样，才能打造出具有竞争力的区域品牌，促进县域经济的发展。各方应该密切合作，相互支持，共同推动县域食品品牌化的进程。

七、总结

近年来，区域品牌形象受损的事件频繁发生。例如，日内地道鸡的品牌伪装事件和宫崎牛肉的口蹄疫恐慌等，这些事件导致了区域品牌口碑的崩塌。

然而，也不能因此对区域品牌失去信心。那些真正具有强大潜力的企业，仍然有机会重获生机。例如，石川县一直在按照相关指导方针积极实施各项举措，以促进县域食品的地区品牌化。相关方的努力为其他地区树立了一个良好的榜样。

在当今竞争激烈的市场环境中，区域品牌的建设和发展对地区经济的繁荣至关重要。一个成功的区域品牌不仅可以提高地区的知名度和美誉度，还可以吸引更多的游客和投资，促进地方经济的发展。

为了创造出即使在突发事件面前也能屹立不倒的区域品牌，各地需要加强品牌管理和提高危机应对能力，包括确保产品的质量和安全，建立透明的供应链，以及及时有效地应对危机事件。此外，地方政府、企业和社会各界应该携手合作，共同推动区域品牌的发展。

在未来的发展中，应该吸取过去的经验教训，不断完善品牌建设的方法和策略。只有通过持续的努力和创新，才能打造出具有竞争力和可持续发展的区域品牌，为地区经济的繁荣做出贡献。

第二节　桂东南农产品区域品牌建设的策略与路径研究

桂东南地区，位于广西壮族自治区东南部，是一个以自然资源丰富和地理位置优越而闻名的重要区域。这一地区的农业生产历史悠久，其肥沃的土地和多样化的气候条件为各类农作物的生长提供了理想的环境。桂东南地区的气候分布呈现出显著的地域差异，从沿海的温暖湿润气候到内陆地区的温和干燥气候，各种气候类型共同孕育出丰富多样的农产品。

这一地区的农业特色不仅反映在广泛的种植作物上，还体现在传统农耕文化和农业技术上。多年来，桂东南地区的农民利用传统的农耕技术和当地的自然资源，培育出了一系列独具特色的农产品。这些产品包括但不限于优质的水果、珍贵的药材、特色的畜禽产品等，这些农产品不仅在本地区享有盛誉，还在区外的市场上取得了一定的知名度。

一、桂东南特色农产品区域品牌现状

桂东南地区，作为广西壮族自治区东南部的一部分，拥有得天独厚的自然资源和地理优势。这个区域以其肥沃的土地、适宜的气候和便利的水陆交通网络而闻名。靠近广东，桂东南地区的地理位置对农产品的流通尤为重要，这不仅为当地农产品提供了丰富的自然资源，而且为其销售和流通提供了便利条件。桂东南地区的气候条件多样，从沿海的温暖湿润气候到内陆的温和干燥气候，这些不同的气候类型为各种农作物的生长提供了理想的条件。此外，该地区丰富的水源也为农业灌溉提供了充足的水资源。

桂东南地区的农产品以其多样性和特色而著称。其中，容县沙田柚、铁皮石斛、陆川猪、信都三黄鸡和南都麻鸭等产品在全国乃至国际市场上都有一定的知名度。这些产品不仅因其优良的品质而受到消费者的喜爱，而且由于其独特的生长环境和传统的生产工艺，每一种产品都有自己独特的风味和特色。例如，容县沙田柚以其皮薄多汁、甜而不腻的特点受到消费者的青睐，而铁皮石斛则因其在传统中医药材中的重要地位而被广泛种植。

尽管桂东南地区的农产品在品质上具有明显的优势，但在生产方式和管理方面，这一地区的农业生产仍然依赖传统的方法。多数农户仍采用传统的耕作和养殖方式，缺乏现代化的农业技术和设备。这种传统的生产方式虽然能够保持产品的传统风味，但在提高生产效率和保证产品质量方面存在一定的局限性。例如，由于缺乏先进的农业机械和技术，农产品的加工和储存条件往往无法达到最佳状态，影响了产品的市场竞争力。

在市场和销售方面，桂东南地区的农产品主要依赖本地市场，尽管部分产品如容县沙田柚已经在国内外市场上取得一定的知名度，但大多数产品的市场覆盖范围仍然有限。这主要是由于缺乏有效的市场推广策略和渠道，使许多高品质的农产品未能进入更广阔的市场。此外，由于缺乏有效的品牌推广和营销策略，这些农产品在市场上的知名度和影响力远未达到其潜在价值。例如，虽然铁皮石斛在传统中医中有着悠久的历史，但在现代市场上的知名度和应用仍有较大的提升空间。

桂东南地区的农产品品牌发展在经营绩效方面也显示出一定的局限性。尽管存在诸如容县沙田柚这样在全国乃至国际市场上取得成功的典范，但这些成功案例并非普遍现象。大多数农产品生产者仍处于品牌建设的初级阶段，缺乏有效的品牌战略和市场竞争力。这种现状不仅限制了优质农产品在更大范围内的认知度和市场表现，也影响了整个地区农业经济的可持续发展。

市场开发方面的不足表现在缺乏有效的推广和营销渠道。尽管某些产品在本地区享有一定的知名度，但在更广阔的国内外市场上的认知度相对较低。这主要是由于缺乏有效的品牌推广策略和市场拓展渠道。桂东南地区的农产品品牌在电子商务和数字营销方面的应用也不够广泛，限制了品牌在更大范围内的推广。此外，桂东南地区的特色农产品在市场上的定位不够明确，缺乏有针对性的市场策略，使产品难以在众多竞争者中脱颖而出。市场的范围大多局限于产地自销，未能有效利用电子商务等新兴销售渠道来扩大市场范围和提升品牌影响力。

综合来看，桂东南地区的特色农产品虽然在品质和特色上具有明显的优势，但在品牌建设、市场开发、生产方式和管理方面仍存在不足。这些挑战不仅限制了特色农产品在市场上的表现和品牌价值的提升，也影响了整个地区农业经济的可持续发展。未来，通过加强品牌管理、提高生产标准、实施有效的市场策略，以及开拓更广泛的销售渠道等措施，可以进一步提升桂东南地区农产品的品牌影响力和市场竞争力，为地区的经济发展注入新的活力。

二、桂东南特色农产品区域品牌建设 SWOT 分析

桂东南特色农产品区域品牌建设的 SWOT 分析是一个关键的战略规划工具，提供了全面评估桂东南地区农产品品牌发展的平台。通过这种分析方法，能够深入理解该地区农产品品牌发展的优势（Strengths）、劣势（Weaknesses）、机会（Opportunities）和威胁（Threats）。这种综合分析有助于明确桂东南农产品品牌的核心竞争力，同时识别出可能影响品牌发展的内部和外部因素。

SWOT 分析能够将桂东南的农产品品牌战略与内部资源和外部环境有效结合。通过对优势的充分利用、劣势的有效管理、机会的积极把握以及对威胁的应对，桂东南地区可以更好地推动其农产品品牌的全面发展。这种方法不仅可以为桂东南地区的农产品品牌提供明确的发展方向，而且有助于优化资源配置，提高市场竞争力，最终推动该地区农业经济的持续发展和增长。通过 SWOT 分析，桂东南地区能够深入洞察市场趋势和消费者需求的变化，制定更为科学、合理的品牌发展战略。这不仅涉及品牌形象的塑造和营销策略的制定，还包括生产流程的优化、质量控制的加强以及新技术的引进和应用。SWOT 分析可以为桂东南地区特色农产品的持续创新和市场拓展提供坚实的基础，有助于实现品牌的长期增长和区域经济的繁荣。

（一）自然条件优势

桂东南地区的自然条件对农业发展来说是一个巨大的优势。地区的地形以山地、丘陵、谷底、台地、平原等为主，这种多样的地貌为各种农作物的生长提供了丰富的选择。平原和盆地广阔，提供了大面积的耕地，而丘陵区域则适合种植某些特定的作物，如茶叶、果树等。河流的纵横交错不仅丰富了土地的水源，还为灌溉提供了便利。这种独特的地理和自然环境，特别适合发展多样化的农业，如水果、蔬菜种植和养殖业，为区域内的农产品提供了优越的生长条件。正是因为这种得天独厚的自然资源，区内的生态资源丰富，为各类生物提供了良好的成长环境，培育出了"容县沙田柚""陆川猪""信都三黄鸡""南都麻鸭"等众多知名品牌。

（二）地理位置优越，交通便利

桂东南地区地处战略要地，与多个重要地区接壤。西邻百色地区，北连河池地区和桂林地区，东临湖南和广东，南接北部湾，具有显著的地理优势。这一地

理位置为区域内的农产品提供了便捷的市场通道。区内的交通网络发达，铁路、公路和水路交通四通八达，为农产品的快速流通和广泛分销提供了重要保障。西江的巨大流量使其成为国内重要的水道之一，不仅有助于产品的内陆运输，还为海上运输提供了便利。此外，南宁和北海的机场也为农产品提供了更广泛的市场接触机会，使桂东南地区的农产品能够迅速抵达国内外多个地区和国家。

（三）浓厚的文化气息

桂东南地区的文化多样性是其另一个重要优势。这里不仅气候宜人，地理位置优越，还是多民族聚居区，孕育了丰富的民俗文化，留下了很多历史遗迹。这些文化遗产和景观不仅吸引了大量游客，也为区域产品增添了文化价值。例如，采茶戏作为当地的一项非物质文化遗产，已被列入国家级名录，成为桂东南地区独特文化的象征。此外，诸如容县杨外村、北流铜石岭风景区、太平天国起义遗址、云天文化城等文化风景区，不仅丰富了当地的文化景观，也为农产品的文化深度开发提供了良好的基础。这些丰富的文化资源为桂东南地区的农产品品牌建设提供了独特的背景，有助于提升区域品牌的形象和影响力。

（四）特色产品与品牌知名度高

桂东南地区的特色农产品如容县沙田柚、陆川猪等，不仅在品质上享有盛誉，而且已在市场上形成了较高的品牌认知度。这些产品因其独特的风味和优良的品质，在消费者中建立了良好的口碑。容县沙田柚以其皮薄肉嫩、味道甘甜而受到消费者的喜爱，成为桂东南地区农产品中的明星产品。陆川猪和信都三黄鸡等畜禽产品也以其肉质细嫩、风味独特而在市场上占有一席之地。这些特色产品的运营成功不仅提升了桂东南地区农产品的整体形象，也为其他农产品的品牌建设和市场推广提供了范例。

（五）农业技术与创新

桂东南地区在农业技术和创新方面也具有一定的优势。地区内的农业研究机构和高等学府在农业科技创新和技术推广方面发挥了重要作用。通过科技创新，桂东南地区的农业生产逐步实现了现代化，提高了农产品的品质和产量。同时，通过引入和应用新技术，如智能农业、生态农业等，提高了农业的可持续性，为农产品的长远发展奠定了基础。这些技术和创新不仅提升了农产品的市场竞争力，也增强了消费者对桂东南地区农产品的信赖和认可。

以上各点总结了桂东南特色农产品区域品牌建设的主要优势，这些优势为桂东南地区的农产品品牌发展提供了坚实的基础。通过充分利用这些优势，结合有效的市场策略和品牌推广，桂东南地区的农产品品牌有望在更广泛的市场上取得成功，为当地经济发展和农民增收做出重要贡献。

三、桂东南建设农产品区域品牌的劣势分析

桂东南地区在建设农产品区域品牌方面面临一系列挑战。虽然拥有丰富的自然资源和优越的地理位置，但在品牌建设、管理标准、技术创新和市场推广方面存在诸多劣势。

（一）标准不统一，品牌维护力度欠缺

桂东南地区农产品生产的一个主要问题是标准化程度不足。由于大部分农业生产由分散的个体农户承担，导致产品质量管理难以实现统一标准。例如，容县沙田柚生产过程中存在柚树老化、产量低和甜度不一致等问题。由于缺乏质量意识和品牌意识，很多生产者无法有效地维护和提升品牌价值，仅仅将商标和品牌等同起来，忽视了品牌建设的深层次含义。这种情况导致高质量、高价值的农产品在市场上难以获得认可，进而影响了区域品牌的整体形象和市场份额。

（二）农业基础设施薄弱，经济结构不合理

在桂东南地区，许多农业基础设施，如农田水利和配套工程，存在着年久失修和功能不全的问题。这不仅影响了农业生产的可持续性，还限制了农产品质量和产量的提升。技术人才的流失进一步制约了农业生产力的提升。此外，该地区还有农产品结构不尽合理，特色农产品发展相对滞后，常规农产品过剩等问题。农产品加工企业技术含量低，导致加工率低，未能充分发挥区域农产品的潜力。

（三）从业人员综合素质偏低，创新能力不足

桂东南地区农业从业人员普遍存在综合素质偏低的问题，包括文化水平低、思维保守、接受新技术能力弱等。这些因素限制了农业生产的创新能力和生产效率，导致区域品牌价值和市场竞争力不高。同时，缺乏创新能力的农产品很难适应市场的变化，难以提升产品质量和市场占有率。

（四）产品知名度不高，品牌优势不明显

尽管桂东南地区的农产品在质量上具有一定的优势，但其品牌知名度普遍不高。这主要是由于缺乏有效的品牌传播、营销策略和推广渠道。与国内外知名农产品品牌相比，桂东南地区的农产品在市场上的影响力和认知度较低。此外，地

南地区可以扩大农产品的生产力，通过提升产品质量和发挥其地区特色优势，使其农产品在国际市场上占据显著地位。此外，加强基础设施建设，尤其是港口设施和物流系统，将进一步提高农产品的流通效率，减少运输成本，从而增强桂东南地区农产品的国际竞争力。与此同时，全面提升品牌宣传力度也是至关重要的，不仅包括传统的广告和市场推广活动，还应利用数字媒体和社交平台，通过有效的品牌推广策略，在国际市场上树立桂东南地区农产品的品牌形象。通过综合这些策略和行动，桂东南地区的农产品品牌不仅有望在国内市场上取得成功，还具备在国际市场上取得显著成就的潜力，从而为地区经济的全面发展贡献力量。

（三）国际合作机会的增加

随着中国共建"一带一路"倡议的推进，桂东南地区的农产品正面临前所未有的国际合作机遇。这一全球性发展战略不仅加强了其与东南亚国家的经贸联系，还将桂东南地区与非洲、欧洲以及世界其他地区的合作带入了一个新的发展阶段。在这一宏观背景下，国际市场对高品质、具有地域特色的农产品的需求日益增长，为桂东南地区特色农产品打开了新的市场大门。这种需求的增加不仅来自传统市场，也来自那些尚未充分开发的新兴市场，为桂东南地区的农产品提供了进入并扩大国际市场份额的机会。

在这样的国际合作框架内，桂东南地区的农产品有机会通过多边贸易渠道进入更广阔的国际市场。通过与不同国家和地区的合作，桂东南地区的农产品可以获得更多的国际曝光机会，从而提高其国际知名度和品牌影响力。这样的国际合作不仅是商品交易层面的合作，更是文化交流和品牌故事分享的机会。通过这些国际交流，桂东南地区的农产品可以向世界展示其独特的品质和文化价值，从而增强品牌的吸引力和竞争力。

此外，"一带一路"倡议还为桂东南地区的农业科技创新和发展提供了新的动力。通过与共建国家的合作交流，桂东南地区可以引进先进的农业技术和管理经验，提升本地农业的生产效率和产品质量。同时，这也为桂东南地区的农产品提供了多元化的发展路径，使其能够根据不同市场的需求，调整生产策略，生产更符合国际市场需求的农产品。

综上所述，共建"一带一路"倡议为桂东南地区的农产品提供了无限的国际合作机会和广阔的市场空间。通过积极参与这一倡议，桂东南地区不仅能够提高其农产品在国际市场上的影响力，还能够促进当地农业的可持续发展和经济繁荣，为桂东南地区农产品品牌的长期发展奠定坚实的基础。

（四）科技创新和现代化的推动力

科技创新和现代化的市场营销策略在提升桂东南地区农产品品牌的竞争力方面起着决定性的作用。这些策略不仅能使桂东南地区的农产品在国内外市场上获得更加有利的地位，而且对提升整个地区农业的水平和效益具有重要意义。通过引入和应用先进的农业技术，桂东南地区能够实现农产品产量和品质的显著提升，这不仅增强了农产品在市场上的吸引力和竞争力，还提高了农业生产的效率和可持续性。

现代化的市场营销手段，特别是电子商务和社交媒体的运用，为桂东南地区的农产品开辟了更广阔的市场和更高效的品牌传播渠道。电子商务平台使桂东南地区的农产品能够直接触及全国乃至全球的消费者，拓宽了销售渠道，提高了市场覆盖率。社交媒体则提供了与消费者直接互动的新方式，加强了品牌故事的传播，提升了消费者对品牌的认知和忠诚度。这种数字化营销策略不仅使桂东南地区的农产品能够迅速适应市场的变化，还为品牌建设带来了创新的视角和方法。

此外，科技创新还为桂东南地区农产品开辟了新的增值途径。通过对农产品进行深加工和开发新型产品，可以增加农产品的市场价值和消费者的选择范围。同时，结合地区特色的农业旅游和文化体验活动，可以进一步扩大桂东南地区农产品的市场潜力，吸引更多消费者的关注和兴趣。

这些综合策略的实施，将使桂东南地区的农产品在国内外市场竞争中占据显著优势，同时推动整个地区农业的发展，提升农业生产的效率和经济效益。科技创新和现代化市场营销的结合，不仅为桂东南地区农产品提供了立足国内外市场的强大动力，也为该地区的长期繁荣和发展奠定了坚实的基础。随着科技的不断进步和市场营销策略的不断创新，桂东南地区的农产品品牌有着无限的发展潜力和广阔的市场前景。

（五）消费者健康意识的增强

随着消费者对健康和质量的日益关注，对天然、有机和高品质农产品的需求正在全球范围内显著增加。桂东南地区，以其优越的自然环境和丰富的传统农业资源，处于把握这一趋势的有利位置。该地区的农产品，因其天然、健康的生产方式，以及独特的地理和气候条件，具有满足这一市场需求的巨大潜力。

在当前的消费市场中，健康和质量已成为决定消费者选择产品的主要因素，尤其对于城市和高收入消费者群体。这些消费者群体不仅在寻找营养丰富、安全健康的食品，还越来越关注食品的生产来源和生产过程是否符合可持续与环保标准。在这方面，桂东南地区的农产品拥有独特的优势。例如，该地区的某些农产品，如特定品种的水果和蔬菜，因其自然生长环境和传统耕种方式，具有更高的营养价值和更佳的口感。

此外，有机农业的兴起也为桂东南地区的农产品提供了新的发展机遇。随着全球对有机食品需求的增加，有机认证已成为市场竞争中的一项重要优势。桂东南地区的农民和生产者可以利用当地的自然资源和生态环境，发展有机农业，生产符合国际认证标准的有机产品。这不仅能满足日益增长的市场需求，还能提升桂东南地区农产品的品牌价值和市场竞争力。

随着健康食品市场的扩大，桂东南地区还可以通过增加对健康食品领域的研发投入，开发新的高品质农产品，这包括研发具有特定健康益处的功能性食品，以及探索新的农产品加工技术，以提升产品的营养价值和保质期。通过这些创新，桂东南地区的农产品不仅能满足市场的现有需求，还能开拓新的市场领域。

综合来看，随着消费者对健康和质量的重视，天然、有机和高品质农产品市场需求的增加为桂东南地区的农产品提供了新的市场机遇。该地区的农产品因其自然、健康的生产特点和独特的地理优势，具有满足并领导这一市场趋势的潜力。随着全球对健康食品的需求不断增加，桂东南地区的农产品有望在国内外市场上获得更广泛的认可。

（六）旅游业与农产品结合的机遇

桂东南地区，以其丰富的文化遗产和壮观的自然景观著称，这些资源为旅游业的发展提供了独特而宝贵的条件，人们对体验式和文化深度旅游的需求不断增加，这为桂东南地区的农产品与旅游业的结合创造了新的发展机遇。通过发展农业旅游和乡村旅游，桂东南地区不仅能够展示其自然美景和文化特色，还能有效推广其独特的农产品，从而直接提升这些产品的知名度和销售量。

农业旅游和乡村旅游的发展模式，可以使游客直接参与农业生产活动，体验传统农耕文化和自然农产品的生产过程。例如，游客可以参与水果采摘、农田耕作、传统农业工艺体验等活动，这些活动不仅让游客深入了解了农产品的生产过程，还增强了他们对当地农产品的认识和兴趣。此外，通过设置农产品品鉴会、农产品市场和特色农产品销售店，游客可以直接购买当地的新鲜农产品，这不仅增加了农产品的销售渠道，也为当地农民和生产者创造了更多的经济收益。

桂东南地区的农业旅游和乡村旅游的发展，还可以通过强化地区内农产品品牌的形象建设，来提高其在国内外市场的影响力。将农产品的品牌形象与地区的自然风光和文化遗产紧密结合，不仅能够提升游客对农产品的认知，还能够加深游客对桂东南地区整体形象的印象。例如，桂东南地区可以通过举办特色农产品节庆活动、文化体验活动等，来展示其独特的农产品和文化魅力，吸引更多的游客和消费者。

此外，桂东南地区的农业旅游和乡村旅游的发展还可以促进当地社区的可持续发展。通过吸引游客来体验当地的农业生活和文化，可以为当地社区带来新的经济机遇，如提供住宿服务、餐饮服务和导游服务等。这不仅增加了当地居民的收入，还促进了当地农业生产方式的保护和传承。

在这一过程中，桂东南地区的农业旅游和乡村旅游的发展还需要充分利用和融合当地的文化资源。桂东南地区丰富的历史文化遗产和多样的民俗文化，为旅游业的发展提供了独特的内容和形式。例如，结合当地的传统节日、民间艺术和手工艺品展示，可以为游客提供更加丰富多彩的旅游体验。这种文化与旅游的结合，不仅增加了旅游产品的吸引力，还有助于保护和传承地区内的传统文化和手工艺。

此外，桂东南地区的农业旅游和乡村旅游的发展也需要重视对环境的保护和可持续发展的实践。随着全球对环保和可持续发展的重视，生态旅游和绿色旅游成为旅游业发展的重要趋势。桂东南地区可以通过发展生态农业和生态旅游，强调其农业生产的可持续性和环境友好性，吸引那些对环保和可持续生活方式有高度关注的游客。例如，开展生态农场游、自然生态体验活动等，不仅可以提升游客的旅游体验，还能提高当地农产品的品牌形象。

同时，桂东南地区的农业旅游和乡村旅游的发展还需要注重对当地社区的带动作用。通过吸引游客到当地参与农业体验活动，不仅为当地农民创造了直接的经济收入，还促进了当地农产品的销售和品牌推广。此外，通过旅游业的发展，还能带动当地相关产业的发展，如住宿业、餐饮业和交通业等，进一步促进当地经济的多元化发展。

桂东南地区将农产品与旅游业结合，通过发展农业旅游和乡村旅游，不仅为其农产品打开了新的市场机遇，也为整个地区的经济和文化发展带来了积极的影响。这种结合方式不仅能够提升游客对桂东南地区农产品的认知和兴趣，还有助于推动当地社区的可持续发展，实现经济、文化和生态的和谐共进。随着全球旅游业向着环保和可持续的方向发展，桂东南地区的农业旅游和乡村旅游无疑将促进当地农产品品牌推广。

综上所述，将农产品与旅游业结合，特别是发展农业旅游和乡村旅游，对桂东南地区来说，不仅是推广其农产品的有效途径，也是实现地区经济、文化和生态可持续发展的重要策略。通过这种方式，桂东南地区不仅能够提升其农产品的市场竞争力和品牌影响力，还能够促进当地社区的整体发展，提升地区的整体形象。随着旅游业的不断发展和消费者对体验式旅游的日益追求，桂东南地区的农业旅游和乡村旅游有望成为推动当地农产品推广与地区经济发展的动力。

（七）绿色农业和可持续发展的趋势

随着全球对绿色农业和可持续发展重视程度的不断提升，桂东南地区面临转型升级传统农业的重要机遇。在这一全球性趋势下，桂东南地区可以通过发展生态农业和绿色农业，不仅提升农产品的品质和市场竞争力，还能够为该地区的农产品打造"绿色"和"生态"品牌形象。这样的品牌形象对吸引寻求健康和可持续产品的消费者群体具有重要意义。

生态农业和绿色农业的实践主要包括采用环境友好型的耕种方式、减少化学肥料和农药的使用、保护生物多样性、维持生态平衡等。这些实践不仅有助于提升农产品的质量和安全性，也符合当前全球消费者对健康食品和环境保护的高度关注。桂东南地区可以通过推广有机耕作、使用生物农药和天然肥料，以及实施循环农业等策略，来强化其农业的生态和绿色特性。此外，通过建立生态农业示范区和生物多样性保护区，桂东南地区还可以直观地展示其对环境保护的承诺和实践效果，这对提升农产品的品牌价值和吸引力具有重要作用。

在桂东南地区发展生态农业和绿色农业的同时，还需要重视可持续生产方式的实施。可持续生产方式不仅包括环境保护，还包括经济和社会可持续性。例如，桂东南地区的农业生产者可以通过提高能源效率、减少水资源消耗、采用可再生能源和循环利用资源等措施，以降低农业生产对环境的影响。此外，通过提高农民的生活水平、保障农业劳动者的权益和促进农村社区发展，还可以实现社会可持续性。这些措施不仅能够提高桂东南地区农业的整体可持续性，还能够增强消费者对于该地区农产品的信任度和忠诚度。

在桂东南地区致力于发展生态农业和绿色农业的同时，对环境保护和可持续生产方式的重视也为该地区的农产品打造了"绿色"和"生态"品牌形象。这种品牌形象的塑造对吸引那些寻求健康和可持续产品的消费者至关重要。当前，全球消费者日益关注食品的健康性、安全性以及生产过程的环保性。桂东南地区可以通过强调其农产品的绿色和生态属性，以及展示其可持续生产实践的成果，来吸引这部分消费者。例如，可以在标签、产品包装和营销材料上突出其农产品的有机认证、生态认证等，来强化消费者对产品的正面认知。此外，桂东南地区还可以通过各种营销活动和宣传策略来推广其绿色和生态农产品。这包括参与国内外的农产品展览会、组织农产品品鉴活动，以及利用数字媒体平台进行宣传推广。通过这些活动，桂东南地区不仅能够向更广泛的消费者展示其农产品的独特品质和价值，还能够提升消费者对于桂东南地区农业可持续发展实践的认识和赞赏。例如，通过社交媒体和在线平台分享农业生产的视频和故事，展示农产品从田间到餐桌的全过程，不仅能够增加产品的透明度，也能够建立消费者对品牌的情感连接。

　　同时，桂东南地区的绿色农业和可持续发展实践也对于地区经济的长期稳定和增长具有重要意义。通过采用可持续生产方式，不仅能够保护和改善地区的自然环境，还能够确保农业资源的长期可利用性。这种可持续的发展模式能够为当地农民提供稳定的收入来源，同时为地区经济的多元化发展打下坚实的基础。

　　为了更有效地实现这一目标，桂东南地区还需要加强对农业可持续性的研究和创新。这包括开展有关生态农业技术的研究、探索更高效的资源利用方法，以及研发更环保的农业产品。通过这些研究和创新，桂东南地区不仅能够提升其农产品的竞争力，还能够为全球农业可持续发展贡献宝贵的经验和知识。

　　综上所述，桂东南地区在全球绿色农业和可持续发展的趋势中，拥有独特的机遇和潜力。通过发展生态农业、强调环境保护和可持续生产方式，桂东南地区不仅能够提升其农产品的市场竞争力和品牌形象，还能够为地区的经济和社会发展做出积极贡献。随着全球对绿色和生态产品需求的不断增加，桂东南地区的农业发展将走在可持续和环保的前沿，为未来的发展奠定坚实的基础。

四、桂东南农产品区域品牌建设的威胁分析

（一）面临国外及周边省市产品的竞争冲击

　　桂东南地区的农产品区域品牌在面临国内外同类产品的竞争冲击中，遭遇了多重挑战。这些挑战主要源自市场的高度竞争环境以及消费者偏好的多样化。以家禽和果品类产品为例，桂东南地区的这些产品在市场上与来自其他省市或国外的同类产品竞争。由于这些外来产品在品牌知名度、产品质量、营销策略等方面具有一定的优势，因此对桂东南地区本土产品构成了显著的竞争压力。例如，广州石硖龙眼和从化桂味荔枝等产品因其高品质和广泛的市场认知，在全国市场上

已建立起显著的竞争优势。由于桂东南地区与广州地理上的接近性，这些产品容易进入桂东南市场，从而对当地同类产品构成了直接的竞争威胁。这种情况在一定程度上影响了桂东南地区农产品的市场份额和品牌形象，对其区域品牌的稳固和扩大带来了挑战。

此外，桂东南地区的地理优势——沿海和边境地带的特点，也带来了一些国际品牌的竞争。这些国际品牌通过成熟的品质控制、精细的包装设计以及有效的市场营销策略，在当地市场占据了相当的份额。国际品牌的流入不仅挤占了桂东南地区农产品的市场空间，也在一定程度上影响了消费者对本地品牌的认知和信任。面对这样的市场环境，桂东南地区的农产品区域品牌建设面临着严峻的考验。市场上的竞争对手不仅来自国内其他地区，还包括具有强大市场影响力的国际品牌。这些竞争因素共同影响着桂东南地区农产品的市场表现和品牌定位，使区域品牌的建设和发展成为一项充满挑战的任务。桂东南地区需要在保持其产品特色和优势的同时，要深入理解和应对来自国内外的竞争压力，以维持和提升其农产品的市场地位。

（二）仿冒假冒产品带来的威胁

桂东南地区农产品区域品牌建设在面临仿冒假冒行为的威胁上，表现出一些独特的应对措施。区域品牌的特性使其成为一种公共物品，其所有权和经营权不是归属于单一的经济主体，而是属于整个区域内的相关经济体。这种情况下，区域品牌的被排他性个性特点导致了一个重要的问题：单个经济主体可能缺乏对品牌维护和投资的主动性及动力。这种情况下，某些经济主体可能会采取不规范的生产和市场竞争行为，即所谓的"搭便车"现象，这种现象对品牌的质量和声誉构成了严重威胁。

一个典型的例子是桂东南地区著名的"容县沙田柚"。这一品牌在2004年获得了国家地理标志证明商标，随后几年间，市场上出现了大量打着"容县沙田柚"名号的假冒产品。这些假冒产品以低廉的价格充斥市场，不仅误导了消费者，也给正宗的容县沙田柚的销售带来了冲击。由于假冒产品的质量无法与真正的容县沙田柚相媲美，消费者的信任度和对品牌的忠诚度遭到了破坏。这种情况不仅使真正的容县沙田柚难以将其品牌价值有效传递给消费者，还严重损害了品牌的市场声誉。仿冒假冒行为对区域品牌构成的威胁不仅限于直接的经济损失。更重要的是，这种行为破坏了消费者对品牌的信任，降低了品牌的整体价值。当消费者在市场上遇到质量低劣的假冒产品时，他们可能会将这种负面体验与真正的品牌联系起来，从而影响他们未来购买真正产品的意愿。这种情况下，即使区域品牌本身具有高质量和良好的市场声誉，假冒产品的存在则可能使消费者对整个品牌产生怀疑。

此外，仿冒假冒行为还可能导致市场秩序的混乱。在一个充斥着大量假冒产品的市场中，消费者很难区分哪些产品是真正的，哪些是假冒的。这种不确定性使消费者在购买决策时感到困惑，可能导致他们选择放弃购买，或转向其他更为可靠的品牌。这种市场混乱不仅损害了消费者的利益，也对真正的品牌生产者造成了不公平的竞争环境。对桂东南地区来说，仿冒假冒行为的存在严重威胁到了区域品牌的健康发展。作为一个依赖地理标志和区域特色的品牌，容县沙田柚等产品的价值在很大程度上取决于消费者对其真实性和品质的认可。假冒产品的泛滥不仅损害了正宗产品的市场份额，还对消费者的购买行为造成了不好的影响。这种影响可能导致消费者对桂东南地区的其他农产品也会产生怀疑，进一步扩散到对整个地区品牌形象的负面看法。

仿冒假冒行为的存在还反映了市场监管的不足。在一个有效的市场监管体系下，仿冒和假冒产品应该被迅速识别并从市场上清除。然而，在桂东南地区，假冒产品能够广泛流通表明了监管体系存在漏洞。这不仅对消费者构成风险，还对遵纪守法的生产者造成了不公平的竞争环境。正规生产者在遵守质量标准和生产规范的同时，却不得不与那些通过降低成本和忽视规范的假冒产品竞争。同时仿冒假冒产品的存在还可能导致法律和道德风险。生产和销售假冒产品不仅违反了知识产权法律，还破坏了市场的公平竞争原则。这种行为对维护一个健康和公平的市场环境是极其有害的。长期来看，如果不加以控制和整治，将可能导致法律制度的弱化和市场道德标准的降低。

综上所述，仿冒假冒行为对桂东南地区农产品区域品牌构成了严重威胁。这种威胁不仅来自假冒产品对正品市场份额的直接挤压，还包括对消费者信任的侵蚀、市场秩序的混乱、监管体系的漏洞以及法律和道德风险的增加。所有这些因素共同影响着桂东南地区农产品区域品牌的健康发展和市场声誉，给品牌的可持续性发展带来了严重挑战。

（三）环境保护和可持续发展的挑战

随着环境保护意识的提升和可持续发展的需求增加，桂东南地区在农业生产中面临环境保护和可持续发展挑战。农业生产过程中的资源消耗、环境污染和生态破坏等问题，对农产品品牌的可持续发展构成了威胁。这就要求桂东南地区在农产品生产和品牌建设中要更加注重环境保护和可持续性原则。

五、桂东南农产品区域品牌建设的路径研究

（一）强化政府监管，完善质量监督体系

桂东南地区农产品区域品牌建设的一项重要策略是强化政府监管和完善质量监督体系。政府在促进地区农产品品牌发展中扮演着至关重要的角色，特别是在确保产品质量和市场秩序方面。首先，政府应加强对小型企业的监管，这些企业往往由于资源和规模的限制，难以保证产品的质量和安全。政府可以通过建立农产品加工园区和推动产业集群的发展来集中管理这些小企业。在这些园区内，通过定期的巡查、抽检，以及针对违法违规行为的专项整治，可以有效地维护市场秩序和保护消费者权益。同时，政府通过产业集群效应，可以加强对龙头企业的支持，并通过这些企业带动整个区域品牌的规范化和标准化建设。

企业层面上，企业自身需要充分认识到品牌对农产品长期发展的重要性，并采取措施规范经营行为和提升产品质量。企业应严格按照质量标准进行生产和加工，同时加强企业文化的建设，培养员工的品牌意识和责任感，确保日常操作不会损害品牌形象。此外，企业还应利用现代消费者对产品安全和品质的关注，建立完善的农产品安全溯源系统，提高产品的可追溯性。这样不仅可以减少消费者的心理负担，还能增加消费者对品牌的信任和忠诚度。

综合来看，政府和企业在桂东南地区农产品区域品牌建设中各自扮演着重要角色。政府通过加强监管、支持产业集群发展以及推动龙头企业的成长，为品牌的发展营造了良好的外部环境。企业则通过提升产品质量、规范经营行为、加强品牌文化建设以及利用现代技术提高产品可追溯性，从内部强化品牌的竞争力。这些措施的共同实施，将为桂东南地区农产品区域品牌的稳固和发展提供有力支持，使其在竞争激烈的市场中占据有利地位。

（二）将区域特色文化与品牌的建设有效结合

将桂东南地区的区域特色文化与品牌建设有效结合，是提升农产品区域品牌知名度的重要策略。桂东南地区拥有丰富多彩的文化遗产和历史传统，这些文化特色不仅是该地区的无形资产，也是区域品牌建设的重要资源。

首先，桂东南地区的历史建筑和文化遗址是该地区文化特色的重要组成部分。例如，中国四大私人庄园之一的谢鲁山庄、古代江南四大明楼之一的真武

阁、玉林高山村以及兴业的庞村等都是具有深厚历史文化底蕴的地方。这些建筑不仅承载着地区的历史记忆，也是展示桂东南文化魅力的窗口。通过对这些历史建筑的保护、修复和合理利用，可以将桂东南地区的历史文化与现代品牌建设相结合，吸引更多的游客和消费者，提升地区农产品的文化价值和品牌影响力。此外，桂东南地区的佛教文化也是其文化特色的重要部分。以桂平西山为代表的佛教圣地，拥有1400多年的悠久历史，是全国著名的佛教圣地。这里的佛教文化不仅是宗教信仰的体现，也是文化传承和交流的平台。通过对佛教文化的挖掘和宣传，可以将这种精神文化融入农产品品牌中，使产品不仅仅是物质消费的对象，更是文化体验及传播的载体。

其次，桂东南地区的民俗艺术文化同样是品牌建设的宝贵资源。地区内独具特色的"舞麒麟、牛戏、摆歌市、闹八音"等民俗艺术，体现了该地区丰富的民间文化和艺术传统。这些民俗艺术不仅是地区文化的重要组成部分，也是吸引游客和提升地区知名度的重要手段。通过民俗艺术的保护、传承和创新，可以使桂东南地区的农产品品牌更加生动和吸引人。

为了更有效地将区域特色文化与品牌建设结合起来，可以采取一系列具体措施。首先，建设品牌历史博物馆，通过展示桂东南地区的历史文化、农业发展历程和品牌故事，加深消费者对该地区农产品的了解和认同。博物馆可以作为文化交流的平台，通过免费参观、互动体验等形式，加大品牌文化的宣传力度。其次，利用区域共有文化，对农产品进行文化包装设计。例如，将桂东南地区的历史建筑、佛教文化元素或民俗艺术特色融入产品的包装设计中，使产品在视觉上具有独特的地域特色。这种包装不仅能增强产品的吸引力，也能提升消费者对产品的文化认同感。

通过文化活动和节庆来推广桂东南地区的农产品品牌。组织和参与各种文化节庆活动，如传统节日庆典、民俗艺术展演等，可以将农产品与地区文化紧密联系起来。在这些活动中展示和销售地区特色的农产品，不仅能增加产品的曝光度，还能直接触达目标消费群体，增强消费者对产品的兴趣和认知。此外，结合当地的文化和旅游资源，发展农业旅游，如农庄体验、乡村旅游等，也是将农产品与区域文化有效结合的一种方式。这些活动能够提供给游客独特的文化体验，同时促进当地农产品的销售。

在将区域特色文化与品牌建设结合的过程中，还需要注意文化的传承与创新。充分挖掘桂东南地区深厚的文化底蕴，保护和弘扬传统文化，同时也要寻求文化的创新和发展。例如，结合现代设计理念，将传统文化元素以现代化的形式呈现在产品包装和推广中，既保留了文化的传统特色，又符合现代消费者的审美和喜好。

此外，利用现代科技手段，如互联网、社交媒体等，对桂东南地区的农产品品牌进行推广。通过网络平台进行文化故事的传播、品牌故事的讲述，结合多媒体内容，如视频、图文等，使品牌传播更加生动、直观。这种线上推广方式能够覆盖更广泛的受众，增加品牌的知名度和影响力。

总而言之，将桂东南地区的区域特色文化与农产品品牌建设有效结合，不仅能够丰富产品的文化内涵，提升品牌的附加值，还能够增强消费者对产品的认知和认同感。通过这种方式，可以有效提升桂东南地区农产品区域品牌的知名度和竞争力，为地区的经济发展和文化传承带来积极的影响。

（三）根据目标市场明确品牌定位，强化品牌形象

在桂东南地区的农产品区域品牌建设策略中，针对目标市场进行明确的品牌定位并强化品牌形象是关键的一环。桂东南地区丰富多样的农产品，每一种产品都应该明确其目标市场，并根据目标市场消费者的需求和偏好进行精确的品牌定位。这一过程涉及深入分析消费者行为，理解他们的需求和期望，并据此调整产品特性和营销策略。只有当产品能够有效抓住目标市场消费者的偏好和需求，才能获得消费者的认同和支持。

在桂东南地区农产品的品牌定位过程中，主要的策略包括：根据产品的属性和利益进行定位，以及根据产品使用者和使用场合进行定位。以容县沙田柚为例，其具有的消食、化痰、止咳、润肺、醒酒等功能可以被定位为对身体健康的农产品，这样的定位不仅强调了产品的自然属性，也符合当代消费者对健康产品的追求。另一个例子是容县的铁皮石斛，它可以被定位为高端市场的精品或作为高端礼品，这样的定位有助于提升产品的价值感和市场认可度。

为了进一步强化品牌形象，相关单位和企业可以通过各种活动，如展销会、商品交易会、产品博览会等，使消费者能够近距离接触农产品品牌。这些活动不仅能增强消费者与品牌间的沟通，还有助于在消费者心中建立深刻而独特的品牌形象。通过这些活动和宣传，可以增强消费者对品牌的认识和认同，从而提升他们的购买意愿。

桂东南地区的农产品区域品牌建设还需要综合运用现代营销手段，包括线上和线下渠道，以提升品牌知名度和吸引力。借助互联网和社交媒体，可以更有

效地传播品牌故事和产品信息，同时利用数据分析来更好地理解和预测消费者行为，从而精准定位品牌和产品。这种全面而多元化的品牌推广策略，有助于建立强大的品牌形象，并在激烈的市场竞争中获得优势。

总的来说，对桂东南地区的农产品来说，一个清晰的品牌定位和强化的品牌形象对其市场营销至关重要。通过针对性的市场分析、创新的营销策略和有效的消费者沟通，可以在消费者心中塑造一个鲜明、独特且吸引人的品牌形象，从而增强市场竞争力和消费者忠诚度。

（四）区域品牌相关利益方合作共赢

在桂东南地区的农产品区域品牌建设中，选择最优的发展模式是实现品牌成功和持续发展的关键。该地区的农产品品牌主要得益于其自然优势，但仅依赖自然资源优势是不足以支撑长期和多元化的品牌发展的。因此，桂东南地区需要探索结合多种模式的发展路径，这包括地方政府主导型、行业协会主导型、产业集群主导型等，以动员更多的组织和个人参与区域品牌的建设。

首先，地方政府主导型模式中，政府通过制定支持政策、提供资金和技术支持等方式，促进农产品品牌的发展。例如，政府可以通过建立农产品加工园区、发展产业集群、提供税收优惠等措施，支持农产品的加工和营销。这种模式的成功案例包括浙江省的"龙井"茶品牌，通过政府的支持和推广，"龙井"茶不仅在国内市场取得了成功，也在国际市场上赢得了良好的声誉。

其次，行业协会主导型模式涉及行业组织，品牌建设中发挥核心作用。行业协会通过制定行业标准、组织交流活动、提供市场信息等方式，支持品牌的发展。例如，福建省的铁观音茶产业，通过行业协会的组织和管理，不仅保证了产品质量，也促进了品牌的市场推广。同时产业集群主导型模式侧重通过建立地区内的产业集群，促进资源共享和协同发展。在这种模式下，龙头企业发挥领导作用，推动整个产业的升级和品牌建设。例如，山东省的葡萄酒产业，依托产业集群发展模式，形成了具有竞争力的区域品牌。

除了上述模式，桂东南地区还应摆脱单一依赖自然资源优势的发展方式，结合本地区的历史文化资源，依托科技手段，加强品牌保护和标准化建设。如结合桂东南丰富的民俗文化和历史遗迹，发展具有地域特色的农产品品牌。同时，利用现代科技提高农产品的加工技术和质量控制，确保产品质量和品牌形象的稳定性。

总体而言，桂东南地区在农产品区域品牌建设中，应选择适合自己实际情况的发展模式,结合自然资源、历史文化、科技创新等多方面因素,形成一个多元化、高效率的品牌发展体系。通过这样的综合发展策略,可以确保桂东南地区农产品品牌的长期稳定发展,提升其在国内外市场的竞争力。

(五)抓住机遇,提升品牌效应

在桂东南地区农产品区域品牌建设中,抓住"21世纪海上丝绸之路"战略构想提供的机遇,以提升品牌效应和市场竞争力,是一个必须重视的策略。这一战略不仅为桂东南地区开拓国际市场提供了前所未有的大好时机,而且为农产品的转型升级、品牌意识的增强和标准化水平的提升带来了新的动力。

首先,优化产业布局是充分利用此战略的基础。桂东南地区应根据自身的自然资源和地理优势,重点发展具有当地特色和国际市场潜力的农产品。例如,发展特色水果、药材、有机农产品等,这些产品不仅能满足国内市场的需求,而且在国际市场上具有较高的竞争力。通过优化产业布局,桂东南地区可以更好地对接国际市场,实现农产品的高质量发展。

其次,提升农产品标准化水平是实现品牌升级的关键。桂东南地区的农产品要想在国内外市场获得认可,必须符合国际质量标准。这意味着农产品生产过程中需要严格遵循质量控制标准,实施良好的农业实践。此外,建立完善的产品质量追溯体系,能有效提升产品的市场竞争力,增强消费者对产品质量的信任。

再次,农产品的转型升级是提升品牌效应的另一个重要方面。桂东南地区应利用现代科技,如生物技术、信息技术等,推动传统农业向现代农业转型。同时,发展农产品深加工产业,提高农产品的附加值,通过创新产品开发满足市场多样化的需求。例如,将传统农产品转化为方便食品、健康食品等,以迎合现代消费者的生活方式和健康需求。增强品牌意识和实施有效的品牌战略是提升品牌效应的核心。桂东南地区的农产品生产者和经营者需充分认识到强有力的品牌对于开拓市场和提升产品价值的重要性。这需要通过建立鲜明的品牌形象、讲述引人入胜的品牌故事、进行有效的市场营销等手段,提高消费者对品牌的认知度和忠诚度。

最后,实现农产品的品牌战略升级是不可忽视的。桂东南地区需要通过各种渠道,如线上平台、国际贸易展会等,拓宽销售渠道,进入国际市场。此外,借助"21世纪海上丝绸之路"的战略,与相关国家和地区建立合作关系,拓展国际市场,提升品牌的国际影响力。

综上所述,桂东南地区需要综合运用产业优化、标准化提升、技术创新、品牌战略升级等多种策略，把握住"21世纪海上丝绸之路"战略带来的机遇，为桂东南地区农产品品牌的全面提升提供了强大动力。通过这些策略的实施，桂东南地区不仅能够在国际市场上扩大其影响力，还能够在国内市场中提升其竞争地位。

为了进一步提升品牌效应，桂东南地区还需关注品牌的国际化发展。在全球化的背景下，国际市场对具有地域特色和高品质的农产品需求日益增长。因此，桂东南地区的农产品品牌需要结合国际市场的趋势和消费者偏好，进行国际市场的定位和策略规划。例如，可以通过参与国际农产品交易会、建立国际销售渠道、与国际品牌合作等方式，提升品牌的国际知名度。同时，品牌形象的塑造和维护也是提升品牌效应的重要组成部分。一方面，桂东南地区的农产品品牌需要通过持续的市场营销活动和公关策略，构建和维护积极、健康的品牌形象。这包括通过故事化的品牌传播、社交媒体营销、消费者互动活动等多种方式，增强品牌与消费者之间的情感联系和忠诚度。另一方面，桂东南地区的农产品品牌建设者需要不断关注和适应市场的变化。随着消费者需求的多样化和市场环境的快速变化，灵活调整市场策略，及时应对市场的新挑战和机遇，是提升品牌效应的关键。这意味着农产品品牌需要不断创新，既要保持产品的传统特色，又要引入新的元素和技术，以满足市场的新需求

总之，桂东南地区农产品品牌的发展需要一个多维度、多层次的策略。通过产业优化、标准化提升、技术创新、国际化布局以及有效的品牌形象塑造，桂东南地区能够充分利用"21世纪海上丝绸之路"带来的发展机遇，实现农产品品牌的全面提升。这不仅有助于提升桂东南地区农产品的市场竞争力，也有利于推动地区经济的全面发展和升级。

在深入分析和探讨了桂东南地区农产品区域品牌建设的各个方面后，可以得出一些关键性的结论和见解。这些结论不仅对桂东南地区在当前经济环境下的农产品品牌建设具有重要指导意义，也对其他地区的农产品品牌发展提供了宝贵的参考。

首先，桂东南地区农产品的区域品牌建设是一个多元化和复杂的过程，它涉及产业优化、标准化提升、品牌意识增强、市场拓展，以及文化与品牌的结合等多个方面。这个过程不仅需要地方政府的支持和引导，也需要企业、行业协会以及社区的共同参与和协作。特别是在"21世纪海上丝绸之路"战略的背景下，桂东南地区的农产品品牌建设面临着前所未有的发展机遇和挑战。抓住这一战略

带来的机遇，实现农产品品牌的全面提升，对提高桂东南地区农产品的市场竞争力和推动地区经济的发展至关重要。

其次，桂东南地区农产品品牌的提升需要明确的发展策略和具体的执行计划。这包括根据目标市场对品牌进行精准定位，充分利用区域内的自然资源和文化资源，运用现代科技手段和创新的营销策略，以及构建和维护积极健康的品牌形象。此外，品牌建设者还需要关注市场的动态变化，灵活调整策略，以适应消费者需求的多样化和市场环境的快速变化。

再次，提升桂东南地区农产品品牌的过程是一个不断学习和适应的过程。在这一过程中，桂东南地区可以借鉴国内外成功的农产品品牌建设案例，吸取经验，避免错误，不断创新和完善自身的品牌策略。同时，也需要加强对品牌建设过程中可能遇到的风险和挑战的研究，制定相应的应对措施，确保品牌建设的顺利进行。

最后，桂东南地区农产品区域品牌的建设不仅对提升地区农产品的市场价值和竞争力具有重要意义，也对促进地区的社会经济发展、提高农民的生活水平、保护和传承地区文化具有深远的影响。因此，桂东南地区的农产品区域品牌建设是一项系统工程，需要长期的投入和不懈的努力。在未来的发展过程中，桂东南地区需要继续发挥自身的优势，不断探索和创新，以期实现农产品品牌的长远发展和地区经济的全面繁荣。

第三节 融安金桔区域品牌的品牌价值与可持续发展研究

一、融安金桔品牌建设现状分析

融安金桔种植历史悠久，可追溯至唐朝时期。在清朝乾隆年间，融安金桔达到了鼎盛时期，成为进京的贡品，备受皇室和贵族的喜爱。据历史记载，清朝乾隆二十三年（1758年），融安县大将的黄德坚从江西省吉安府龙泉县（今遂川）引进了金桔种植技术。经过多年的精心培育和发展，融安金桔逐渐成为当地的特色农产品，并且在国内外市场上享有盛誉。如今，在大将镇仍存有96株二百多年前栽种的金桔古树，它们见证了融安金桔种植的历史和发展。这些古树依然生机勃勃，每年结出丰硕的果实，成为融安金桔种植的重要遗产和象征。经过几百年的发展，融安金桔种植技术不断改进和创新。现代的融安金桔种植采用了科学的栽培方法，注重土壤改良、病虫害防治和果实品质提升。同时，融安县还积极推广金桔标准化种植，加强品牌建设和市场营销，使得融安金桔在国内外市场上的知名度和竞争力不断提高。

融安金桔以其独特的口感和丰富的营养价值而受到消费者的青睐。它不仅是一种美味的水果，还具有药用价值，被广泛用于中医药领域。融安金桔的种植历史不仅见证了当地农民的智慧和勤劳，也为融安县的经济发展和农民增收做出了重要贡献。

"融安金桔"于2007年获国家地理标志证明商标认证，并于2011年获批国家地理标志保护产品。"融安金桔"是全国首批地理标志运用促进工程项目，中欧第二批地理标志保护协定目录产品。近年来，政府深刻认识到金桔品牌的重要性，并采取了多项措施以促进其发展。通过政策扶持和资金投入，政府不仅强化了金桔的品质，还大力推广其品牌形象。此外，政府还投资金桔的种植技术，并将其与文化节日活动相结合，进一步扩大了其市场影响力。

电子商务的崛起为金桔销售带来了新的机遇。融安成立了金桔协会，旨在为当地果农提供技术支持和市场流通服务。通过电商平台的推广，超过6200个农户得以销售其产品，开辟了新的销售渠道。自2018年以来，融安对金桔的发展投入了资金1500万元，用于改善全县6万多亩金桔的种植条件。这些投资包括建立现代化的水肥两用化粪池和自动微喷设施，以及全面使用高效有机复合肥。这些技术革新极大提升了金桔的产量和质量，即使在干旱的气候条件下，金桔的表现仍然卓越。

此外，为了提升金桔的外观形象和市场销售，融安建立了13条金桔清洗、包装、分级生产线，日加工能力达30万公斤以上。这些生产线不仅提升了金桔的市场竞争力，也为当地果农带来了显著的经济收益。融安金桔的品牌建设凭借政府的全面支持、技术创新和市场拓展策略，已经取得了显著的成效。这些努力不仅巩固了金桔的市场地位，也为当地经济发展和农民收入提升做出了重要贡献。

二、"融安金桔"品牌建设中存在的问题

（一）经营形式较为分散，观念比较陈旧

经营形式的分散性，融安金桔的生产目前主要依赖单体农户，这导致了种植规模的小型化和分散化。这种经营模式的局限性在于，个体农户往往缺乏足够的资源和专业技术来提升生产效率和产品质量。由于种植能力有限，个体农户难以实现规模经济，这不仅影响了金桔的产量，也限制了品质的提升。此外，由于缺乏统一的生产标准和品控体系，单体农户生产的金桔品质参差不齐，进一步削弱了品牌的市场竞争力。

观念的陈旧性和品牌意识的淡薄，许多农民和企业对农产品品质和品牌建设的重视程度不够。他们普遍认为，只要水果本身口味可口，就无需太过关注品牌。这种观念的陈旧导致果农对品牌建设的支持力度不足，忽视了品牌在市场竞争中的重要性。农民对品牌的理解过于简单，认为品牌仅仅是商品的一个标签，而忽略了品牌所承载的质量保证、文化价值和市场信任。

产业链的脱节问题，融安金桔在产前、产中和产后的环节存在明显的脱节，导致产业链的整体协同和效率低下。这种脱节的现象不仅影响了金桔在品牌建设上的协同，也限制了产品的整体市场表现。缺乏统一的生产和管理标准，造成了品牌竞争力的弱化。

恶性竞争和市场分散，由于个体经营和联产承包制的实施，融安的金桔生产过于分散，导致市场上出现多个相似的品牌。这种情况不仅阻碍了品牌的统一性和识别度，而且导致了市场上的恶性竞争，使得品牌难以形成有效的市场影响力。

（二）"融安金桔"标准化建设滞后

尽管"融安金桔"已获得国家地理标志证明商标，象征着生产标准化方面的一定成就，但在管理标准化方面仍存在显著不足。金桔的种植和管理标准化是提高产品质量、增强市场竞争力的关键，但目前，这一领域存在着明显的问题。

许多农户对金桔的种植和管理标准化缺乏足够的认识。他们常将这些任务视为农业技术人员的责任，而不是自己的，这种心态源自其对标准化重要性的误解以及对新技术和方法的抵触。他们不愿意投入所需的精力和资金来进行产品的标准化管理与培育，这种状况导致了对质量控制和品质管理的忽视。在农业生产中，

标准化不仅是质量保证的基础,也是提高效率和降低成本的关键。农户的这种观念和做法,限制了金桔品质的提升和市场竞争力的增强。

由于这种认识上的缺失,许多农户仍采取较为粗放的生产方式。他们在种植过程中缺乏对品种选择、土壤管理、病虫害防控等方面的标准化操作,这直接影响了金桔的品质和产量。例如,不恰当的施肥和浇水技术会导致果实品质不稳定,而病虫害的不当处理则可能引起更广泛的作物损失。这些问题的存在,使金桔的品质在市场上难以达到统一标准。

根据光明网报道,2023 年,融安金桔的种植面积为 22.1 万亩,预估总产量 25 万吨,全产业链产值超 65 亿元,让全县 10 万余人受益。在市场中占据了显著地位,但标准化建设的滞后和生产方式的粗放限制了其在提升品质与增强市场竞争力方面的进一步潜力。标准化建设的滞后不仅影响了金桔的品质,也间接影响了整个产业链的发展。在当前的生产模式下,因为缺乏统一的标准,金桔在品种选择、病虫害管理、收获以及后期处理等环节出现了不一致性。这种不统一性导致市场上金桔的品质参差不齐,消费者很难区分不同品质的产品,从而影响了整体品牌的信誉和市场价值。

此外,标准化建设的滞后还影响了金桔的市场推广和品牌塑造。在全球化和网络化的今天,消费者对产品的质量和品牌形象越来越关注。金桔作为广西侨乡的重要农产品,被视为乡村振兴的"黄金果",其品牌形象和市场定位至关重要。然而,由于生产标准化的缺失,金桔在市场推广过程中难以形成统一和强有力的品牌形象,限制了其在更广泛市场中的认可度和影响力。标准化建设的滞后也导致金桔的生产者在面对市场变化时缺乏足够的应对能力。例如,在遇到极端天气或病虫害爆发时,缺乏标准化的生产流程会使得应对措施缓慢且效率低,从而增加作物损失的风险。这不仅影响了农户的经济收益,也影响了金桔在市场上的稳定供应。

在激烈的市场竞争中,只有通过提高产品的质量和一致性,才能真正提升金桔的市场竞争力。但在标准化建设滞后的情况下,金桔质量发挥的这一潜力仍然难以被充分挖掘和利用。现有的生产模式以及与之相伴的管理和运营模式,并未能充分利用金桔的市场潜力。尽管其市场地位已经建立,但要想在未来保持并增强这一地位,还必须解决在生产和管理过程中的标准化问题,以确保其品质和品牌形象能够在市场中脱颖而出。

"融安金桔"在标准化建设上的滞后已经成为制约其市场竞争力提升的一个

重要因素。虽然金桔拥有巨大的市场潜力和发展空间，要想充分发挥这些潜力，就必须克服目前在生产和管理上的标准化缺失。这将有助于提升金桔的整体品质，增加其市场竞争力，从而在激烈的农产品市场中占据有利地位，为广西侨乡的经济发展做出更大贡献。

（三）缺乏有效的营销策略

融安金桔虽然在品质上具有一定的优势，但在营销策略方面存在明显的不足。这种不足主要体现在销售渠道的单一性和推广手段的匮乏上。

目前，融安金桔的销售主要依赖农户自产自销的模式。这种模式虽然简单直接，但却缺乏更广泛的市场拓展能力。农户与果品批发商之间的直接交易，虽然可以快速实现销售，但却无法有效提升金桔的品牌价值和市场影响力。这种单一的销售渠道限制了金桔在更大市场的发展潜力。

根据"融安农业"2023年11月13日发文，自11月8日融安金桔正式上市销售以来，特别是在"双十一"电商节期间，融安县通过电商线上线下销售融安金桔，交易额突破1亿元，再创历史新高。融安金桔电商可能存在以下不足：市场竞争激烈，品牌知名度有限，产品线相对单一，物流配送问题，售后服务不足。这些问题可能会影响其在电商市场的竞争力和销售表现。融安金桔销售电商可以通过不断改进和优化措施来克服这些困难，提升其在电商市场的竞争力和销售水平。

融安金桔的营销推广手段相对单一。目前主要的推广活动是融安金桔旅游文化节，但该活动在组织和服务配套方面存在缺陷。在活动现场，贩卖金桔的农户随处可见，且常有相互压价的现象。这种现场销售的混乱局面，不仅降低了游客的感知价值，也使金桔难以形成一个高端和独特的品牌形象。同时，过度依赖单一活动的推广方式，无法持续有效地提升金桔的品牌认知度和市场份额。

"融安金桔"在市场上的定位显得相对模糊。虽然其具有独特的口感和优良的品质，但在消费者心中的形象并不鲜明。这部分原因在于缺乏有效的品牌故事和文化内涵的传播。在当今市场环境下，消费者购买决策不仅基于产品本身的品质，还包括对品牌故事和文化背景的认同。"融安金桔"在这方面的努力不足，使得其在激烈的市场竞争中处于不利地位。

此外，金桔在市场推广方面的创新性不足。在当今快速变化的市场环境中，持续的创新是吸引消费者注意力的关键。无论是产品包装、广告宣传，还是市场推广活动，都需要不断地创新和更新，以吸引消费者的注意力。然而，金桔在这方面的表现平平，缺乏吸引眼球的创新元素。

在市场竞争日益激烈的当下，金桔的市场推广策略显然未能跟上时代的步伐。除了缺乏创新性，金桔在整合营销传播方面也存在不足。这意味着在广告、公关、销售促进等多个方面的营销活动并未形成有效的协同效应，导致品牌信息的传播力度和效果均不理想。再加上对市场分析和消费者行为研究的忽视，金桔在精准营销和目标市场定位上也显得力不从心。市场分析和消费者研究是现代营销策略中的重要组成部分，它能够帮助企业更好地了解目标消费者的需求和偏好，从而制定更为有效的营销策略。然而，"融安金桔"在这方面的努力显然不足，这在一定程度上限制了其市场拓展和品牌建设的效果。

此外，金桔的市场推广活动也缺乏持续性和长远规划。虽然"融安金桔"旅游文化节为金桔提供了一定的推广机会，但依赖单一活动的推广策略远远不足以维持品牌的长期吸引力和市场竞争力。持续性的市场推广需要基于长远的视角和持久的努力，这包括定期的市场活动、持续的媒体曝光以及与消费者的持续互动。

同时，"融安金桔"在建立品牌忠诚度方面也显得不够积极。在当前的消费市场中，品牌忠诚度是企业可持续发展的关键。通过提供一致的高品质产品、良好的客户服务以及与消费者的有效沟通，可以增强消费者对品牌的信任和忠诚度。然而，"融安金桔"在这方面的努力显然不足，这在一定程度上影响了其在消费者心中的品牌形象和市场地位。

"融安金桔"在营销策略方面的不足较为明显。从销售渠道的单一性到推广手段的匮乏，再到市场分析和品牌忠诚度建设的忽视，这些问题共同制约着金桔的市场拓展和品牌建设。为了在竞争激烈的市场中占据一席之地，"融安金桔"迫切需要在营销策略上做出改变和创新，以更好地满足市场需求，提升品牌价值。

（四）缺乏竞争意识，面临国外及周边省市产品的竞争与威胁

"融安金桔"虽具有独特的品质和历史背景，但在激烈的市场竞争中，其竞争意识显得不足。这种缺乏竞争意识的态度不仅限制了本地企业的发展潜力，也使其面临来自国内外的严峻挑战。

首先，一些有潜力的金桔企业过于安逸于当前的市场稳定状态，害怕承担风险，缺乏长远的发展目标。这种短视的经营策略导致了这些企业在市场上的竞争力逐渐下降。他们往往满足于现有的销售渠道和市场份额，缺乏进一步拓宽市场的动力和愿望。这种态度减少了在激烈市场竞争中形成强势自有品牌的机会。

其次，融安金桔在面临来自国内外的竞争时显得尤为脆弱。其他地区的金桔产品和品牌不断涌现，消费者有更多的选择，这使得"融安金桔"在市场份额

的争夺中面临巨大的压力。同时，国外的水果品牌也进入了中国市场，它们可能拥有更先进的生产技术和营销策略，对融安金桔构成了强有力的竞争。在这种竞争环境下，"融安金桔"需要不断提升自身的竞争力，以应对来自国内外的挑战。此外，"融安金桔"还面临着来自国外产品的竞争。随着全球化的加深和国际贸易的发展，越来越多的国外农产品进入中国市场。这些产品往往拥有更强的品牌影响力、更先进的生产技术和更有效的市场推广策略。对于"融安金桔"而言，这不仅是一个挑战，也是一个警示，表明它必须提升自身的竞争力，以应对日益激烈的国内外竞争。

在这样的市场环境中，"融安金桔"的市场份额面临着被挤压的风险。随着外来产品的不断涌入，本地区的同类产品在价格、品质、品牌认知度等方面都可能受到影响。这不仅对金桔的生产者和销售者构成了威胁，也对整个地区农产品的市场份额和品牌形象构成了挑战。

面对这样的市场现状，"融安金桔"的生产者和经营者需要认识到，仅仅依赖传统的生产方式和销售渠道已经难以满足市场的需求。他们需要更新观念，提高对市场动态的敏感度，加强对竞争对手的了解和分析，以便更好地制定应对策略。此外，对外来产品的挑战，不应仅仅视为威胁，更应将其作为提升自身竞争力的契机。

竞争意识的缺乏不仅限制了"融安金桔"在国内市场的发展，也影响了其在国际市场的表现。在全球化的大背景下，国际市场对农产品的需求日益增长，这为金桔带来了巨大的发展机遇。然而，由于缺乏积极的市场拓展和国际竞争策略，金桔在国际市场的影响力远远不足。这种局限性不仅削弱了金桔在全球市场中的竞争力，也限制了其品牌价值的提升和国际市场份额的扩大。

此外，随着全球经济一体化的加深，国际竞争对本地产品来说不再是一个遥远的概念。国外的农产品，凭借其高品质、创新的营销策略和强大的品牌影响力，正在逐渐占领中国市场。这对"融安金桔"来说，是一个严峻的挑战。国外产品的进入不仅挑战了金桔的市场地位，也迫使其必须进行自我革新，以应对日益激烈的市场竞争。

在这种情况下，"融安金桔"的生产者和经销商需要重新审视自身的市场策略。他们需要认识到，市场竞争不再是局限于本地或国内的竞争，而是一场涉及全球市场的竞争。在这样的竞争中，仅仅依靠传统的生产和销售方式是远远不够的。必须通过不断的创新、提升产品品质、优化营销策略以及积极拓展国内外市场，才能在竞争中获得优势。

然而，由于缺乏强烈的竞争意识，许多有潜力的金桔企业未能有效把握市场的发展机遇。这些企业在面对国内外竞争对手的压力时，往往采取保守的态度，缺乏必要的市场敏感度和应变能力。这种保守的心态导致其在市场上的被动局面，无法有效应对市场的快速变化和竞争对手的挑战。因此，"融安金桔"面临的不仅仅是来自国内外对手的竞争威胁，更是一场关于如何提升自身竞争力和市场敏感度的挑战。在激烈的市场竞争中，仅有高品质的产品是不够的，还需要有强烈的市场竞争意识和积极的市场应对策略。只有通过不断的学习和创新，积极应对市场变化，这些企业才能在国内外市场中获得更大的发展空间，实现可持续增长。

三、"互联网+"影响下融安金桔品牌建设

（一）推行多种产业模式，加大品牌的宣传力度

在"互联网+"的时代背景下，"融安金桔"的品牌建设面临着新的机遇和挑战。当前，"融安金桔"的企业生态呈现出龙头企业和中小型企业数量较少的特点，普遍存在资金和技术方面的短板。在这种情况下，政府和相关部门将发挥至关重要的角色。

首先，政府和社团组织应该积极形成帮扶队伍，对中小型企业进行有效的资金和技术支持。这种帮扶不仅仅是简单的资金输血，更是一种技术和管理上的提升。通过这种方式，可以帮助这些企业提高生产效率，优化产品质量，从而使其在激烈的市场竞争中站稳脚跟。

同时，帮扶队伍还应该推动企业之间的交流合作。在当前的市场环境下，单打独斗已经很难取得成功。通过促进企业之间的合作，可以共享资源，整合优势，提高整个产业的竞争力。在这个过程中，一些发展不好的企业可能会被淘汰或兼并，这不仅是市场的自然选择，也是行业健康发展的必然过程。

为了进一步拓宽融安金桔的市场，还需要关注深加工产业的发展。将金桔制作成罐头、果脯、果酒等食品，不仅可以延伸产品线，丰富消费者的选择，也是提升品牌影响力的有效途径。深加工产业的发展需要技术上的支持，因此，政府和帮扶团队应该在这方面给予更多的关注与投入。

此外，互联网时代对品牌宣传提出了新的要求。传统的宣传方式已经难以满足现代消费者的需求。因此，帮扶团队应加大宣传力度，运用互联网的优势，创

新宣传方式。例如，建立专门的金桔网站，这不仅是展示产品的平台，也是与消费者沟通的桥梁。同时，开展金桔品牌代言人选拔活动，可以提高品牌的知名度和影响力。通过这些活动，不仅可以吸引更多消费者的注意，也能够提升品牌的形象。

在"互联网+"的大背景下，"融安金桔"的品牌建设需要结合时代特点，不断创新和突破。通过推行多种产业模式，加大品牌宣传力度，可以有效提升"融安金桔"在市场上的竞争力，为其可持续发展奠定坚实的基础。

（二）严格执行"融安金桔"广西区地方标准

"融安金桔"作为一种享有盛誉的地理标志产品，其质量标准对保持和提升其市场地位至关重要。广西区地方标准《DB45/T 210 地理标志产品 融安金桔》为这一产品设定了严格的质量要求，从而确保了其独特性和优质性。这一标准详细规定了"融安金桔"的术语和定义、保护范围、要求、试验方法、检验规则及标志、包装、运输和贮存等方面的具体内容。这些规定涵盖了从果园到消费者手中的整个过程，确保每一环节都能符合高标准的要求。例如，标准中对金桔的栽培技术、成熟度、果实大小和形状等方面都有明确的规定，这些都是确保产品质量的关键因素。

在产品加工方面，标准对金桔的加工流程进行了严格规定。从初加工到深加工，每一个环节都必须符合规定的质量标准。这不仅保证了金桔原有的品质，还提升了其在深加工产品如罐头、果脯、果酒等方面的品质。通过严格的质量检测，可以确保每一批次的金桔都达到标准要求。恰当的包装不仅可以保护果实在运输过程中的完整性，也可以提升产品的市场呈现效果。

运输和售后服务是保障金桔质量的另两个关键环节。运输过程中的温度控制、湿度维持等因素都直接影响到果实的品质，而优质的售后服务不仅能提高消费者的满意度，也是品牌信誉的重要体现。有能力的示范性企业，在政府的帮扶下，可以致力于金桔品质的进一步提升。通过改进栽培技术、研发深加工技术，甚至开发新的高营养价值品种，这些企业能够带动整个行业的技术进步和市场竞争力提升。

执行行业标准是提升"融安金桔"品牌影响力的基础。通过严格遵守这些标准，不仅能保证产品质量，还能增加消费者对金桔品牌的信任，从而在激烈的市场竞争中占据有利地位。

(三)制定合理的营销策略

对于"融安金桔"这一地理标志产品而言,制定合理且高效的营销策略是其在市场竞争中脱颖而出的关键。在当前经济全球化及互联网技术高速发展的背景下,传统的营销模式已无法满足市场的需求。因此,需要综合考虑多元化的市场环境,结合现代营销理论,以制定适应时代发展的营销策略。

市场拓展策略的核心在于多渠道经营。对于"融安金桔"而言,这不仅意味着与大型经销商建立战略合作关系,形成战略同盟,还包括在南宁、北京、上海、广州等主要城市开设直营体验店。这种做法不仅有助于金桔品牌的深度渗透,也为消费者提供了直接体验产品的机会。此外,在大型超市设置专柜,并采用统一的品牌标识和形象设计,可有效提升品牌识别度,增加消费者的品牌忠诚度。

互联网技术的迅猛发展为金桔的营销策略提供了新的视角。通过建立网络旗舰店,并在电商平台上适时参与各类促销活动,如双"十一""平安夜""双十二",可扩大其在线市场份额。这种线上线下结合的营销模式,不仅拓宽了销售渠道,也为消费者提供了更加便利的购买方式。

媒体宣传和广告投放是提升品牌影响力的重要手段。在全国有影响力的媒体平台上进行广泛宣传,可以大幅度提升金桔的品牌知名度。同时,运用新媒体,如社交网络、视频平台等进行定期的品牌推广,如投放关于融安金桔的网络纪录片、宣传片或在各大论坛引起话题讨论,这些都是符合现代消费者习惯的有效宣传手段。

从学术的角度看,一个成功的营销策略应基于市场调研和消费者行为分析。通过对目标市场和潜在消费者的细致研究,"融安金桔"的营销策略可以更加精准地定位,更有效地满足市场需求。同时,这也要求企业在制定营销策略时,需要充分考虑市场环境的变化,灵活调整营销策略,以适应不断变化的市场需求。

"融安金桔"的营销策略需要综合考虑市场拓展、互联网技术利用、媒体宣传与广告投放等多方面因素。在这一过程中,深入的市场研究和消费者行为分析是不可或缺的。通过这些策略的实施,可以有效提升"融安金桔"的市场竞争力和品牌影响力,实现其在市场上的长远发展。

(四)优化金桔的市场定位和品牌形象

在构建"融安金桔"的营销策略中,优化其市场定位和品牌形象是至关重要的一环。市场定位不仅涉及产品本身的品质和特性,还包括消费者对品牌的感知和期望。一个清晰、独特且吸引人的品牌形象,是促进产品销售和提升市场份额的关键。金桔的市场定位应明确其作为高品质、具有地域特色的农产品这一特性。通过强调其独特的风味、优良的栽培环境和严格的质量控制，可以提升消费者对金桔品牌的认可和信任。这种定位不仅有利于区分市场上的其他竞争产品，还有助于塑造金桔的高端品牌形象。

品牌形象的塑造需要综合运用各种营销工具和渠道。这包括创建一致且吸引人的视觉识别系统（VIS），如统一的标志、色彩、包装设计等。这些元素应贯穿所有的营销材料和活动中，以确保消费者对品牌形象的识别和记忆。此外，通过故事化的营销手段，如品牌故事、顾客见证、地域文化的传播等，可以增强品牌的情感连接和文化内涵。金桔的品牌形象还应与其市场定位相一致，反映出其独特的品牌价值和消费者期望。例如，如果金桔定位于健康和自然，那么其品牌形象就应强调纯净、绿色和健康的元素。通过这种方式，金桔可以更有效地与目标消费群体产生共鸣，从而增强品牌忠诚度和市场影响力。

在实施这些策略时，企业需要细致地分析市场趋势、消费者需求和竞争环境。通过定期的市场研究和品牌审计，可以确保金桔的市场定位和品牌形象始终与市场发展保持一致。同时，这也要求企业在营销策略上保持灵活性和创新性，以适应不断变化的市场环境。通过优化市场定位和品牌形象，"融安金桔"可以更有效地与消费者沟通，增强其市场竞争力。这不仅可以有助于提升"融安金桔"的品牌知名度和市场份额，也可以为其可持续发展奠定坚实的基础。

四、以区域化品牌为基础，发展企业自身品牌

在当前的市场环境中，"融安金桔"的品牌策略需要综合考虑多元化的市场需求和快速变化的竞争态势。以区域化品牌为基础，发展企业自身品牌是实现市场扩张和品牌增值的重要途径。以下是该策略的四个核心要点，以实现品牌的全面提升。

（一）综合强化品牌协同与差异化

"融安金桔"作为具有独特地理标识的产品，其区域品牌价值是企业自身品牌发展的基础。企业应充分利用金桔的区域品牌优势，同时发展其独特的企业品牌形象。这包括明确的市场定位、产品创新、服务创新以及独特的营销方式。企业需要基于市场的深入分析和消费者需求的准确把握，制定符合市场需求的产品和服务策略。此外，通过差异化的品牌传播和营销活动，如故事化营销、互动营销等，企业可以在市场中树立独特的品牌形象。重点在于通过创新和个性化的策

略，在维持区域品牌特色的同时，塑造企业品牌的独立性和竞争力。

（二）品牌文化的深化与价值传播

品牌文化的深化和价值的传播是增强消费者品牌认同感和忠诚度的关键。企业应通过强化金桔的文化传播和价值观念的培育，深化消费者对品牌的情感连接。这涉及建立和传播独特的品牌故事、加强品牌文化的传播力度，以及通过多元化的传播渠道，如社交媒体、内容营销、线上线下活动等，加强与消费者的互动。这种策略不仅能够增强品牌的吸引力，还能够促进消费者对品牌的深入了解。

（三）系统化的品牌管理与市场策略

有效的品牌管理和市场策略是实现品牌目标的基础。企业需要建立一套系统化的品牌管理机制，包括成立专门的品牌管理团队，制订清晰的品牌发展目标和战略计划，以及建立品牌监测和评估系统。这种专业化的管理方法不仅能够确保品牌策略的有效实施，还能够帮助企业及时调整和优化策略以应对市场的变化。此外，企业还需要根据市场趋势和消费者行为的变化，不断调整市场策略，以保持品牌的市场竞争力和吸引力。

（四）拓展合作网络与市场联盟

在品牌发展的过程中，企业应积极寻求与其他品牌的合作和市场联盟。这不仅可以是与具有互补性的品牌进行战略合作，共享资源和市场机会，也可以是通过参与行业联盟或伙伴网络，共同开发新的市场机会。通过这些合作，企业不仅能够扩大自身的市场影响力，还能够借助合作伙伴的品牌力量和市场渠道，提升自身品牌的认知度和市场份额。此外，这种合作和联盟还有助于企业对市场趋势的快速响应，加速新产品的市场推广和品牌的市场扩张。

此外，合作和联盟策略还应包括与地方政府、行业协会以及科研机构的合作。这种多方位的合作可以为企业提供更广泛的资源和支持，如政策指导、市场信息、技术创新等，从而为品牌的长期发展奠定坚实的基础。

通过上述的综合策略实施，"融安金桔"可以在保持区域品牌优势的基础上，有效地发展和巩固企业自身的品牌，实现品牌价值的最大化和市场影响力的扩大。这不仅有助于提升金桔的品牌知名度和市场份额，也为整个地区的经济发展和品牌升级提供了强有力的支持。

根据对"融安金桔"品牌建设的全面分析，可以看到，尽管面临诸多挑战，金桔的品牌建设仍然展现出显著的成效和潜力。从深厚的历史文化积淀到现代化的品牌推广策略，金桔的发展历程是一个融合传统与创新、地方特色与国际视野的典型案例。

五、结束语

"融安金桔"，这一"桔中之王"的品牌，不仅是对其卓越品质的肯定，也是对其文化价值和市场潜力的认可。金桔的种植历史悠久，与中国农业发展和乡土文化紧密相连，形成了独特的品牌。在品质上，金桔以其色泽金黄、果肉脆嫩、味道清香甜蜜而著称，其优越的自然生长条件和精湛的种植技术，使其在市场中占据了独特的地位。

然而，与其显著的品牌优势相比，金桔在经营模式、标准化建设、营销策略以及竞争意识等方面仍存在不少问题。这些问题的存在，在一定程度上限制了金桔品牌的进一步发展。因此，为了应对这些挑战，并充分挖掘金桔的潜力，融安政府和相关企业采取了一系列措施，包括推行多种产业模式，加大品牌宣传力度，严格执行地方标准，制定合理的营销策略，以及以区域化品牌为基础发展企业自身品牌等。

展望未来，"融安金桔"的品牌建设应继续坚持创新与发展的道路。首先，需要加强品牌管理和市场策略的系统化与专业化，以适应不断变化的市场需求。其次，企业应积极探索新的合作机会和市场联盟，拓宽品牌的影响范围。再次，创新驱动的产品开发和服务优化，也是提升金桔品牌竞争力的关键。最后，企业需要不断加强品牌文化的传承与创新，以增强消费者的品牌认同感和忠诚度。

"融安金桔"的品牌建设是一个多元化、全方位的过程，它涉及产品质量的提升、品牌策略的创新、市场开拓的拓展以及文化价值的传播。未来，随着全球化和市场多样化的发展趋势，金桔的品牌战略将继续演化，以适应不断变化的市场需求和消费者的期待。通过不断的努力和创新，"融安金桔"有望成为不仅在国内市场，而且在国际市场上都具有重要影响力的品牌。

在品牌发展的未来之路上，"融安金桔"需要继续巩固其作为高品质、具有地域特色农产品的市场地位。这不仅涉及持续提升产品质量和加强品牌文化的传播，也包括通过创新和技术升级进一步拓展产品的多样化应用。例如，金桔的深加工产品如金桔汁、金桔蜜等，不仅能够为消费者提供更多样的消费选择，还能为品牌增添新的活力和竞争力。

随着数字化和网络化的深入发展，电子商务和数字营销将成为"融安金桔"

品牌发展的重要渠道和工具。通过建立线上销售平台、利用社交媒体和网络营销等手段,"融安金桔"可以更加直接地接触到消费者,提供更加便捷的购买体验,同时也能够更有效地传播品牌故事和文化价值。

在国际市场上,"融安金桔"的品牌发展应更加注重多元化的市场策略和文化适应性。这意味着需要对不同国家和地区的市场特点和消费者偏好进行深入研究,制定符合当地市场需求的产品策略和营销计划。通过参与国际展会、建立国际合作伙伴关系,以及开展跨文化的营销活动,"融安金桔"可以在国际市场上树立起强有力的品牌形象,吸引更多消费者的关注和认可。

总的来说,"融安金桔"的品牌建设是一个长期而系统的工程,它需要政府、企业、科研机构以及广大农户的共同努力和协作。通过不断的创新和发展,结合地方特色和国际视野,"融安金桔"品牌有望在未来实现更加广泛的市场影响力和更高的品牌价值。在这一过程中,"融安金桔"不仅是融安地区的骄傲,也将成为中国农产品品牌走向世界的典范。

第四章 整合营销在区域公司品牌塑造中的应用

第一节 整合营销在梧州六堡茶区域公司品牌塑造中的应用研究

2017年10月18日,习近平总书记在党的第十九次全国代表大会中提出"我国社会主要矛盾已经转化为人民日益增长的美好生活需要和不平衡不充分的发展之间的矛盾"。当前,人们更加注重生活品质的提高,从而对其所消费的产品有更高的要求,产品品牌的知名度在人们的购买决策过程中发挥的作用也越来越明显。2000年以后,农业领域形成了区域公用品牌的品牌构建模式,区域品牌依托地区的优势资源进行整合培育,通过地区整体力量规划建设,更有利于农产品质量的提升,满足广大消费者需求层次的变化。

《梧州市加快推进"梧州六堡茶"区域公用品牌建设若干措施》于2023年11月17日正式印发,该措施总体要求:坚持以习近平新时代中国特色社会主义思想为指导,深入贯彻落实党的二十大精神和习近平总书记关于六堡茶产业发展的重要指示精神,将"梧州六堡茶"作为全市茶产业区域公用品牌,将"梧州六堡茶"打造成为全国最具有影响力和知名度的茶叶区域公用品牌之一。到2025年,建成六堡茶国家地理标志产品保护示范区,"梧州六堡茶"区域公用品牌价值持续提升,培育5~8个在全国具有较高影响力的企业品牌;完善政策扶持,统筹规划布局,推动"梧州六堡茶"区域公用品牌再上新台阶,为广西打造千亿元茶产业做出梧州贡献。

随着我国经济社会的不断发展和综合国力的持续提高,区域品牌的影响力和作用正在逐步提升。区域内外部的空间联系日益紧密,区域品牌的重要性日渐凸显,尤其是农产品区域品牌,其作用及影响力更是至关重要的。我国拥有丰富的农业资源,地理标志产品的数量也在不断增加,这吸引了越来越多的国内学者对特色农产品区域品牌展开研究。然而，关于广西特色农产品区域品牌开展的研究还不够充分和理想。

广西拥有得天独厚的自然条件和扎实的农业基础，但其区域品牌建设相对滞后，导致农产品的附加值无法得到有效提升。因此，因地制宜地推进广西农业区域品牌建设，是促进广西农业发展必须面对和解决的现实问题，也是推动广西农业经济实现高质量、可持续发展的重要途径。本章通过对相关学者的研究进行归纳总结，并以梧州六堡茶为例，深入探讨广西桂东南农产品在区域品牌建设中存在的问题。在此基础上，笔者提出了一些更具针对性的观点和思路，以期为丰富特色农产品区域品牌建设理论提供有益参考。

近十年来，我国专家对区域品牌做了许多研究，推进了我国区域品牌建设的发展，但是对农产品区域品牌的研究还是比较少，并且对区域特色农产品品牌的相关概念还没有进行统一的定义。

在农产品区域品牌创建方面，我国学者有以下研究：

易亚兰和项朝阳（2010）在研究地区内"农产品品牌"的概念之后，总结出了农产品区域品牌的形成机理和建立原则，并提出了构建区域农产品品牌的意见和建议。

姚春玲（2013）指出，要发展农产品区域品牌就必须提升农产品的市场竞争力，要提升农产品的市场竞争力就必须保证农产品的质量，要保证农产品的质量就要有良好的种植环境，要有良好的种植环境就必须进行生态保护，所以她将生态环境对农产品区域品牌发展的影响进行了分析，并根据自身的研究提出了对策建议。

在政府、企业、行业和农户层面，我国学者对农产品区域品牌有以下研究：

李亚林（2012）在对区域农产品品牌的形成机理进行研究的基础之上，发现了农产品区域品牌建立是长期的工程。他认为农产品区域品牌的发展必须以地区特色农产品为基础，必须在产业集群效应的作用下，必须依靠地区政府的支持，必须长时间努力。他还指出，政府、地区企业、行业协会、农户和地区高校对农产品区域品牌的发展都会产生不同程度的影响，都推动着农产品区域品牌的发展。

在农产品区域品牌形象方面，我国学者有以下研究：

叶晓明（2011）认为，要将形象作为农产品区域品牌建设的关键点进行研究，要重点研究形象的构成维度与品牌忠诚度之间的关系，要用良好的品牌形象带动农产品区域品牌发展，同时根据自身对农产品区域品牌的建设的研究针对性地提出了自己的对策建议。

王丹（2012）在对农产品范畴进行定义的基础上，论述了建立可识别农产品区域品牌的重要性与可识别农产品品牌的组成形式，并根据自身的研究成果对可识别农产品品牌进行了流程构造。

针对在农产品区域品牌建设中存在的问题，我国学者有以下研究：

蓝敏芬（2011）在《广西农产品品牌建设研究》一文中分析广西农产品品牌建设现状、实际做法与存在的问题，得出广西农产品品牌建设最突出问题是农产品的品牌化程度较低，她在文中指出，广西农产品品牌建设中具体存在的问题有以下几点：①居民农产品消费观念较为落后；②农业企业的品牌观念不强；③地理标志农产品数量不多，产值不高；④农产品物流体系不完善；⑤部分地区农产品品牌建设主体发育不足；⑥农产品行业协会发展较为落后，没有发挥应有的作用。

张帅衔（2014）在《农产品区域公用品牌建设问题研究》一文中通过分析农产品区域公用品牌的建设现状指出了存在的几点问题：①缺乏品牌意识与品牌定位；②品牌建设经营主体不明确、标准化生产有待提高；③宣传力度不够、假冒伪劣现象严重。

王丽杰（2015）在期刊《开发研究》2105年03期发表的"我国农产品区域品牌发展对策探讨"一文中分析了我国农产品区域品牌发展存在的主要问题有：①品牌意识有待加强；②各级主体的经营管理职能急需强化；③品牌农产品质量亟待提高；④农业产业集群水平普遍较低；⑤区域品牌的支撑体系较为薄弱；⑥区域品牌的营销水平亟待提高。

针对在农产品区域品牌建设中存在问题的解决对策，我国学者有以下研究：

张帅衔（2014）在《农产品区域公用品牌建设问题研究》一文中提出以下几条以提高农产品区域公用品牌建设水平的对策建议：①重塑品牌建设主体；②挖掘品牌文化内涵；③加强标准化体系建设；④加大品牌的宣传推广和保护力度；⑤提高品牌集聚效应；⑥加大人才的培养力度。

王丽杰（2015）在期刊《开发研究》2015年03期发表的"我国农产品区域品牌发展对策探讨"一文中，从强化品牌意识，完善服务支撑体系、优化品牌发展环境，明确主体管理职责、形成品牌发展的合力，完善农产品质量安全体系建设，大力发展产业集群等方面提出了促进我国农产品区域品牌发展的对策及措施。

张传统（2015）在《农产品区域品牌发展研究》一文中，对农产品区域品牌及其特性、原产地效应理论、农业产业化理论和农产品区域品牌发展影响因素等相关理论梳理基础上,对农产品区域品牌发展提出以下几点对策:①大力培育区域优势,实现名优区域品牌农产品定位差异化;②大力发掘完善农业产业优势;③完善农产品区域品牌经营管理;④推进农产品区域品牌发展的政府行为与扶持引导;⑤建立完善农产品区域品牌发展的国家层面制度。

从以上的研究来看,我国学者从不同的视角运用不同思维方式对农产品区域品牌进行了各方面的研究,在各个视角下都取得了颇丰的研究成果。然而,在现有文献当中,对广西壮族自治区农产品区域品牌发展,特别是对梧州茶产业品牌发展缺乏较系统的研究分析。广西作为农业产区,农产品区域品牌的建设发展就更为重要,需要有更多的学者对广西农产品区域品牌的建设发展进行研究,以促进其快速发展。

第二节 区域品牌基本概述

一、区域品牌的概念与内涵

市场营销学专家菲利普·科特勒曾提出:"品牌是一种名称、术语、标记、符号或图案,或者是它们的相互组合,用以识别企业提供给某个或某类消费者群体的产品或服务,并使之与竞争对手的产品或服务相区别。"这一定义简洁明了地阐述了品牌的本质和作用。品牌不仅是一个标识符,更是企业与消费者之间的情感纽带,它承载着企业的价值观、信誉和承诺。

区域品牌则是在特定区域内形成的具有独特地域特色的品牌形象。它是一个地区的区域特征和整体形象的综合体现,代表着该地区某个相对优势产业的竞争力和美誉度。区域品牌的形成离不开区域的自然环境优势、特有文化的融合以及相关产业的协同发展。

区域品牌的建设对地区经济发展具有重要意义。首先,它可以提升地区的知名度和美誉度,吸引更多的投资和资源。一个具有良好区域品牌形象的地区往往能够吸引更多的企业和人才入驻,促进产业的升级和创新。其次,区域品牌可以增强地区内企业的竞争力。通过共同使用区域品牌,同一产业的不同企业可以形成合力,共同开拓市场,提高产品或服务的附加值。最后,区域品牌是地区文化和环境的重要组成部分。它可以传承和弘扬地区的独特文化,提升居民的自豪感和归属感。

然而，要建设一个成功的区域品牌并非易事。它需要政府、企业和社会各方的共同努力。政府可以制定相关政策，提供支持和引导，推动区域品牌的发展。企业则需要注重产品或服务的质量和创新，不断提升品牌的价值和竞争力。同时，社会各方应该积极参与和支持区域品牌的建设，共同营造良好的品牌氛围。

总之，区域品牌是一个地区经济、文化和环境的综合体现，它对地区的发展具有重要意义。通过合理的规划和有效的实施，可以打造出具有竞争力和美誉度的区域品牌，为地区的繁荣和发展注入新的动力。

二、区域品牌的特征

（一）具有地域独特性

区域品牌产生于某一特定的区域，这个区域通常具有独特的自然、人文或历史背景。这些因素赋予了区域品牌独特的个性和特色，使其与其他地区的品牌区分开来。区域品牌往往能够充分发挥某一特定区域的自然资源优势，如地理位置、气候条件、土壤质量等，这些优势可以为该地区的产品或服务提供独特的品质和特点。

同时，区域品牌还能够表现出地域的文化特色。不同的地区拥有各自独特的文化传统、风俗习惯和价值观。通过将这些文化元素融入品牌建设中，区域品牌能够传达出浓郁的地方风情，与消费者产生情感共鸣。

此外，区域品牌的地域独特性还体现在其历史传承和发展轨迹上。某些地区可能因为曾经的重要事件、历史人物或产业发展而具有特殊的地位。这些历史遗产为区域品牌赋予了深厚的底蕴和故事性，使其在市场上更具吸引力。

（二）具有品牌效应

区域品牌作为一种品牌形式，与一般的产品品牌或企业品牌类似，具有品牌效应。区域品牌一旦建立起来，就能够在消费者心目中形成一种特定的印象和认知。这种品牌效应可以带来一系列的积极影响。

首先，区域品牌能够吸引消费者的关注和兴趣。一个成功的区域品牌可以通过其独特的品牌形象和价值主张，吸引潜在消费者的注意力。消费者在选择产品或服务时，往往会受到品牌的影响，而一个具有良好声誉和知名度的区域品牌更容易赢得消费者的青睐。其次，区域品牌能够激发消费者的购买欲望。当消费者对一个区域品牌产生认同感和信任感时，他们更愿意购买该品牌的产品或服务。

品牌效应可以在消费者心中建立一种情感连接，使他们对该品牌产生忠诚度，并愿意为其支付更高的价格。最后，区域品牌能够对消费者的购买行为产生引导作用。消费者在选择产品或服务时，往往会参考品牌的口碑和评价。一个具有良好品牌形象的区域品牌可以通过消费者的口口相传和社交媒体的传播，影响其他消费者的购买决策。

（三）具有较强的带动力

区域品牌不仅对自身产业具有重要影响，还能够对整个区域的经济发展产生带动作用。一个成功的区域品牌可以成为该地区的经济支柱，可以吸引更多的投资和资源。

首先，区域品牌的成功建设可以促进区域内相关产业的发展。当一个区域品牌在市场上获得认可和成功时，它会带动相关产业链的发展，包括原材料供应、生产加工、销售渠道等。这将为区域内的企业提供更多的商机和发展空间，促进产业的集聚和升级。其次，区域品牌的影响力可以超越本地区域，吸引外部投资和资源的流入。一个具有良好声誉和知名度的区域品牌会吸引更多的投资者与企业前来投资兴业。外部资金和技术的引入将进一步推动区域经济的发展，带来更多的就业机会和财政收入。此外，区域品牌还能够提升整个区域的形象和声誉。当一个区域拥有多个成功的品牌时，它会在全国乃至全球范围内树立起良好的形象。这种良好的形象将吸引更多的人才、游客和消费者，从而促进区域的综合发展。

区域品牌作为地区经济、文化和环境的综合体现，具有地域独特性、品牌效应和较强的带动力。通过充分发挥这些作用，区域品牌可以为地区的发展带来积极的影响，促进经济增长、文化传承和环境保护。因此，对地区来说，建立和培育具有竞争力的区域品牌是实现其可持续发展的重要策略之一。

三、梧州六堡茶的产业发展现状

（一）梧州区域概况

梧州市，这座位于广西壮族自治区东部的城市，拥有得天独厚的地理位置和自然条件，为六堡茶的种植和培育提供了天然的有利条件。

梧州市属于亚热带季风气候区。这里光、热、水资源丰富，日照充足，气候温暖，雨量充沛，空气相对湿度大，无霜期长。这些气候特点为六堡茶的生长提供了理想的环境。同时梧州市还拥有丰富的水资源。梧州地处浔、桂两江交汇处，两江交汇后称西江，由西向东横穿市区，这就是所说的"三江水口"。丰富的水资源为六堡茶的种植提供了充足的灌溉条件，确保茶树能够茁壮成长。梧州的地形呈现出"四周高，中间低"的特点，地貌以丘陵为主，占总面积的80%以上。这种地形地貌为茶树的种植提供了适宜的条件。丘陵地形的起伏和坡度有利于排水，避免了茶树根部的积水，同时也为茶树提供了良好的通风环境，有利于茶树的生长和发育。土壤方面，梧州的土壤主要是黄土和红土，属于偏酸性土壤、土质疏松。这种土壤条件非常适合茶树的种植和生长。偏酸性的土壤有利于茶树对养分的吸收，土质疏松则有助于茶树根系的发展，为茶树的生长提供了充足的养分。综上所述，梧州地区无论是从地理位置、水资源还是地形地貌特点等方面，都十分适合六堡茶树的种植和培育，具有天然的有利条件。这些优势为梧州市发展六堡茶产业奠定了坚实的基础。

梧州是一座历史文化底蕴深厚的岭南古城，有着2100多年的建城史。《逸周书·王会解》所载"仓吾翡翠"之"仓吾"，是古籍始见的"苍梧"二字，也是最早的关于梧州的文字记录。公元前183年，梧州建苍梧王城，这是梧州建城之始。公元前111年，梧州属交趾刺史部苍梧郡，当时汉武帝刚平定南粤，取"初开粤地，宜广布恩信"之意，设立广信县，广信县治所建置在今梧州。从公元前106年起，广信作为岭南政治、经济和文化中心，前后历经300多年。梧州是古代岭南地区的政治经济文化中心之一，有着悠久的历史和丰富的文化遗产。在梧州的历史文化遗产中，梧州中山纪念堂、梧州博物馆、梧州龙母庙等都是重要的见证。此外，梧州还有许多传统节日和习俗，如梧州龙母诞、梧州乞巧节等，这些节日和习俗不仅丰富了梧州人的生活，也传承了梧州的历史文化。

梧州市，广西壮族自治区下辖地级市，支柱产业有再生资源、医药食品、冶金机械、建材环保、电子信息、文化旅游等。其中，2022年再生资源产业稳步发展，不锈钢产业产值同比增长17.8%，高端金属新材料产业产值同比增长13.8%，金属新材料基地（一期）项目恢复建设，进度成效显著；电子信息产业产值同比增长27.2%，引进沐邦高科光伏电池项目，打造广西光伏能源产业基地；食品医药产业迅猛发展，六堡茶产业规上产值同比增长74.5%；陶瓷产业同比增长13.9%，推动建筑材料产业发展实现稳中向优。

（二）六堡茶简介

梧州六堡茶因产自广西梧州市苍梧县六堡镇而得名，属于黑茶品类。六堡茶选用苍梧县群体种、广西大中叶种及其分离、选育的品种、品系茶树的鲜叶为原料，按特定的工艺程序进行加工，具有独特的品质特征。

六堡茶的产制历史可追溯到1500年前，在清朝嘉庆年间，其以独特的槟榔香味入选中国 24 个名茶之列，并通过茶船古道成为海上丝绸之路的重要商品之一。至 2010 年，梧州市茶园面积约 5.1 万亩，六堡茶生产企业 37 家，取得 QS 认证的企业有 18 家，取得出口食品卫生注册（备案）资格的企业有 3 家，并有 3 家企业通过 ISO9000 质量管理体系认证，4 家获得国家有机茶认证，2010 年六堡茶产量近 8000 吨、产值 8.5 亿元，产品畅销国内各省市及港澳、东南亚、日本、欧美等国家和地区。

2011 年 03 月 16 日，原国家质检总局批准对"六堡茶"实施地理标志产品保护。2016 年，六堡茶产量为 1.12 万吨、产值超 12.8 亿元，有 50 家生产企业获食品生产许可（QS/SC）证，区域品牌价值达 15.79 亿元，居全国茶叶区域品牌排行榜第 28 位、黑茶类第 3 位、广西第一位。2017 年，六堡茶年产值 13 亿多元、产量 1 万吨、茶园面积 8 万亩。近年来，梧州市地方政府分别在茶园的系统管理、茶叶的品质监控、产品的流通体系建设、文化内涵的展示等各个方面采取措施，在六堡茶的产业发展和品牌建设方面都取得了良好的成效。

梧州六堡茶为千年名茶，近年来，随着六堡茶文化定位在茶叶界的不断明确和突出，其极具代表性的"中国红"得到了不少茶友的欣赏，六堡茶在茶叶界的知名度也不断提升。那么梧州六堡茶除了"中国红"，还有什么特点能够得到越来越多的茶友青睐呢？梧州六堡茶品质、制作工艺、营养价值以及文化底蕴这四个方面的特点。

1. 独具"红、浓、陈、醇"

梧州六堡茶最具特色的"红、浓、陈、醇"四绝让体验过的人都赞不绝口，茶叶长整紧结，呈铜褐色，汤色红浓，香气陈厚，滋味甘醇可口，正统的陈年六堡茶会带有独特的槟榔香气。六堡茶是温性茶，它除了和别的茶叶一样具有养生保健功能，更加突出的是可以消暑祛湿、明目清心、有助消化，并且隔夜亦可饮之，吃饱了喝可以助消化，饿的时候喝可以清肠胃。六堡茶是可以喝的"古董"，因为它越陈越好，适宜久藏，因为久藏的六堡茶茶叶中会有"金花"，即生有金黄霉菌（学名为冠突曲霉菌）。

2. 制作工艺复杂

六堡茶分为农家茶和厂茶两大类，通常在市场上所看到的都是厂茶，也就是通过现代工艺制作，经过渥堆发酵这一过程的六堡茶。六堡茶是跟绿茶不同，它是属于后发酵茶，所以在制作工艺上更加复杂，主要分为毛茶和精制两个阶段。毛茶就是所说的农家茶，具体的制作过程主要是采摘、杀青、揉捻、堆闷、复揉、干燥，经过这六步过程制作出来的毛茶再经过手工筛选就是农家六堡茶。毛茶做完之后就是精制阶段，在制作过程中不仅更加复杂，要求也更加细致，具体的制作过程要经过毛茶、筛选、拼配、渥堆、汽蒸、压箩、晾置、陈化才到成品，经过精制阶段之后制作出来的就是厂茶，也就是通常在市面上购买的六堡茶。厂茶的制作核心在于渥堆发酵，茶叶的整体品质就取决于渥堆阶段，包括茶叶的香气和口感，还有六堡茶独有的"红、浓、陈、醇"四绝也都是来自渥堆这一关键步骤。

3. 营养价值高

根据有关的科学试验和茶叶爱好者品茗的实践证明，六堡茶的营养价值是很高的，具有人体所需的氨基酸、维生素和微量元素等，茶其中含有的脂肪分解酵素更是比其他茶类的含量高，所以六堡茶才具有更强的分解油腻、利于消化、降低人体类脂肪化合物、胆固醇、三酸甘油酯的功效，如果长时间喝六堡茶还可以养神健胃、瘦身减肥。在夏日喝六堡茶还有提抻醒脑、益脾消滞、生津解暑的作用，如果冬天饮用加适量冬蜜搅拌均匀，可以暖身驱寒、治痢疾。饮用五年以上的陈年六堡茶，可以辅助缓解小儿惊风等病症。因而，在梧州六堡茶的诸多功效被慢慢挖掘后得到了越来越多老百姓的喜爱。

4. 文化底蕴深厚

梧州六堡茶拥有着深厚的文化底蕴，其历经千年发展所形成的"中国红"特色独一无二。这一特色充分彰显了中华儿女的爱国情怀，体现了中华民族的主题色彩，更是中国人的图腾崇拜、文化崇拜和精神皈依。

六堡茶"中国红"的文化特征是中国人千年传承的宝贵财富，它承载着中华民族源远流长的历史和博大精深的文化。这一文化定位得到了全国文化界、茶叶界、主流媒体以及国外茶友的广泛关注和认同。这种关注和认同在很大程度上增加了六堡茶的社会影响力，塑造了六堡茶的品牌形象，进一步增强了其品牌影响力。六堡茶以其独特的"中国红"文化特征，成为中国茶文化的重要代表之一。它不仅是一种饮品，更是一种文化的传承和精神的寄托。在未来的发展中，六堡茶将继续发挥其文化优势，推动中国茶文化的繁荣和发展。

随着时间的推移，六堡茶的"中国红"文化将会越来越深入人心。它将成为中国茶文化的一张名片，向世界展示中国茶文化的独特魅力。同时，六堡茶的文化底蕴也将为其产业的发展提供强大的支撑，使其在激烈的市场竞争中脱颖而出。

（三）知名茶企助力产业发展

梧州市拥有多家知名的六堡茶企业，其中梧州茶厂、梧州中茶和梧州茂圣茶业有限公司是比较有代表性的企业。这些企业在六堡茶的生产、加工、推广等方面发挥着重要的作用，推动了六堡茶产业的发展，使梧州六堡茶在国内外享有盛名。

梧州茶厂：创建于 1953 年，是广西茶行业中唯一一家由国家商务部认定的"中华老字号"企业。它首创六堡茶加工的独特工艺，素有"中国六堡茶工业的摇篮"之誉，是全国最大的六堡茶加工企业之一，先后获得国家地理标志保护产品及国家生态原产地保护产品认证，并参与了《六堡茶》国家标准的制定工作。梧州中茶：前身是广西梧州茶叶进出口公司，从 20 世纪 50 年代就开始经营六堡茶的内销及出口业务，目前是中粮集团旗下成员企业。作为梧州六堡茶生产加工三大龙头企业之一，梧州中茶在苍梧县、藤县、蒙山县等地拥有 15 万亩六堡茶种植基地，年产量约 650 吨。梧州茂圣茶业有限公司：成立于 2004 年，目前已成为六堡茶原产地最大的六堡茶生产企业之一，年产量达 3000 吨以上，并荣获"广西农业产业化重点龙头企业"称号。该公司在六堡镇、狮寨、桂平金田、凌云等地拥有生态茶园面积超过 15000 亩，其中六堡镇八集茶园 500 亩已通过有机茶园认证。这些企业在六堡茶的生产和推广方面都发挥着重要的作用，推动了六堡茶产业的发展。

梧州茶厂创建于 1953 年，是广西地区茶行业中唯一一家由国家商务部认定的"中华老字号"企业。如表 4-1 所示，其发展历程如下：

表 4-1　梧州茶厂发展历程

时间（年）	事件
1953	成立广西地区茶叶示范厂，即梧州茶厂的前身
1964	梧州茶厂成为中国茶叶公司的直属企业，并更名为"中国茶叶公司广西梧州分公司"
1966	梧州茶厂成为梧州地区最大的茶叶加工企业，并开始出口六堡茶
1988	梧州茶厂成为广西第一家获得自营进出口权的茶叶企业
1993	梧州茶厂成为中国茶叶股份有限公司的全资子公司，并更名为"中国茶叶股份有限公司广西梧州茶厂"
2003	梧州茶厂成为广西茶业界首家通过 ISO9001 国际质量体系认证的企业
2006	梧州茶厂成为广西第一家获得 QS 认证的茶叶企业
2007	梧州茶厂成为广西第一家获得 HACCP 认证的茶叶企业
2011	梧州茶厂成为广西第一家获得绿色食品认证的茶叶企业
2013	梧州茶厂成为广西第一家获得有机产品认证的茶叶企业
2015	梧州茶厂成为广西第一家获得出口食品生产企业备案证明的茶叶企业

四、梧州六堡茶区域品牌建设现状

在这一部分,将深入探讨梧州六堡茶在品牌建设过程中所涉及的几个关键方面,包括品牌的定位、品牌价值、品牌形象以及品牌维护。这些方面是构建一个强大品牌的基础,对梧州六堡茶在市场竞争中取得成功至关重要。通过明确品牌的定位,能够确定梧州六堡茶在消费者心目中的独特地位;品牌价值则是消费者选择梧州六堡茶的核心驱动力;品牌形象是品牌个性和风格的外在表现,能够吸引消费者的注意力并建立情感连接;品牌维护则是确保品牌长期稳定发展的关键。在接下来的内容中,笔者将详细分析每个方面,并探讨梧州六堡茶如何在这些方面不断努力,以提升品牌的竞争力和市场份额。

(一)品牌定位

在品牌定位方面,梧州六堡茶应突出其独特的文化背景、历史传承和地域特色,同时结合现代消费者的需求,将其与健康、品质和时尚等元素相结合,打造出具有差异化和独特性的品牌形象。

在品牌定位上,梧州六堡茶应强调其别具一格的文化底蕴、源远流长的历史传承以及浓郁的地域特色。与此同时,为了满足现代消费者的需求,还应将其与健康、品质和时尚等元素有机结合,精心塑造出一个具有差异化和独特性的品牌形象。

这样的定位策略将有助于梧州六堡茶在竞争激烈的市场中脱颖而出。通过突出其独特的文化背景,消费者能够更好地理解和欣赏六堡茶所代表的价值与意义。强调历史传承则可以增强消费者对品牌的信任感和忠诚度,让他们感受到这是一个经过时间考验的优质品牌,而地域特色的强调将使六堡茶与其他地区的茶叶区分开来,为消费者带来独特的体验。

结合现代消费者的需求,将健康、品质和时尚等元素融入品牌形象中也是至关重要的。现代人越来越注重健康生活方式,因此强调六堡茶的健康功效将吸引那些关注健康的消费者。品质是消费者购买决策的重要因素之一,确保六堡茶的高品质将赢得消费者的信任和口碑。此外,时尚元素的引入可以使六堡茶更具吸引力,满足年轻一代消费者对时尚和个性化的追求。

通过打造具有差异化和独特性的品牌形象,梧州六堡茶将能够在市场上建立起独特的品牌认知和竞争优势。这将有助于吸引更多的消费者选择六堡茶,并促进品牌的长期发展。

寻找目标客户群体是市场营销中至关重要的环节。通过确定目标客户群体，企业可以将有限的资源集中在最有可能对产品或服务感兴趣并购买的人群上，从而提升市场推广的效率和效果。了解目标客户群体的需求、偏好和购买行为，可以有助于企业更好地满足他们的需求，提高客户满意度和忠诚度。针对目标客户群体制定的营销策略更有针对性和精准性，通过选择合适的渠道、传播信息和开展促销活动，可以更好地与目标客户进行沟通和互动，提升营销活动的效果和投资回报率。了解目标客户群体的竞争对手、市场趋势和行业动态，企业可以制定差异化的竞争策略，提供独特的产品价值和优势，从而在竞争中脱颖而出。确定目标客户群体有助于企业建立长期稳定的客户基础，通过与目标客户建立良好的关系，提供优质的产品和服务，企业可以赢得客户的信任和口碑，促进业务的持续增长和发展。总之，寻找目标客户群体是企业制定营销策略、满足客户需求、提高竞争力和实现长期发展的重要基础。

梧州六堡茶的目标消费群体可以包括以下几个类型：

（1）茶叶爱好者：对茶叶有浓厚兴趣，追求高品质、独特口感的消费者。他们愿意尝试不同种类的茶叶品种，对六堡茶的独特风味和文化背景感兴趣。

（2）健康意识追求者：关注健康生活方式的消费者，他们可能对六堡茶的保健功效和天然成分感兴趣，将其作为一种健康饮品来享用。

（3）礼品市场：六堡茶可以作为一种高档、有特色的礼品选择。对那些在商务交往、社交活动或特殊场合中需要送礼的人群，六堡茶可以作为一种有品味的礼物。

（4）文化爱好者：对中国传统文化、历史和茶文化有兴趣的消费者。他们可能对六堡茶的历史渊源、制作工艺和文化内涵感兴趣，将其作为一种体验和传承中国文化的方式。

（5）旅游消费者：梧州作为旅游目的地，吸引了众多游客。这些游客可能对当地特色产品感兴趣，包括六堡茶。六堡茶可以作为一种地方特产或纪念品，供游客购买和带回。

（二）品牌价值

品牌价值是指一个品牌在市场上的经济价值，它反映了消费者对该品牌的认可度、忠诚度以及品牌在市场上的竞争力。一个具有高品牌价值的品牌通常具有以下特点：强大的品牌认知度和知名度、良好的品牌形象和声誉、较高的消费者忠诚度以及强大的市场竞争力。

品牌价值对企业来说非常重要，因为它可以影响企业的市场地位、销售业绩、盈利能力和长期发展。一个具有高品牌价值的品牌可以帮助企业吸引更多的消费者、提高产品价格、增强市场竞争力，并在长期内带来更稳定的收益。因此，很多企业会投入大量资源来建设和管理自己的品牌，以提升其品牌价值。

2023年5月21日，根据浙江大学CARD中国农业品牌研究中心、中茶所《中国茶叶》杂志、中国国际茶文化研究会茶业品牌建设专委会、浙江大学茶叶研究所、浙江永续农业品牌研究院联合开展的"2023中国茶叶区域公用品牌价值专项评估"课题结果显示："梧州六堡茶"区域公用品牌价值44.03亿元，比2022年增长6.39亿元，居广西茶叶区域公用品牌第一位，进入品牌价值全国前20位，被评为2023年最具品牌发展力的三大品牌之一。

梧州六堡茶是中国广西壮族自治区梧州市的一种特色茶叶品牌，其品牌价值备受关注。以下从几个方面探讨梧州六堡茶的品牌价值。

首先，梧州六堡茶具有独特的区域资源优势。梧州市位于广西东部，地处珠江水系西江干流的中下游，属亚热带季风气候，光照充足，雨水充沛，土壤肥沃，非常适合茶树的生长。同时，梧州六堡茶树的种植历史悠久，其茶树品种丰富，产出茶叶品质优良，这为梧州六堡茶的品牌发展提供了坚实的基础。

其次，梧州六堡茶具有深厚的历史文化底蕴。六堡茶兴于唐宋，盛于明清，清嘉庆年间，其以独特的槟榔香味入选中国24个名茶之列。在长期的发展过程中，梧州六堡茶形成了独特的制作工艺和品鉴方法，成为中国茶文化的重要组成部分。

再次，梧州六堡茶的品牌发展还得到了政府的大力支持。近年来，梧州市政府出台了一系列政策，鼓励六堡茶产业的发展，加强对六堡茶品牌的保护和推广。同时，政府还积极引导企业进行技术创新和产品升级，提高六堡茶的品质和附加值。《梧州市加快推进"梧州六堡茶"区域公用品牌建设若干措施》于2023年11月17日正式印发，共提出12条工作重点及相应措施。在强化质量管控，打牢品牌根基方面：一是推进关键标准供给。对六堡茶现行地方标准开展复审，形成废止、转化、修订、继续保留的标准项目清单。加快六堡茶国家标准样品研制发布。推进六堡茶关键标准供给，强化标准实施应用，为六堡茶产业高质量发展提供技术保障。二是推动高端品质认证。引导六堡茶企业开展管理体系认证，深入开展质量认证惠民行动，主动帮扶培育六堡茶重点企业申报高端品质认证，打造一批自主创新、品质高端、服务优质、信誉过硬、市场公认的自主品牌。三是促进质量品牌建设。引导支持六堡茶生产经营主体申办食品生产许可证、食品小作坊登记证，加快推进国家黑茶（六堡茶）产品质量检验检测中心筹建。鼓励和支持企业、高等院校、科研机构加强六堡茶产品研发和技术创新，及时将创新成果申请专利保护。强化专利转化实施，完善六堡茶产业质量服务"一站式"平台建设，培育和推荐有实力的六堡茶企业争创各级政府质量奖，带动全市六堡茶企业质量管理水平整体提升。

最后，梧州六堡茶的品牌价值体现在其对经济和社会发展的贡献上。六堡茶产业的发展带动了当地农业、旅游业等相关产业的发展，为农民增收和地方经济发展做出了重要贡献。同时，六堡茶的文化内涵也丰富了人们的精神生活，促进了社会的和谐发展。

综上所述，梧州六堡茶的品牌价值体现在其独特的区域资源优势、深厚的历史文化底蕴、政府的支持以及对经济和社会发展的贡献等方面。随着人们对健康生活和品质追求的不断提高，梧州六堡茶的品牌价值将会进一步凸显，为中国茶文化的传承和发展做出更大的贡献。

（三）品牌形象

梧州六堡茶以其独特的区域公用品牌和深厚的"茶船古道"文化品牌为引领，构建起一个强大的品牌矩阵。这个品牌矩阵以企业品牌为支撑，共同展现了梧州六堡茶的品牌形象。

"梧州六堡茶"区域公用品牌是梧州六堡茶的核心品牌形象。它代表了梧州六堡茶的地域特色和产品特点。这个品牌形象强调了梧州六堡茶的独特性和高品质，使其在市场上脱颖而出。茶船古道文化品牌则突出了梧州六堡茶的历史文化底蕴。这个品牌形象将六堡茶与古老的茶船古道相结合，传递着六堡茶的历史渊源和文化传承。它为消费者提供了一个了解和体验六堡茶的文化背景的机会，增加了产品的附加价值。

除了"梧州六堡茶"和"茶船古道"文化品牌，梧州六堡茶的品牌形象还包括其独特的制作工艺和历史文化。梧州六堡茶属于中国六大茶类之一的黑茶，以"红、浓、陈、醇"四绝著称，享誉海内外。它采用"冷水发酵、双蒸双压、干仓陈化"的现代工艺生产制作，具有滋味醇和爽口、略感甜滑、耐于久藏的特点。六堡茶因原产六堡乡而得名，其外形茶条壮重，色泽黑褐油润，内质香气陈纯，具有独特槟榔香味。清朝嘉庆年间，六堡茶就以其"红、浓、陈、醇"及独特的槟榔香味位列中国24名茶。

与六堡茶相生相伴的是茶船古道，它初现于明朝，成型于清朝中期，六堡茶经此道出深山、入江河、至广州、经港澳、达南洋。彼时大批华工"下南洋"谋生，却不适应当地潮湿闷热的气候，全靠随身带去的六堡茶得以缓解，故六堡茶又被称为"保命茶""侨销茶"。总的来说，梧州六堡茶的品牌形象是通过区域公用品牌、文化品牌和企业品牌的相互配合和支撑而形成的。它强调了产品的独特性、历史文化底蕴和企业的实力，为梧州六堡茶在市场上的竞争提供了强大的优势。

在这个品牌矩阵中，企业品牌起到了支撑的作用。各个企业通过自身的品牌建设和推广，为整个梧州六堡茶品牌增添了多样性和活力。这些企业品牌在产品质量、创新、服务等方面不断努力，共同推动了梧州六堡茶产业的发展。

通过这个品牌矩阵的协同作用，梧州六堡茶形成了一个强大而有影响力的品牌形象。它不仅代表了高品质的茶叶产品，还传承了丰富的历史文化。这种品牌形象的塑造有助于提高消费者对梧州六堡茶的认知度、信任度和忠诚度，促进了产品的销售和市场份额的增长。

梧州六堡茶的品牌形象是通过区域公用品牌、文化品牌和企业品牌的相互配合和支撑而形成的。这个品牌形象强调了产品的独特性、历史文化底蕴和企业的实力，为梧州六堡茶在市场上的竞争提供了强大的优势。

但是，梧州六堡茶的品牌形象在市场上可能显得相对模糊，缺乏独特性和辨识度。与其他茶叶品牌相比，它可能没有一个明确而独特的品牌定位、品牌故事或品牌价值主张，难以在消费者心中留下深刻而持久的印象。这种品牌形象的模糊性可能导致消费者对梧州六堡茶的认知不够清晰，无法准确理解其独特之处和价值所在。相比之下，其他茶叶品牌可能通过精心打造的品牌定位、品牌故事和品牌价值主张，成功地塑造了独特而鲜明的品牌形象，从而在市场上脱颖而出。

为了在竞争激烈的茶叶市场中获得更大的认可和市场份额，梧州六堡茶需要更加注重品牌建设和品牌营销。通过明确品牌的定位、讲述引人入胜的品牌故事以及传达清晰的品牌价值主张，梧州六堡茶可以与消费者建立更紧密的情感连接，增强品牌的吸引力和忠诚度。

此外，梧州六堡茶还可以通过创新的包装设计、宣传推广活动和渠道选择，提升品牌的可见性和知名度。与其他茶叶品牌进行差异化竞争，突出自身的特点和优势，将有助于梧州六堡茶在消费者心中留下深刻的印象，并在市场上取得更大的成功。

（四）品牌推广

在宣传推广方面，梧州六堡茶与其他茶叶品牌相比可能存在一定的差距。这种差距主要体现在资源投入和营销手段的创新上。

首先，梧州六堡茶在宣传推广方面的投入可能相对较少。其他茶叶品牌可能通过大规模的广告投放、赞助活动、明星代言等方式，进行更广泛的宣传和推广，吸引了更多消费者的关注。相比之下，梧州六堡茶的宣传力度可能较弱，导致其在市场上的知名度和曝光度相对较低。

这种资源投入的差距可能使得梧州六堡茶在市场竞争中处于劣势。其他茶叶品牌凭借强大的宣传攻势和资金支持，能够迅速提升品牌知名度，建立品牌形象，并吸引更多消费者尝试和购买他们的产品。梧州六堡茶由于宣传投入不足，难以在短时间内获得同样的市场关注度和认可度。

其次，梧州六堡茶在营销手段和宣传方式上可能缺乏创新。相比之下，其他品牌可能更善于利用社交媒体、线上营销、品牌合作等现代营销手段，与消费者进行互动和沟通，提高品牌的曝光度和影响力。这些创新的营销手段能够更好地吸引年轻消费者的关注，满足他们对于互动、社交和个性化体验的需求。

因此，为了提升梧州六堡茶的知名度和市场竞争力，需要加大宣传推广的投入力度，制定更具创新性和针对性的营销策略。可以利用社交媒体平台、线上广告、合作伙伴关系等渠道，扩大品牌的曝光度和影响力。同时，通过创新的宣传方式和故事性的品牌传播，吸引消费者产生情感共鸣，提升品牌的认知度和好感度。

（五）品牌维护

梧州六堡茶是中国历史名茶之一，具有独特的品质和口感。然而，近年来，梧州六堡茶面临着一系列的危机。其中一个危机是人员不足和传承困难。随着时间的推移，一些老一辈的六堡茶制作师傅逐渐退休，而年轻一代对这一传统技艺的兴趣和热情并不高。这导致了六堡茶制作技艺的传承面临断代的风险。如果不及时采取措施吸引更多的年轻人加入这个行业，六堡茶的传统制作工艺可能就会逐渐失传。

茶叶作为农产品，受传统农业生产经营观念的影响较深，在与时俱进、推进产品创新和加大专业技术人员培养力度方面存在不足。广西梧州市作为西部发展较慢的城市，在经济和人才培养方面相对薄弱，缺乏茶叶种植和制作方面的专业技术人员。

在六堡茶的生产制作过程中，许多一线技术人员的技艺都是通过祖代相传或自学而来，缺乏系统性学习，成长速度较慢，导致整体制茶专业技术人员水平难以提高。同时茶产品加工企业也普遍面临茶叶专业技术人员紧缺的问题，一些技术难题无法及时解决，高素质生产人才短缺，甚至会出现几家制茶企业同时聘用一位制茶师傅的现象。

另一个危机是被仿冒的问题。随着六堡茶的知名度不断提高，其独特的口感和健康功效逐渐被人们所认可，市场需求也日益增长。然而，这也吸引了一些不法商贩的注意，他们看到了其中的商机，开始生产和销售假冒伪劣的六堡茶。

这些仿冒产品以低廉的价格进入市场，不仅质量低劣，而且可能对消费者的健康造成潜在威胁。消费者在购买这些假冒伪劣产品后，不仅无法享受到真正的六堡茶的口感和健康效果，还可能因为其中的有害物质而对其身体造成损害。

假冒伪劣六堡茶的泛滥，不仅损害了消费者的利益，也给正宗六堡茶的品牌形象带来了负面影响。这些假冒产品的存在，让消费者对六堡茶产生了疑虑和不信任，导致正宗六堡茶的销售受到影响。同时，假冒产品的质量问题也可能让消费者对整个六堡茶行业产生误解，进一步损害了六堡茶的声誉。

除了与同行茶叶品牌的激烈竞争，梧州六堡茶还面临着新竞争者进入市场的威胁。随着人们生活品质的提高，他们对茶文化的了解日益深入，对茶叶的要求越来越高，需求也越来越个性化。因此，一些新的竞争者会以满足不同消费者的个性化需求为切入点，试图占据市场份额。

例如，近几年越来越受欢迎的花茶和果茶。它们一改传统茶叶的口味和外观形象，以高颜值和各种独特的花味、果味赢得了越来越多消费者的青睐，甚至成为传统茶叶的替代品。

这些新的竞争者以创新的产品和营销手段吸引了消费者的关注，给梧州六堡茶带来了一定的竞争压力。这些新的竞争产品的出现促使梧州六堡茶需要不断提升自身的产品质量和品牌形象，同时也需要关注市场变化和消费者需求的变化，积极进行产品创新和营销创新，以保持市场竞争力。

五、针对梧州六堡茶区域品牌建设中存在问题的分析

梧州六堡茶的历史可以追溯到1500年前，但在2000年以前，梧州六堡茶几乎没有进行过品牌建设方面的研究投入，梧州六堡茶的区域品牌建设仍处于初级阶段。在品牌建设的初级阶段，最重要的是做好品牌定位和品牌宣传，而品牌建设所遇到的问题也都非常关键且难以突破，正所谓"万事开头难"。那么，梧州六堡茶区域品牌在初级建设中到底存在着哪些问题呢？下面笔者将结合梧州六堡

茶的劣势分析、挑战分析以及调查问卷数据,对梧州六堡茶区域品牌在建设过程中存在的问题进行详细分析。

(一)区域品牌意识薄弱

六堡茶作为中国著名的外销茶,从清朝至今每年的出口数量巨大,在东南亚国家和我国台港澳地区,六堡茶早是声誉卓著,人尽皆知。六堡茶主要是由于共建"一带一路"的带动,以外销为主,在中国本土的宣传极少,致使中国本土知道六堡茶的人不多,有"墙外开花墙外香"之感。

受到传统农业生产观念的影响,大多茶企业在发展中只注重产品而不考虑品牌建设,仍有"酒香不怕巷子深"的旧观念,其在品牌建设方面的投入几乎没有。

在225份问卷调查样本中,筛选调查对象后有175份样本平时会有喝茶的习惯,但是这175份目标调查对象中却有92份样本没有喝过梧州六堡茶,在样本中没有喝过六堡茶的占比为52.57%。在这92份没有喝过六堡茶的样本中,问其原因竟有82份样本的选择是"不了解"。也就是说,在样本数据中有89.13%的样本是因为不了解梧州六堡茶所以没有喝过,可见梧州六堡茶由于品牌知名度低而流失了大量的顾客,而因为口感不好、喝不习惯、价格过高这些原因不喝六堡茶的占比只有不到10%,因为其他原因不喝梧州六堡茶的比例为20.65%,见图4-1。

在针对喝过梧州六堡茶的样本调查中,关于对梧州六堡茶的品牌知名度方面评价,满意度由低到高用1到5表示,1和2可表示六堡茶的品牌知名度较低,占比56.41%;3可表示六堡茶的品牌知名度一般,占比20.51%;4和5可表示六堡茶的品牌知名度较高,占比23.08%,总的来说认为梧州六堡茶品牌知名度不高的占比76.92%。可见六堡茶的品牌知名度确实有待提高,这也反映出源头问题是梧州六堡茶区域品牌建设者缺乏品牌意识,在品牌建设方面的投入少之又少,见图4-2。

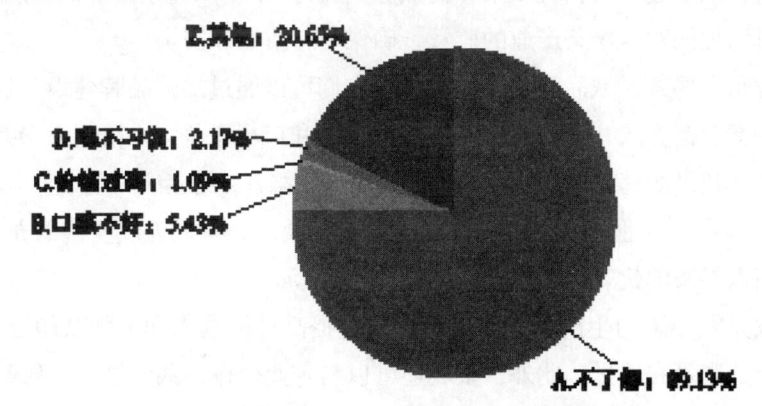

图4-1　您认为六堡茶需要改进地方的有哪些?

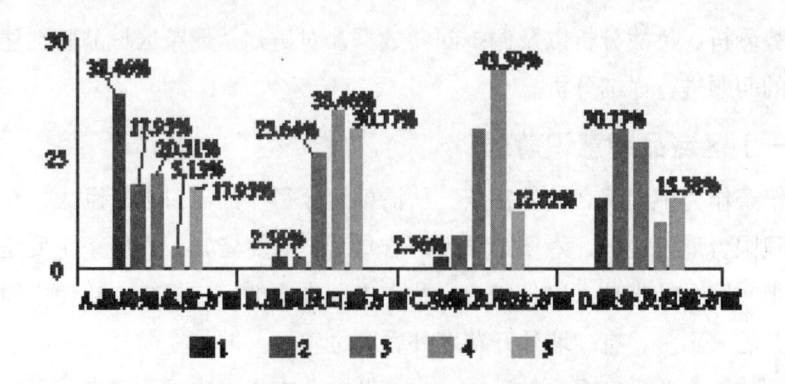

图 4-2　消费者对梧州六堡茶进行满意度评价

（二）区域品牌建设经营主体不明确

由于特色农产品区域品牌属于公用品牌，品牌建设主体的完善程度会直接影响品牌建设效果。在中国，农产品区域品牌的崛起更多依赖地方政府制定的产业发展战略。政府能够从产业发展全局考虑，做出相应筹划和决策，因此政府可以成为区域品牌建设的主体。

梧州市近年来为了统筹六堡茶产业发展，成立了领导小组研究六堡茶产业振兴问题，建立了产品质量安全联席会议制度等。然而，各部门在推动产业发展时仍然各司其职，按照各自职能进行工作，这导致原本的设想无法实现，统筹发展推进力度不够，缺乏专门的研究机构去突破六堡茶区域品牌建设过程中的瓶颈问题。

梧州六堡茶的区域品牌利益相关者包括政府、企业、茶农、行业协会等。这些利益相关者之间的协同效应对梧州六堡茶区域品牌的发展至关重要。

政府可以通过制定相关政策和提供资金支持，推动六堡茶产业的发展。同时，政府还可以加强对六堡茶产业的监管，确保产品质量和安全。

企业是六堡茶区域品牌建设的主体，它们可以通过加强品牌建设、提高产品质量和创新营销方式，提升六堡茶的品牌价值和市场竞争力。梧州六堡茶的各企业作为品牌建设的基础和区域品牌的使用者、受益者，更应该注重培养区域品牌。在经营过程中，企业需要注重品牌的建设和发展，力争成为产业内的龙头企业，成为梧州六堡茶的代表性品牌。

茶农是六堡茶的生产者，他们可以通过提高种植技术和加强茶园管理水平，提高茶叶的产量和质量。此外，茶农还可以与企业合作，共同推广六堡茶品牌。

行业协会可以为六堡茶企业和茶农提供技术支持和市场信息，促进产业的规范化和专业化发展。同时，行业协会还可以组织各种活动，加强六堡茶品牌的宣传和推广。

根据实地调查的数据显示，梧州六堡茶在区域品牌相关利益者协同方面，存在以下问题：

首先，梧州六堡茶区域品牌利益相关者之间缺乏充分的协作和沟通，导致信息流通不畅，决策不协调，难以形成合力推动六堡茶区域品牌的发展。其次，不同利益相关者之间可能存在利益冲突，如企业之间的竞争、茶农与企业之间的价格谈判等，这些冲突可能影响到整个产业链的稳定和发展。此外，品牌管理不统一也是一个问题。由于涉及多个利益相关者，六堡茶区域品牌的管理可能存在不统一的情况，包括品牌形象、宣传推广、质量标准等方面，这可能导致品牌形象模糊，市场认知度不高。再次，六堡茶区域品牌的知识产权保护意识相对较弱，可能存在商标侵权、假冒伪劣产品等问题，影响品牌的声誉和市场竞争力。最后，茶农和企业之间可能存在信息不对称的情况。茶农无法及时了解市场需求和价格变化，企业难以掌握茶叶的生产情况和质量，这可能导致市场供求失衡和产品质量不稳定的问题。

这些问题的存在可能会影响梧州六堡茶区域品牌的发展和竞争力。为了解决这些问题，利益相关者之间需要加强沟通与协作，建立合理的利益分配机制，统一品牌管理，加强知识产权保护，以及改善市场信息流通等。只有通过共同努力，才能推动梧州六堡茶区域品牌的健康发展。

调查数据显示（见图4-3），在喝过梧州六堡茶的人群中，有47.43%的样本表示曾经尝试过这种茶。然而，令人惊讶的是，在这47.43%的样本中，有41.67%的人表示并不知道他们所喝的梧州六堡茶属于哪个品牌。

这一数据表明，六堡茶的经营主体品牌在市场上的知名度相对较低，购买者对其品牌的认知程度有限。这可能是由于品牌宣传和茶叶包装方面的投入不足所致。为了提升六堡茶的品牌知名度和市场竞争力，相关经营主体需要加强品牌宣传的力度，通过各种渠道广泛传播品牌信息，让更多的消费者了解六堡茶的品牌和产品特点。

此外，在茶叶包装方面也需要加大投入力度，设计出更具吸引力和辨识度的包装，以增加产品的吸引力和市场竞争力。通过改进品牌宣传和包装设计，可以提高六堡茶的品牌知名度和消费者对其品牌的认知度，进一步推动六堡茶产业的发展。

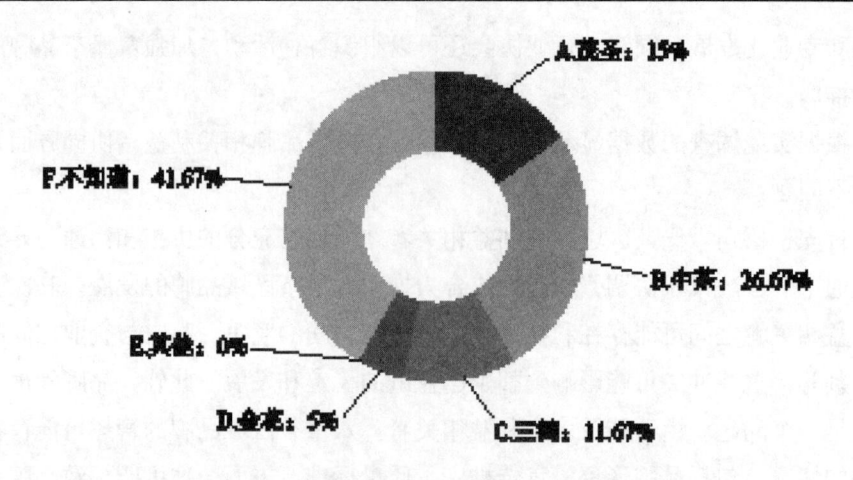

图 4-3 您喝过的梧州六堡茶是什么牌子？

（三）缺乏全面的品牌维护

六堡茶是中国传统名茶之一，具有悠久的历史和丰富的文化内涵。然而，尽管六堡茶在市场上享有一定的声誉，但其产品质量监管仍然存在一些盲区。这些盲区的存在可能会对六堡茶的品牌形象和市场竞争力产生负面影响。

首先，六堡茶的原材料采购环节存在监管盲区。原材料的质量直接影响到最终产品的品质，在实际操作中，一些不法商贩为了追求低成本，可能会选择将劣质的茶叶作为原材料，或者在采购过程中存在不规范的行为，如未进行严格的质量检测、未建立可追溯的供应链等。这些问题可能导致原材料的质量不稳定，进而影响六堡茶的整体品质。

其次，六堡茶的生产过程存在一些监管盲区。生产过程中的每一个环节都可能影响产品的质量，如加工工艺、卫生条件、员工操作规范等。然而，一些小作坊或不规范的生产企业可能会忽视这些问题，导致在生产过程中的质量控制不严格，从而影响最终产品的质量。

再次，六堡茶的质量检测环节存在一些不足。质量检测是确保产品符合相关标准和法规的重要手段，在实际操作中，可能会出现检测标准不严格、检测方法不科学、检测设备不先进等问题，导致一些不合格产品流入市场。

最后，六堡茶的市场监管存在一些挑战。市场上可能存在假冒伪劣产品、虚假宣传等问题，而监管部门在执法过程中可能面临力量不足、覆盖不全面等情况，难以有效打击不法行为。另外，消费者对六堡茶的质量认知和鉴别能力存在一定的盲区。由于消费者对六堡茶的了解有限，他们可能无法准确判断产品的质量，容易受到虚假宣传和不法商家的欺骗。

产品质量是品牌的生命线、是品牌的灵魂和基础，没有产品质量的支撑，品牌的发展就无从谈起。在笔者的调查数据中，消费者购买茶叶最注重的要素是品质，在调查样本中占比81.71%，可见农产品质量在消费者心中的重要性。在对梧州六堡茶购买者满意度调查中，消费者对品质及口感方面的评价是较高的，见图4-4显示，对梧州六堡茶的品质及口感方面较为满意的总比占为69.23%，但仍有30.76%的样本对梧州六堡茶的品质及口感方面感到不满意或者一般的。

近年来，随着梧州六堡茶产业的迅速发展，一些问题也逐渐浮出水面。在梧州六堡茶区域品牌建设过程中，产品质量下滑和品牌形象受损成为亟待解决的致命问题。探究其原因，首先是在利益的驱动下，部分企业使用劣质原料冒名顶替，忽视生产环境的管理，不按照《六堡茶质量技术要求》的规定进行原料的选择和生产，导致产品质量下降。其次，由于区域品牌的公用性，一些企业产生了"搭便车"的想法，以次充好甚至生产假冒伪劣产品，进一步损害了品牌形象。梧州六堡茶作为公用性区域品牌，一旦其中某个品牌出现问题，将连累整个区域品牌的形象，甚至影响到区域内其他产业的发展，进而影响整个区域的整体形象。因此，打击低劣假冒产品刻不容缓。

区域品牌的建设和维护需要各方共同努力，企业应增强自律意识，政府应加强监管力度，消费者应提高辨别能力，共同推动梧州六堡茶产业的健康发展。只有这样，才能确保梧州六堡茶的品质和品牌形象，使其在市场上持续繁荣。

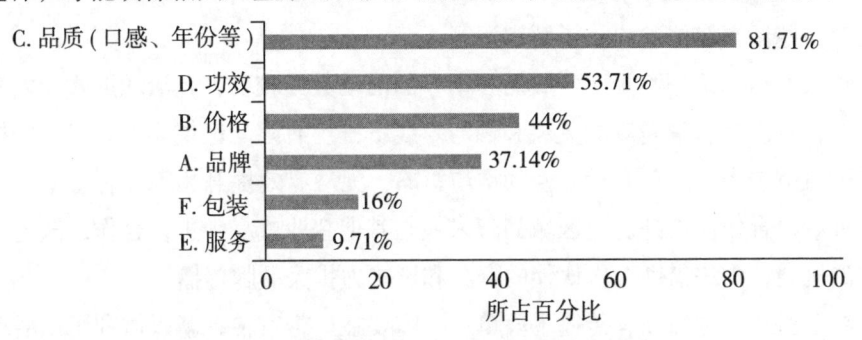

选项	所占百分比
C. 品质（口感、年份等）	81.71%
D. 功效	53.71%
B. 价格	44%
A. 品牌	37.14%
F. 包装	16%
E. 服务	9.71%

图4-4 消费者在购买茶叶时考虑因素有哪些？

（四）区域品牌传播手段单一

与云南普洱茶和安化黑茶相比，梧州六堡茶在全国的知名度较低，这在极大程度上与六堡茶区域品牌传播手段单一、市场营销力度不强有关系。长期以来，梧州六堡茶的品牌推广主要依赖少数几家大型制茶企业。这些企业在品牌传播上的手段相对有限，仅仅通过建立企业网站、举办茶赛或参加茶叶展销会等方式进行推广。此外，无论是在广告位、电视、广播还是报纸等媒体上，都几乎看不到六堡茶的大型户外广告牌或品牌宣传广告。在外省，六堡茶的品牌推广活动更是微乎其微。

梧州市政府对六堡茶产业的发展虽然给予了一定的重视，但在品牌宣传推广方面的投入明显不足。传播手段缺乏多样性和创新性，只是组织一些茶企参加各种博览会，而在针对六堡茶的品牌形象定位、策划和全面的品牌宣传推广工作上并没有采取系统性的措施。这导致梧州六堡茶在品牌建设方面受到了品牌传播的限制，无法实现品牌知名度的突破性提升，全国范围内的品牌知名度一直较低。

区域品牌传播手段单一，主要体现在以下几个方面：

首先，广告宣传有限。区域品牌在广告宣传方面的投入不足，广告曝光度低，无法有效地传达品牌信息和价值。

其次，缺乏对新媒体的利用。区域品牌未能充分利用社交媒体、短视频平台等新兴媒体进行传播，错失了与目标受众互动和传播的机会。梧州六堡茶在新媒体利用方面存在明显不足。作为一个区域品牌，它未能充分利用社交媒体、短视频平台等新兴媒体进行有效传播，这导致它错失了与目标受众互动和传播的宝贵机会。在当今数字化时代，社交媒体和短视频平台已成为品牌传播的重要渠道。这些平台能够提供与消费者直接互动的机会，帮助品牌与消费者之间建立起紧密的联系，并实现信息的快速传播。然而，梧州六堡茶在这方面的投入明显不足，缺乏对这些新兴媒体的深入了解和运用。

再次，活动策划不足。区域品牌举办的活动数量较少，且活动形式和内容缺乏创意，难以吸引消费者的关注和参与。线下推广有限。区域品牌在线下的推广活动覆盖范围小，缺乏有针对性的推广策略，无法有效提升品牌知名度。

最后，合作伙伴缺乏。区域品牌未能与其他企业或品牌进行合作，缺乏联合推广的机会，无法借助合作伙伴的资源和影响力扩大品牌传播。

综上所述，区域品牌传播手段单一，需要在广告宣传、新媒体利用、活动策划、线下推广和合作伙伴等方面进行改进和创新，以提升品牌知名度和影响力。

为了改变这一现状，加强六堡茶区域品牌的传播和市场营销力度至关重要。只有通过共同努力，加强品牌传播和市场营销力度，才能让更多的人了解和喜爱梧州六堡茶，推动六堡茶产业的健康发展。

六、梧州六堡茶区域品牌建设的优化路径

上一节详细地阐述了当前所面临的各种问题，这些问题涉及方方面面，对于梧州六堡茶的品牌发展具有重要的影响。经过深入的研究和分析，发现这些问题的解决需要采取一系列相应的对策。接下来，笔者将详细介绍针对每个问题所提出的具体对策。这些对策旨在解决当前出现的问题，并为梧州六堡茶的长期发展奠定坚实的基础。

（一）重新塑造区域品牌定位，精心制订区域品牌战略规划

要重新塑造梧州六堡茶的区域品牌定位，就需要深入了解目标市场、消费者需求以及竞争对手的情况。通过市场调研和分析，可以确定梧州六堡茶的独特卖点和差异化优势，为品牌定位提供依据。关于六堡茶的目标市场需要确定梧州六堡茶的目标市场在哪里。是茶叶爱好者？是健康追求者？还是礼品市场？根据目标市场的不同，可以制定相应的品牌定位和营销策略。

充分考虑六堡茶自身的产品特点，可以通过以下三种策略来确定梧州六堡茶的品牌定位。

1. 类别定位策略

类别定位策略是借助产品类别来建立品牌联想的一种定位手法，通过营销宣传在消费者心目中形成"某品牌某类产品"的印象。就像提到果冻就会联想到"喜之郎"，从以前的"果冻布丁喜之郎"到现在的"喜之郎果肉果冻"，这样的定位宣传将"喜之郎"品牌与产品、行业建立起一对一的关系，让人说起果冻就联想到喜之郎。

梧州六堡茶是黑茶，据笔者问卷调查数据分析表明（见图4-5），平常会喝茶的消费者中有42.29%的样本会选择喝黑茶，和红茶、乌龙茶的样本选择数据不相上下，略低于绿茶的数据，远远高于其他茶类，所以梧州六堡茶的品牌定位策略从强调黑茶产品类别这个角度入手是十分有市场前景的，不断在消费者心中强化"梧州六堡茶"与"黑茶"之间的联想，确立"梧州六堡茶"成为黑茶产品的代名词。

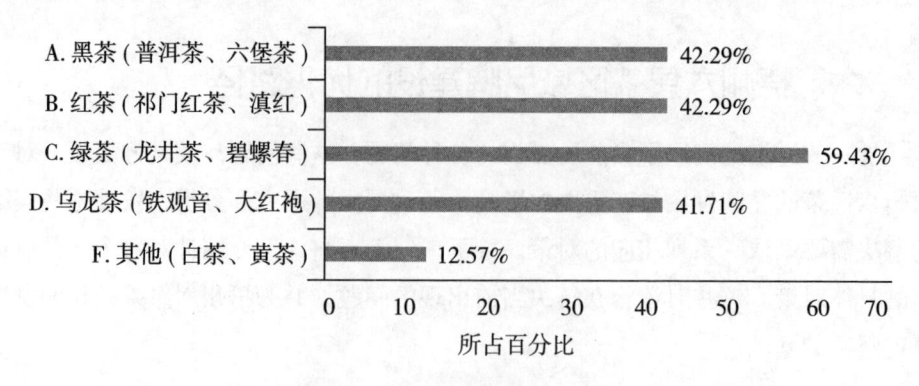

A. 黑茶（普洱茶、六堡茶）　　　42.29%
B. 红茶（祁门红茶、滇红）　　　42.29%
C. 绿茶（龙井茶、碧螺春）　　　59.43%
D. 乌龙茶（铁观音、大红袍）　　41.71%
F. 其他（白茶、黄茶）　　　　　12.57%

所占百分比

图4-5　平时您以喝什么茶为主

2. 功能定位策略

功能定位就是在广告活动中突出产品的独特的功能，使其在同类产品中有明显区别，以增加其竞争力。笔者的调查数据分析表明，消费者在购买茶叶时最注重的是品质方面，而功效占比仅次于品质，占比53.71%（见图4-6），可见在消费者购买茶叶的决策过程中，功效是必要的考虑因素，如果从功效这一角度进行六堡茶的品牌定位相信一定可以得到消费者的青睐。

六堡茶与别的茶叶品种相比，除了一些相同的属性，还因为六堡茶特有的制作技术和"渥堆"工艺步骤而具有丰富的养生保健功能属性。中国农业科学院茶叶研究所曾经对梧州六堡茶进行过理化分析研究，其研究表明，梧州六堡茶的氨基酸、茶氨酸、茶多酚等保健物质含量十分丰富。六堡茶是黑茶类，含有丰富的脂肪类憐脂、糖脂、硫脂和维生素等，常饮六堡茶可以有效抑制胰腺癌、乳腺癌等疾病。同时六堡茶还具有很强的油脂分解功能，在减脂、降压、降血糖、抗血栓、防止脑中风，调理肠胃和保护肝脏方面功效更强。另外，前文提到的陈年六堡茶会产生一种叫做"金花"的益生霉菌，就是金黄霉菌，这种霉菌能够分泌氧化酶和淀粉酶，可以加强茶叶养生保健、延年益寿的效果。

调查数据分析表明，假设有一种茶叶同时具备A. 降血脂血压、B. 去湿热、防癌、防病、C. 提神醒脑、消除疲劳、D. 去油腻、助消化、E. 保健、减肥这五种功效，会有93.71%的调查对象会选择进行购买，而梧州六堡茶的主要功效就是这五种功效。所以在梧州六堡茶的品牌定位中，可以紧绕消费者注重健康养生的消费需求，在品牌定位与宣传中突出强调六堡茶具有药用保健功效这一特质，从而打造"中国养生保健第一茶"的品牌形象。

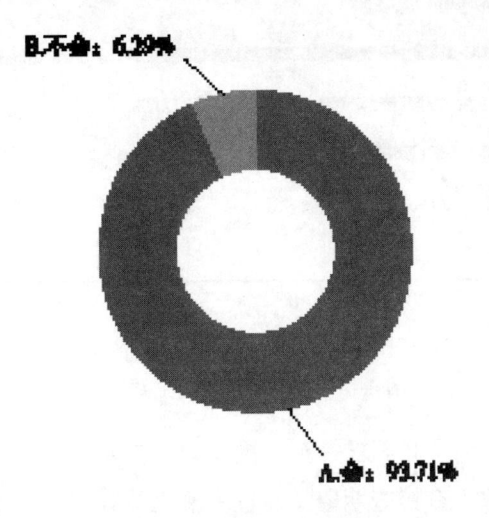

图 4-6　您是否会进行购买

3. 档次定位策略

现如今社会，不同社会阶层的个体，在生活品味、消费主张等方面都有着不同的特点，他们养成了与自身身份属性相吻合的生活习惯。现在茶叶市场上有许多茶叶的品牌多定位成高端茶叶，彰显高尚、尊贵的皇族形象，把品牌定位成上流阶层享用的高端品牌。但是，品牌定位的最终目的是做好市场营销，推广产品以为企业寻求最大的利益，这就需要深入了解消费者真正的诉求。在笔者的调查数据中表明（见图4-7），消费者购买茶叶的主要用途为日常饮用和会客，可见茶叶对消费者来说更类似于生活日用品而并非奢侈品，所以过高端的品牌定位会让大部分消费者望尘莫及而选择其他更为"亲民"的茶叶品牌。

虽然梧州六堡茶在清朝嘉庆年间以名茶的身份作为朝廷贡品，但现在再盲目跟风定位高端形象的话对品牌建设初期的六堡茶而言不利于开发市场，但如果反其道而行，以"昔日宫庭贡品，今朝普天共享"的形象诉求，将六堡茶定位为老百姓喝得起的大众保健茶品，以"亲民"的形象将梧州六堡茶深入广大消费者心中，让老百姓品味历史悠久的"中国红"，激发老百姓的中国情结。这并不是自降六堡茶的档次，而是将目标消费群体定位在占人口比例最高的社会中层及平民阶层消费者，从而占据更大的市场份额。

梧州六堡茶虽然还可以从其他方面进行品牌定位，但应该有侧重点，打造一个明确而独具特色的品牌定位，而不是各种定位让人眼花缭乱。总而言之，建议梧州六堡茶的品牌定位方向为：黑茶的代名词和中国老百姓的养生保健茶。

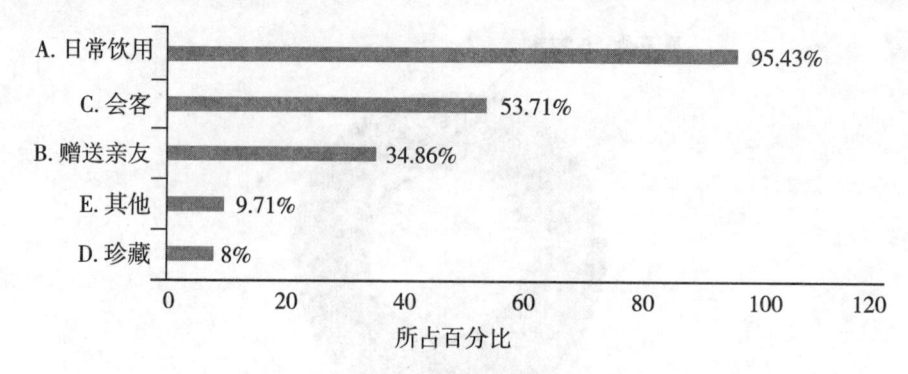

```
A. 日常饮用 ────────────────────── 95.43%
C. 会客    ──────────── 53.71%
B. 赠送亲友 ──────── 34.86%
E. 其他    ── 9.71%
D. 珍藏    ─ 8%
         0   20   40   60   80  100  120
                   所占百分比
```

图 4-7 您购买茶叶的主要用途

了解目标市场的消费者需求是至关重要的。首先，他们对茶叶的口味、品质、健康效益、品牌形象等有哪些期望？通过了解消费者需求，可以有针对性地塑造品牌形象。其次，研究竞争对手的品牌定位、产品特点、市场份额等信息。通过与竞争对手的比较，找到梧州六堡茶的差异化优势，从而在市场上脱颖而出。

（二）明确角色分工，构建主题深度合作

梧州六堡茶区域品牌建设经营主体的明确对推动品牌发展至关重要。在这个过程中，政府、协会和经营商应密切合作，共同努力。

梧州政府作为区域农产品品牌建设的主导力量，应当充分发挥其领导作用。政府可以依托当地特色农产品的历史、文化底蕴、地理特征等要素，通过政策保障、资金扶持、完善环境、发展基础设施等措施，塑造良好的区域农产品品牌形象。此外，政府还应成立相应的协会和专门的管理机构，以推动品牌建设。

六堡茶协会在品牌建设中起到了整合资源的关键作用。通过协会，区域内的资金和资源可以得到有效的整合与利用。协会可以进行品牌定位和品牌的传播推广，实现品牌的建设。同时，协会还应制定相关的完善品牌共享机制，建立区域内品牌的管理体系，从而加大统筹发展和合力推进的力度。

各个梧州六堡茶的经营商应极力培育区域品牌。发展区域品牌需要一大批企业和产品品牌的参与和支撑，而区域品牌的成功建设最终受益的将是各企业和产品品牌。政府应该激励各企业加强技术的革新和管理的创新，提高产品的质量，加强营销管理，从而使区域品牌形成良好的品牌形象和区域品牌竞争力。

经营商应该致力于提供高质量的梧州六堡茶产品。首先从茶叶的种植、采摘、加工到包装和销售的整个过程中，严格控制质量标准，确保茶叶的品质和口感符合消费者的期望。经营商可以积极参与品牌的营销活动，包括广告宣传、参加展会、举办品鉴活动等。通过各种渠道向消费者传达梧州六堡茶的独特价值和品牌

形象，提高品牌的知名度和美誉度。其次，经营商应该注重提供优质的客户服务体验。包括专业的产品咨询、热情周到的销售服务、及时的售后支持等。通过良好的服务，建立消费者对品牌的信任和忠诚度。经营商应该密切关注消费者的反馈和市场动态，不断改进产品和服务。根据消费者的需求和偏好，进行产品创新和升级，以适应市场变化。

总而言之，政府、协会和经营商应紧密合作，共同推动梧州六堡茶区域品牌的建设和发展。通过明确经营主体，整合资源，加强品牌建设和管理，提高产品质量和竞争力，梧州六堡茶区域品牌有望在市场上获得更大的成功和认可。只有这样，才能使梧州六堡茶区域品牌在市场上获得认可，从而为地方经济发展注入新的活力。

三、构建品牌危机管理机制

构建梧州六堡茶的"品牌危机"管理机制对保护和发展该地区的茶叶产业至关重要。以下是一些重要的方面：

第一，建立一个有效的危机监测与预警系统是至关重要的。这包括持续关注市场动态、消费者反馈和竞争对手的行动，以便及时发现潜在的品牌危机。通过数据分析，可以提前洞察到可能出现的问题，并发出预警信号，为采取预防措施争取时间。

第二，制定全面的危机预案是必不可少的一步。预案应明确各类危机事件的应对策略和步骤，包括危机管理团队的组织架构、职责分工、沟通渠道等。这样，在危机发生时，能够迅速、有序地进行应对，最大限度地减少损失。

第三，建立积极的危机沟通与公关机制是关键所在。及时、准确地向公众发布信息，回应关切，能够有效地维护品牌形象，增强公众对品牌的信心。通过公关活动，可以传递积极的信息，修复品牌形象，提升消费者的忠诚度。

第四，员工培训与危机意识的培养不容忽视。组织员工进行危机管理培训，提高他们的危机意识和应对能力。培训内容应包括危机识别、沟通技巧、应急处置等方面，使员工在危机发生时能够迅速做出正确的反应。

第五，危机后的恢复与评估是重要的环节。危机过后，应及时进行品牌形象的恢复和重建工作。同时，对危机管理过程进行评估，总结经验教训，完善危机管理机制，以提升企业在未来应对危机的能力。

在强化商标培育，夯实品牌保护方面：一是加强商标品牌培育运用。建立六堡茶商标服务队伍，开展六堡茶商标品牌建设专项行动，引导六堡茶生产经营主体学习商标知识，提高商标使用申请意识和保护意识。指导六堡茶企业制订商标发展规划，为六堡茶企业提供商标设计、质押融资等指导服务，增强茶企商标运用能力。二是推进商标品牌助力乡村振兴。开展"党旗领航·稳主体激活力发展商标品牌促乡村振兴"行动，设立"商标品牌指导站""商标品牌联络点"，形成以点带面、网络式、网格化的品牌服务网络，全面开展"梧州六堡茶"商标注册、品牌培育、品牌推介、品牌保护、品牌使用等工作，实现"梧州六堡茶"品牌建设全域覆盖。

另外，加强梧州六堡茶的炒茶师傅的人员传承，对六堡茶产业的可持续发展和地方文化的保护都具有重要意义。为了实现这一目标，可以采取以下措施：首先，建立完善的师徒制度。鼓励资深炒茶师傅与年轻学徒建立师徒关系，通过言传身教，传授炒茶技艺和经验。这样可以确保炒制技艺的传承和发展。其次，开设炒茶培训班。举办专业的炒茶培训班，邀请资深炒茶师傅担任讲师，为学员提供系统的炒茶技能培训。这将有助于培养更多的炒茶人才。

通过以上措施的实施，确保六堡茶的炒制技艺得以传承和发扬光大；可以构建起一套完善的"品牌危机"管理机制，更好地应对各种潜在的风险和挑战，保护和提升梧州六堡茶的品牌声誉和形象，促进茶叶产业的可持续发展。

四、线上线下联动以打造传播闭环

茶产业有其独特的行业性质，在现今市场上茶叶品类繁多，同质化信息严重，单一的品牌传播手段很难在广大消费者心目中留下深刻的印象。要成功建设梧州六堡茶区域品牌，就必须创新营销方法，运用整合营销方式进行协同传播，突出六堡茶自身的特质和个性，给受众留下独特的深刻印象，为建立品牌资产提供有力保证。笔者的调查数据显示（见图4-8），首先，广大消费者主要通过他人介绍、实体店、网络媒体、广告宣传等渠道去了解到茶叶品牌的，其中他人介绍的占比最高，达到67.43%；其次，是通过实体店了解占比60%，通过网络媒体了解的占比56.57%，通过传统的传播手段广告和宣传单了解的占比37.71%。可以由此数据对梧州六堡茶的传播手段进行相对应的选择，避免传统的单一广告传播模式。

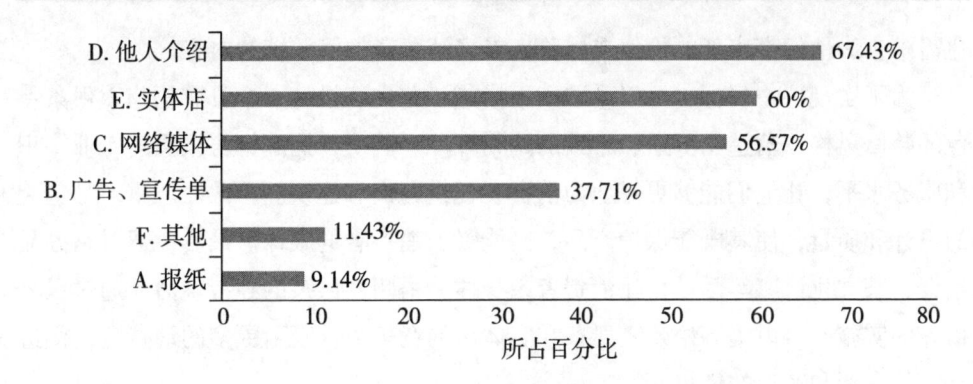

```
D. 他人介绍　　　　　　　　　　　67.43%
E. 实体店　　　　　　　　　　60%
C. 网络媒体　　　　　　　　56.57%
B. 广告、宣传单　　　37.71%
F. 其他　11.43%
A. 报纸　9.14%
       0   10   20   30   40   50   60   70   80
                    所占百分比
```

图 4-8　您一般是通过哪些渠道去了解茶叶品牌

第一，根据占比最高的他人介绍渠道，可以选择相对应的"病毒营销"方式，毕竟来自家人朋友、专家或公众人物的消费体验更具有说服力。在销售活动中，企业可以通过争取"口碑领导者"或"意见领袖"的好感，极力提高其满意度从而达到一传十、十传百，进行良好的口碑营销来达到品牌传播的目的。

这些"口碑领导者"或"意见领袖"在社交媒体上拥有广泛的影响力和追随者，他们的推荐和评价能够迅速传播给大量潜在消费者。因此，企业应该积极与这些人建立合作关系，邀请他们尝试并分享产品体验，并提供给他们特别的优惠和特权，以激发他们对品牌的热情和忠诚度。此外，企业还应该注重产品质量和服务的提升，确保消费者有良好的购买和使用体验。只有当消费者对产品和服务满意时，他们才会愿意主动推荐给他人。因此，企业应该不断改进产品的品质，提供优质的客户服务，以满足消费者的期望和需求。

第二，根据消费者了解茶叶品牌占比第二的实体店渠道，应该加强服务营销和体验营销这两种营销方式的运用，做到立体传播、协同传播。服务是为了出售或者是连同产品一起出售的活动、利益或满足感，是真真切切为消费者做出的某种承诺、某种接触、某种享受。体验营销是以满足消费者的体验需求为中心，满足消费者的情感需求和个性化需求，为消费者带来新的价值或体验，丰富消费者价值系统的内容。所以梧州六堡茶在实体店经营中要更加注重店铺的装修、销售人员的专业培训以及在产品的包装方面，让消费者看到梧州六堡茶的实体店就会有一种专业、舒服的感觉，引发消费者的购买欲望。

服务营销是为了出售产品或连同产品一起出售的活动、利益或满足感。它是一种真正为消费者提供的承诺、接触和享受。通过提供优质的服务，可以赢得消费者的信任和忠诚度，进而促进产品的销售。

体验营销则是以满足消费者的体验需求为中心，满足他们的情感需求和个性化需求，为他们带来新的价值或体验，丰富消费者价值系统的内容。

为了实现这一目标，可以采取以下措施：首先，设计一个具有梧州六堡茶特色的装修风格，营造出舒适、雅致的购物环境。其次，提高销售人员的专业知识和服务水平，让他们能够更好地为消费者提供咨询和建议。再次，注重产品包装的设计和质量，使其既能保护产品，又能吸引消费者的眼球。最后，通过举办品茶会、茶文化讲座等活动，让消费者亲身体验梧州六堡茶的独特魅力。通过以上措施的实施，可以提高梧州六堡茶在实体店的竞争力，吸引更多的消费者，促进品牌的发展和产品的销售。

第三，网络营销作为最近几年传播范围最广、能够跨域时间地域限制的营销方式是梧州六堡茶在品牌传播中要充分利用的。在笔者的调查数据中，通过网络媒体了解茶叶品牌的占比为56.57%，并且能够通过网络媒体去了解茶叶品牌的消费者几乎都是主动性地去了解，一定要做到能够吸引这群潜在消费者的注意力并将其发展成为的购买者甚至是品牌忠诚者。政府要积极鼓励各企业建立品牌网站，引导各企业选择合适的网络媒体进行品牌传播，以求达到传播效果最大化、营销效益最大化的目的。

为了更好地实施口碑营销，企业可以利用社交媒体平台和在线社区来促进消费者之间的互动和分享。通过组织线上活动、发起话题讨论、举办品茶会等方式，鼓励消费者分享自己的购买体验、使用心得和推荐意见。这样的互动不仅能够增加品牌的曝光度，还能够建立起消费者与品牌之间的情感连接，提高消费者的参与度和忠诚度。

直播带货已成为茶叶销售的一种流行趋势。许多茶叶品牌和商家利用直播平台展示产品、介绍茶文化，吸引消费者购买。首先，直播间带货茶叶提供了一种互动体验。观众可以实时提问、与主播互动，了解茶叶的特点、冲泡方法等，增加了参与感和购买的兴趣。其次，一些茶叶专业人士或茶文化爱好者成为主播，他们具备丰富的茶叶知识，能够向观众介绍不同种类的茶叶、品鉴方法等，提高了消费者对茶叶的认知水平和兴趣。再次，通过直播，主播可以展示茶叶的外观、汤色、香气等特点，让观众更直观地了解产品。有些直播间还会进行现场冲泡演示，让观众感受茶叶的口感和风味。此外，为了吸引消费者，直播间通常会推出一些促销活动，如限时折扣、赠品、满减等。这些优惠措施可以促进消费者的购买欲望。最后，直播间带货茶叶具有社交化传播的特点。观众可以分享直播链接给朋友或在社交媒体上进行传播，扩大了茶叶的曝光度和销售范围。需要注意的是，在直播间带货茶叶时，确保产品的质量和合法性是非常重要的，同时要遵守相关的法律法规和平台规定，保护消费者的权益。

当然，传统的广告宣传手段也不能忽视。笔者的调查数据显示，通过广告、宣传单以及报纸这些传统的营销手段去了解茶叶品牌的消费者占比达到46.85%。梧州市政府和六堡茶相关协会应该引导并鼓励各制茶企业根据各种广告媒体的特性及适用范围进行选择，结合自身产品的特点和资金状况，最大程度发挥广告宣传活动的效果。

第四，政府和行业协会在引导和激励各企业自主开展营销宣传活动的基础上，还要充分发挥管理部门高瞻远瞩的引导视角优势和行政组织的领导能力优势，积极挖掘六堡茶文化内涵，讲好"茶船古道"故事，促进六堡茶制作技艺传承、保护，推动申报非物质文化遗产名录工作。采取公关营销、事件营销、茶旅结合、市场完善等方式和手段去开展整合营销活动，全面提升梧州六堡茶的品牌竞争力和品牌效应。

七、总结

梧州六堡茶作为区域性农业产业，目前其区域品牌建设仍处于初级阶段，区域内实力雄厚的制茶企业寥寥无几，难以与国内外大型知名茶企抗衡。本章通过实地和问卷调查数据分析，明确了梧州六堡茶区域品牌建设中存在的问题，并提出相应对策。为了提升六堡茶在国内外的知名度和竞争力，必须走区域品牌建设整合之路。各制茶企业应消除各自为政的错误态度，正确认识一荣俱荣、一损俱损的道理，共同打造梧州六堡茶区域品牌。在此过程中，地方政府要充分发挥领导和指导作用，提高自身及区域内各企业的区域品牌建设意识，做出正确的品牌定位策略选择决策，进行准确的区域品牌定位；加强区域品牌农产品的质量监督体系，严格处理低劣假冒产品；加大在品牌传播方面的技术和资金投入力度，整合区域内的传播资源，进行多角度的品牌传播推广。总的来说，梧州六堡茶品牌建设要以品质管理为核心，以营销传播为手段，以产业完善为动力，以文化建设为配合，以品牌管理为保障，以基础科研为支持，通过资源整合共同推进区域品牌建设，提高品牌知名度、提升品牌资本价值、加强品牌竞争力，最终将梧州六堡茶打造成为全国知名茶叶名牌。

第三节 区域品牌建设的多元主体协作路径与方法研究

一、综述

近年来，随着中国经济的迅速崛起，区域品牌逐渐崭露头角，成为了推动地方农林牧渔业和特色产业发展的关键力量，同时也成为促进区域振兴的重要手段，引起了社会各界的广泛关注。特别是具有区域特色的农林牧渔产品区域品牌的形成，不仅可以提升区域农林牧渔产品的附加值，通过增加市场需求来提高生产者的收入水平，还能够吸引来自其他地区的消费者和游客，让他们关注到本区域独特的农产品和加工产品品牌。这种品牌效应预计会产生强大的经济吸引力，吸引大量来自本地区以外的购物者和游客前来消费，从而进一步推动区域经济的发展和繁荣。

因此，我国中央和地方政府更加积极地参与到这些区域品牌的建设中来。例如，2016年公布的《全国农业现代化规划（2016—2020年）》中提出了实施农产品区域品牌政策，这是一个重要的契机。随后，2017年的中央一号文件指出，区域品牌的形成需要以"龙头企业"为中心，包括生产商、经销商甚至旅游公司等服务提供商在内的广泛利益相关者的通力合作。该文件还指出，中央政府有责任确保项目的成功。此外，在2018年中央一号文件提出要点后，创建区域地理集体商标证明作为区域品牌形成的战略之一，也引起社会广泛关注。此后，在2020年的中央一号文件中，更是将长期以来作为政策重点的区域品牌推广作为一项重要政策提了出来。

随着区域品牌的打造以及其他一些重要政策的逐步落实，如通过"一村一品"运动发展农村特色产业、通过一二三产业融合促进所谓的"第六次产业化"、发展大型农业企业和加强农产品质量控制等，都受到了极大的关注。通过促进一二三产业融合，推动"第六次产业化"，发展大型农业企业和提高农产品质量控制水平等措施，得到了广泛的关注。这样一来，打造区域品牌的努力不仅有望使生产者直接获益，还有望振兴整个地区，促进旅游业发展，缩小城乡经济差距。

因此，本章以广西壮族自治区容县"第六次产业化"的典范——"容县沙田柚"为例，探讨尚未充分明确的区域品牌建设的现状及其带来的挑战。具体而言，本章研究以对"容县沙田柚"品牌形成的现状和问题的实地调查结果为基础，旨在梳理现状和问题，并为我国其他地区正在开展的区域品牌建设研究提供帮助。

二、区域品牌的形成及其功能

近年来，区域品牌的打造在中国受到了广泛关注，相关研究也层出不穷。过往研究主要集中在以下几个方面：Aoki（2007）认为，推广区域品牌需要全面考虑整个地区的情况，明确核心资源，并以此为基础构建品牌整体框架，而非仅仅关注食品和农产品的品牌建设。Lin De Rong（2012）指出，在区域品牌形成的初期阶段，政府的政策支持至关重要。同时，农业协会、龙头企业和行业协会应发挥重要作用，特别是农业合作组织应成为发展区域品牌的基础。刘守正等人（2012）的研究则从分销理论的角度出发，提出通过开发能够处理多样化分销渠道的销售系统来促进大规模分销。他们还建议推动"产学官"合作项目，以确保区域品牌的优势并实现高附加值。这些研究表明，区域品牌对确保市场竞争优势至关重要。因此，生产、销售和服务业（如旅游业）的相关人员应充分认识到区域品牌的作用。同时，致力于形成区域品牌和创造高附加值及差异化产品也非常重要。

在现有的研究中，区域品牌的形成主要从其在农业和农村经济中的作用以及区域品牌建设的主体等方面进行论述，而对区域品牌建设的过程和基于具体实地调查的现状问题分析往往不够深入。

因此，在撰写本章内容的过程中，笔者选择了广西壮族自治区容县吉良镇作为实地调研的目标地点，并将"容县沙田柚"作为案例进行研究。调查的主要内容包括当地品牌的经营管理主体、政府扶持状况、实际经营情况、销售单价变化情况以及面临的挑战等。笔者在2021年1月以访谈的形式对这些方面进行了调查。

本调查重点关注广西"容县沙田柚"，原因如下：

（1）容县地区由于日照充足、昼夜温差大等有利的自然条件，农产品资源十分丰富。在清朝时期，该地区曾作为沙田柚产区而繁荣一时，当时的食品都是进贡给朝廷和皇帝的。由于沙田柚是该地区最具代表性的农产品，因此该地区已发展成为全国主要的沙田柚产区之一。

（2）"容县沙田柚"是"第六次产业化"的典型范例，包括第一产业（沙田柚生产）、第二产业（沙田柚饮料和酿造等农产品加工）和第三产业（沙田柚关联的旅游和零售），被认为是能为农村社区带来高附加值的产业部门。

沙田柚产业为农村社区带来高附加值的方式多种多样。首先，沙田柚作为一种农产品，本身就具有较高的经济价值。通过种植、采摘、加工和销售沙田柚，农村社区可以获得丰厚的收入，提高农民的生活水平。其次，沙田柚产业可以带动相关产业链的发展。沙田柚可以被加工成各种产品，如沙田柚汁、沙田柚茶、沙田柚蜜等，这些加工产品的附加值更高，可以为农村社区带来更多的经济效益。此外，沙田柚产业还可以与旅游、文化等产业相结合，开展沙田柚采摘节、沙田柚文化体验等活动，吸引更多的游客前来消费，进一步增加农村社区的收入。最后，沙田柚产业的发展可以促进农村社区的就业。沙田柚种植、采摘、加工和销售等环节都需要大量的劳动力，这为农村居民提供了就业机会，减少了农村人口外流的现象。同时，沙田柚产业的发展还可以吸引更多的人才回流农村，为农村社区的发展注入新的活力。

综上所述，沙田柚产业通过提高农产品附加值、带动相关产业链发展、促进农村社区就业等多种方式，为农村社区带来了高附加值，推动了农村经济的发展和社会的进步。

三、区域概述

容县位于广西壮族自治区东南部，是一个农业资源丰富的农村地区。全县面积2,225平方公里，水资源丰富，西有西江，南有杨梅河，北有石腊河。虽属亚热带，但气候温和湿润。全县森林覆盖率达67.0%，环境整洁，污染少，并充分利用这一环境和气候优势，大力发展地方特色农产品品牌。

在交通条件方面，主要干线公路324国道途经该县，此外，榆林线高速铁路将于2019年开通，促进了与其他地区的交流。近年来，我国通过绿色旅游和生态旅游扩大并拓展了乡村旅游项目，该地区也在努力利用上述有利的本地资源扩大与城市居民的交流机会。

2020年，容县总人口为87.7万（2019年），其中67.7万为常住人口，29.8万为城镇人口（即所谓的城市人口）（占常住人口的44.0%），37.9万为农村人口（占常住人口的56.0%）。总人口与常住人口之间的这一差异表明，人口大量流出该地区之外。

2019年，容县实现生产总值173.78亿元，比2018年增长6.8%。其中，第一产业44.81亿元（+4.9%），第二产业43.88亿元（+7.7%），第三产业85.09

亿元（+7.3%）。各产业所占比重分别为 25.8%、25.2% 和 49.0%。人均产值为 25711 元，比上年增长 6.2%。

2019 年，容县人均纯收入 23192 元（同比 +7.7%），其中城镇人均纯收入 33641 元（同比 +6.2%），农村人均纯收入 15604 元（同比 +9%）。需要注意的是，2019 年广西全区人均纯收入为 23328 元，其中城镇人口人均纯收入为 34745 元，农村人均纯收入为 13676 元。这些统计数字表明，容县农民收入略高于自治区平均水平，容县的农民收入略高于自治区平均水平，但总体上是广西壮族自治区经济水平中等的县。

实地考察对象吉良镇位于容县北部，地处半山区。其周围为半丘陵山地，具有适宜种植"沙田柚"的基础条件。容县及周边地区种植沙田柚的时间相对较长，很早就开始向外销售，因此"容县沙田柚"的品牌也逐渐向外传播。现在，沙田柚这一柑橘品种的名字在我国南方相对较多的地区都能听到，而容县则是沙田柚的发源地，是容县公认的传统产业之一。见图 4-10。

图 4-10　容县沙田柚

基于这些有利的农业和自然条件，县政府特别重视传统水果中的沙田柚，不仅在广西区内销售，还向全国推广，包括向区外游客销售。近年来，容县沙田柚的种植面积已达 25 万亩（16667 公顷），年产量达 33 万吨，分别比上年增长 15%，到 2020 年销售总额将突破 31 亿元人民币（见图 4-11）。

	2015年	2016年	2017年	2018年	2019年	2020年
产量（万吨）	10.1	14	16.5	22	28.3	33
产值（亿元）	8	11	14	18	26	31

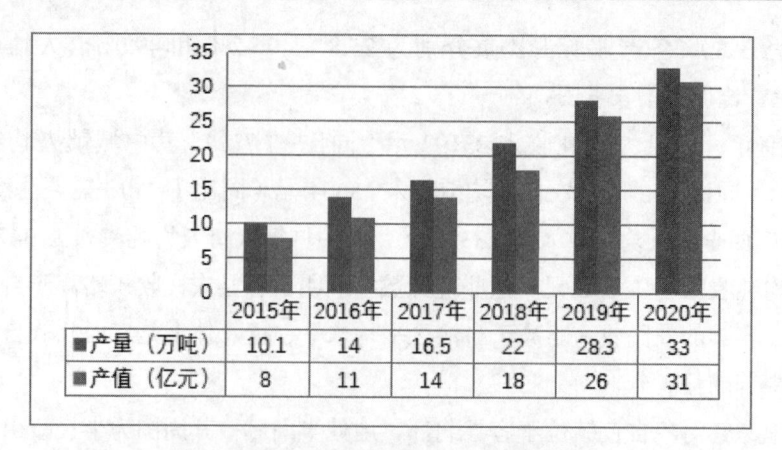

图 4-11　容县"沙田柚"的产量和产值

资料来源：根据"容县沙田柚"协会提供的资料汇编。

1999 年，容县被国家农业部和广西壮族自治区政府认定为"全国农业生产标准化示范区""我国沙田柚品牌"和"广西无公害沙田柚生产种植基地"。

接下来，图 4-12 显示了"容县沙田柚"销售价格的变化情况。从图中可以看出，销售单价从 2015 年的 4 元左右一度上涨到 7 元左右。可以看出，在县政府和农民的支持下，"容县沙田柚"的生产和销售都得到了比较稳定的发展，当地品牌的形成进展顺利。

沙田柚的种植始于 20 世纪 80 年代中期，随后随着农田流动性的增加，引进了先进的沙田柚种植技术，使新的农户得以大规模种植沙田柚。

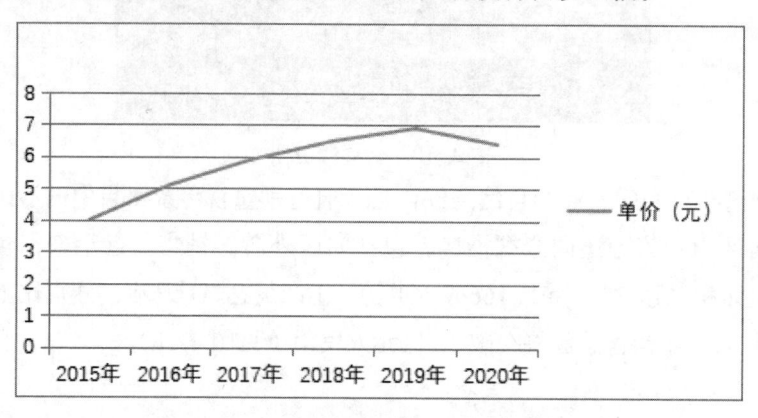

图 4-12　"容县沙田柚"的单位销售价格

资料来源：根据容县沙田柚协会提供的资料汇编。

县政府随后提供了 5000 万元补贴，并在灌溉条件差的农田安装了电井。此外，县政府还免费提供优质良种，划定"沙田柚"种植示范区，推行粪肥管理等现代化耕作技术，进一步改善了农民的耕作条件。据调查，2019 年，自良镇沙田柚种植示范区收获量达 1.5 万吨，年销售总额达 1.8 亿元。自良镇沙田柚种植面积增加到 6.5 万亩（4333 公顷），总收获量达到 10 万吨，农民收入大幅增加。

四、容县"第六产业化"的发展

2015 年，我国政府在中央一号文件中提出，要把农村一二三产业融合发展作为区域品牌形成战略之一。此外，根据市场需求，大量资金被投入区域特色农产品、相关加工业、乡村旅游以及农村基础设施建设中，并将促进农村产业融合发展、增加农民收入作为一项重要政策目标。

此外，2016 年发布的《国务院办公厅关于推进农村一二三产业融合发展的指导意见》将我国的"第六次产业化"视为一个重要主题。此外，在 2020 年，《国务院办公厅关于促进农村产业融合发展的指导意见》指出，要建立并完善支持产业链建设和农业内部人才队伍建设的制度。这一系列政策的出台，进一步加强了对容县从事"第六产业化"的农民和企业的支持力度，相关案例也呈逐渐增多的趋势。

在选择实地调查对象时，笔者主要针对以下具体形式的第六次产业化项目进行了选择：沙田柚种植、加工产品、直销、农业观光园和农家餐馆。这些项目涵盖了农业生产、加工和销售的各个环节，以及与旅游业的结合，体现了第六次产业化的多元化和综合性。

访谈项目主要涉及现状和挑战等方面。其中包括参与第六次产业化的动机，了解农民和企业参与的原因和动力；区域品牌实体，探讨如何打造和维护具有地方特色的品牌；支持机构，了解政府、金融机构和其他组织对第六次产业化的支持情况；以及树立区域品牌形象，探讨如何通过营销和宣传活动提升品牌知名度和美誉度。

通过对这些方面内容的深入访谈，笔者可以更全面地了解第六次产业化在该地区的发展状况、面临的挑战以及未来的发展方向，为进一步推动农村产业融合提供有益的参考。

（一）容县农业第六次产业化发展的要素

为了提升"容县沙田柚"区域品牌价值，实现区域品牌建设参与者的价值共享，从第六次产业化的角度推进区域品牌建设，以提升区域品牌建设参与者的价值认同感，就显得尤为重要。

在广西推行第六次产业化的过程中，首先需要考虑到以下因素：农业收入下降、物价下跌以及原材料价格上涨，导致农民收入大幅减少。特别是政府价格支持，以及进口农产品价格的下降，这些都是严重的问题。

其次是农业补贴支持的缺乏。尽管在沙田柚产区容县，有补助制度来支持发展高附加值加工产品、提高农业竞争力、培育产业融合主体，以及通过农业第六次产业化形成区域品牌，但这仍然不够。

最后是消费者需求的变化。如上所述，在购买农产品时，消费者第一非常重视"原产地"。第二是价格、质量和外部形象，以及日益增长的食品安全意识。消费者不仅重视减少农药和化肥的使用，而且重视生产历史跟踪系统，因为这可以让他们了解生产者的情况。因此，有必要促使容县各经营主体通过第六次产业化相互合作，生产符合市场需求的安全、放心的"容县沙田柚"农产品和加工品。

（二）调查对象概述

本次实地调查的对象主要包括实施第六次产业化的 25 个农户和 4 个非农户。其中，12 个农户以个体形式存在，13 个农户以企业形式存在，2 个农户以农民专业合作社的形式存在；非农户包括 1 个政府行政部门、1 个企业和 2 个农业组织协会，见表 4-1。

这表明容县的产业融合措施呈现多元化特点，注重产业链的产业结构、利益联结机制以及各行为主体之间的利益分配。从经营面积来看，经营面积在 400 公顷以上的农户较少，大多数农户的经营面积在 10 公顷以下。从行业分布来看，直销店和沙田柚观光果园的数量相对较多。

这意味着在容县，与农业相关的服务企业合作能够带来诸多好处。这些企业可以提供多样化的服务，包括但不限于农产品加工、物流配送和品牌推广等。通过这些服务，农产品的附加值不仅会得到提升，品牌形象也会得到改善，从而推动农业产业的蓬勃发展。

具体而言，农产品加工企业可以将原始农产品转化为更高附加值的产品，从而提高其市场竞争力。物流配送企业能够确保农产品及时、准确地送达消费者手中，提升消费者的购买体验。品牌推广企业则可以通过各种渠道宣传农产品的优势和特色，增强品牌知名度和美誉度。

综上所述，与农业相关的服务企业合作对容县农业产业的发展至关重要。这种合作将带来农产品附加值的提升、品牌形象的改善以及农业产业的整体进步。

表 4-1 调查对象概述

项目	社会角色	经营范围			经营面积	产业融合项目的启动年份	6次产业化部门					
							直接销售	加工	间接销售	农家乐	观光农园	农家餐厅	其他
1	农民	个人	栽培	畜（鸡）		2003	○	○					
2	农民	会社	栽培	畜（鱼）		2015	○		○			○	
3	农民	个人	栽培	畜（鱼）	50亩以下	1993	○						
4	农民	个人	栽培	畜（鱼）		1997	○		○				
5	农民	个人	栽培	畜（鱼）		1983	○		○		○		
6	农民	个人	栽培	畜（鱼）		1987	○						
7	农民	个人	栽培	鸭		1992	○						
8	农民	个人	栽培	畜（鸡）		2005				○			
9	农民	个人	栽培	畜（鸡）		2010							
10	农民	个人	栽培	畜（鸡）	50~100亩	2014	○						○
11	农民	会社	加工			2009			○				
12	农民	会社	栽培	畜（鸡）		2011						○	
13	农民	会社	栽培	畜（鸭）		2013							
14	农民	个人	栽培	畜（鸡）		1995	○						
15	农民	会社	栽培	柚子加工	101~150亩	2001	○		○				
16	农民	会社	栽培	柚子加工		1998	○		○		○		
17	农民	个人	栽培	畜（鸡）		2011	○						
18	农民	会社	加工		农园	2014		○				○	○
19	农民	会社	加工		农园	2018						○	
20	农民	会社	栽培	畜（鸡）柚子加工	151~300亩	2017	○	○		○			
21	农民	个人	栽培			1988	○	○	○	○			

续表

项目	社会角色	经营范围		经营面积	产业融合项目的启动年份	6次产业化部门					
						直接销售	加工	间接销售	农家乐	观光农园	农家餐厅	其他
22	农民	会社(合)	畜(猪)			2005			○		○	○	
23	农民	会社	畜(鸭)			2001			○	○	○	○	
24	农民	会社(合)	栽培	畜(鸭)	300~400亩	1990	○	○					
25	农民	会社	栽培	柚子加工		1994		○					○
26	非		销售	畜鸭	无	1995	○						
27	非	协会	栽培	畜(鸭) 柚子加工		2010	○		○				
28	非	协会	栽培	畜(鸡)	无	2007							
29	非	协会	栽培	畜(羊) 柚子加工 农园		2017	○						

资料来源：根据2019年听证会调查编制。

注1：农业属性指农民和非农民。

注2：农业类型/管理类型简化如下。种植：沙田柚、水稻；畜牧：畜牧业，包括家禽养殖。销售：销售公司/天线店；行：政府。合作社：表示农业合作社。

如表所示，在参与第六次产业化的动机调查中，"政府的支持"成为最普遍的回答。排名第二和第三的动机分别是农产品价格下降和寻求更高的附加值。在此背景下，政府近期在农村地区制定的人力资源开发政策显得尤为重要。

政府一直以来都积极支持农民工、退伍军人和大学毕业生在农村创业，特别是推出了一系列具体的扶持措施，包括创业培训、创业后的持续支持、提供补助和贴息等。这些政策的出台，为农村实用人才参与第六次产业化提供了有力的保障。

因此，在政府的鼓励和支持下，越来越多的农村实用人才投身第六次产业化的浪潮中。他们将利用自身的技能和创新能力，推动农村经济的发展，实现农产品附加值的提升，为农村地区的繁荣做出积极贡献见表4-2。

表4-2 开展"六次产业"的契机

契机	件数	动机	件数
从事新农活	89	乡村旅游和家庭旅馆	42
农产品价格持续下降	51	加工品	36
政府的呼吁	48	直销地	31
需求稳定的生产	72	有机农业	29
其他	11	其他	9
总计	271	规划	147

资料来源：作者根据调查结果编制。

通过与区域品牌利益相关者的访谈，了解到在以下相关内容：容县沙田柚的种植、加工、销售与观光园相结合的模式有很多。其中，乡村旅游和过夜住宿首先是最受欢迎的项目，其次是加工产品、直销和有机种植。

通过农产品加工来实现鲜果增值尤为重要。因为农民生产的沙田柚鲜果容易受到天气影响，出现次品。如果在加工过程中加入农产品加工环节，就可以将次品轻松加工成其他产品。此外，加工后的产品不仅具有更长的消费期，也意味着销售期可以延长。因此，许多企业纷纷进入农产品加工业。

容县政府、沙田柚产业相关企业和工商会正在共同努力打造"容县沙田柚"的区域品牌，并通过各种方式增加与"容县沙田柚"相关的"故事"，以引起消费者的共鸣。他们通过沙田柚观光园和农业体验园，促进消费者与当地品牌之间的接触点，增进消费者对生产者的了解，同时也让消费者了解和积累有关容县历史和文化的知识，提高"容县沙田柚"区域品牌的整体价值（见表4-3）。

此外，直销店也备受许多消费者的喜爱。这些直销店之所以能够吸引消费者，是因为它们提供了更经济实惠、更安全可靠的沙田柚和沙田柚加工产品。直销店的一个显著特点是节省了中间流通成本，这使得产品价格更具竞争力，消费者可以用更低的价格购买到高质量的产品。此外，直销模式还减少了中间环节可能出现的产品质量问题，确保了消费者购买到的是新鲜、安全的沙田柚和加工产品。因此，直销店成为消费者购买沙田柚及其相关产品的理想选择。

这种模式具有以下优点：

这种模式通过将种植、加工、销售和观光园等多元化项目相结合，满足了不同消费者的需求。在农产品加工环节，次品被转化为其他产品，不仅延长了消费期和销售期，还提高了农产品的附加值。

此外，通过乡村旅游和提供过夜住宿，消费者与生产者之间的互动得到了促进，增进了消费者对产品的了解和认知。政府、企业和工商会之间的合作也有助于打造"容县沙田柚"的区域品牌，提升品牌的整体价值。更重要的是，直销店的模式省去了中间流通成本，为消费者提供了更便宜、更安全的沙田柚和加工产品。

综上所述，这种模式不仅提供了多样化的产品和服务，满足了消费者的不同需求，还通过农产品加工提高了附加值，促进了消费者与生产者之间的互动，加强了品牌建设，并实现了成本节约和产品安全的目标。

这些优点使得该模式在推动农业产业发展、增加农民收入和提升区域经济方面具有积极的作用。

表4-3 容县第六次产业化概况

组织单位名称	具体情况	目标
有机农业	节省劳力和低成本的种植技术，改良新品种	解决生产者老龄化和后继乏人的问题，确保生产稳定
加工品	沙田柚（果酱、果汁、酒、调味品，如调味酱和醋）	收入增加，有利于利用低于标准的产品，延长消费期
直销地	邮购沙田柚相关产品	增加收入和当地生产供当地消费
沙田柚观光园、农家餐馆、农家住宿。	农场体验、教育机会、沙田柚采摘、餐厅	改进产品品牌，增加订单，加深消费者和游客对产品的了解

资料来源：作者根据调查结果编制。

（三）龙头企业主导管理

加入WTO后，我国政府在推动农业生产结构调整的同时，也不断加大对农业和农村的资金投入力度，以促进农业现代化和农村经济发展。然而，尽管政府采取了一系列措施，"三农"问题依然严峻。

特别是城乡收入差距大、中西部农业利润低等问题突出。城乡收入差距的加大导致了农村贫困人口的增加和社会不稳定因素的增加。同时，中西部地区由于自然条件和经济发展水平的限制，农业利润相对较低，影响了农民的收入和农村经济的发展。

因此，我国政府鼓励"订单农业"，推广"龙头企业+农户""龙头企业+农户+合作社"等模式，以此作为增加农民收入、缩小城乡差距、推进农业产业化的有效手段。这些模式的实施可以有效地促进农业产业化经营，提高农民的组织化程度和市场竞争力，实现农业增效、农民增收。

在区域品牌的形成过程中，特别是在龙头企业的带动下，农业生产、加工和流通等环节得以有机结合，形成了一个完整的产业链。龙头企业作为区域品牌的核心力量，通过技术创新、市场开拓和品牌建设等方面的努力，带动了整个产业链的发展。

同时，各类组织和农民也在推动区域品牌形成中发挥着重要作用。他们通过合作、协作和共同努力，提高了农业生产的效率和质量，促进了农业结构的改革。

如上所述，在多维共创的经营主体中，龙头企业有望在区域品牌发展中发挥主导作用。这些企业可以通过自身的实力和影响力，引领区域品牌的建设和发展，推动农业产业化进程，实现农民增收和农村经济的可持续发展。同时，政府、各类组织和农民应积极参与和支持区域品牌的建设，共同努力打造具有竞争力的农产品品牌，提升我国农业的整体竞争力。

在采访中，笔者发现广西中柚集团在带动农户生产、加工和销售沙田柚方面发挥着重要作用，并且在"容县沙田柚"这一区域品牌的生产、加工和销售过程中扮演着核心角色。

中柚集团成立于2015年，是一家民营企业，主要经营沙田柚加工产品，如干果、醋、茶、果酒等。公司注册资本为1000万元人民币，业务范围涵盖了沙田柚的种植、收购、加工、销售和出口。目前，公司拥有员工50人，其中管理人员21人、技术人员29人。在农忙季节，公司会雇佣120~130名临时工。

目前，中柚集团的沙田柚种植面积达到了850公顷，其中750公顷是通过与农户签订合同的方式进行种植，其余100公顷由公司直接管理。前750公顷的大部分土地是通过租赁或其他方式流转而来的。中柚集团作为农户与市场之间的中介，通过合同、资金参与和外包等方式，将从农户手中收购的新鲜沙田柚进行销售，并对原材料进行加工，从而增加了农户的收入。

中柚集团与农户之间建立了多种合作方式，包括合同种植、资金参与和外包加工等。通过这些合作模式，中柚集团为农户提供了技术支持和资金支持，帮助他们提高种植效率和产量。同时，中柚集团还收购农户种植的沙田柚，为农户提供了稳定的销售渠道。

此外，中柚集团将原材料的加工业务外包给农户，为他们提供了额外的收入来源。农户按照公司的要求进行加工，中柚集团则支付相应的加工费用。这种合作关系实现了双赢的局面，农户的收入水平得到了提高，而中柚集团则获得了稳定的原材料供应和优质的加工服务。

这种合作模式不仅促进了沙田柚产业的发展，还为地方经济的增长做出了贡献。中柚集团与农户的紧密合作，推动了农业产业化进程，提高了农产品的附加值，带动了相关产业的发展。同时，这种合作关系也有助于农村地区的就业，提升了农民的生活水平。总的来说，中柚集团与农户的合作是一种可持续发展的模式，为农业产业的升级和地方经济的繁荣做出了积极贡献。

中柚集团以其专业的生产、加工和销售能力，为"容县沙田柚"区域品牌的发展做出了重要贡献。他们与农户密切合作，共同推动了沙田柚产业的繁荣，为地方经济的发展注入了新的活力。

据对中柚集团管理层的访谈，笔者了解到，在现阶段，作为"容县沙田柚"产业的重要参与者，中柚集团正在积极整合沙田柚相关产业资源，以推动一二三产业的融合发展。此外，中柚集团还实行了"龙头企业+农户+合作公司"的合作制度，与直接农户签订合同。如前所述，加工原料的采购包括自有地块（100公顷）和与农户的合同种植（750公顷）。中柚集团与农户直接签订合同，农户可以从中柚集团以较低的价格购买种子和种苗，而企业则与村委会和合作社共同推广相关技术，以提升沙田柚的产量和品质。这种合作模式不仅有助于保障农户的利益，还能够促进企业的发展，实现双赢。同时，中柚集团的积极举措也将为"容县沙田柚"产业的发展注入新的动力，进一步推动地方经济的繁荣。

订单农业模式帮助农民解决了销售渠道、种植技术、增收、次品加工等一系列问题。对企业而言，这种模式也有助于其规避在获得稳定原材料、土地投资和雇佣劳动力等过程中出现的问题。通过实地调查和访谈发现，中农集团在招聘员工时，会优先考虑农业院校毕业生，这些人会积极参与到建立新技术引进机制的工作当中。此外，栽培技术指导员还注重改良田间土壤，推广机械化和省力化作业，实现从修剪到除草的全面管理。

中柚集团设立了加工技术部和研发部。其中，加工技术部负责推动加工技术研究、开发新的加工技术、转让研究成果和组织推广培训。研发部则专注于品种选育、现有加工食品增值研究以及原料特性研究等工作。此外，该部门还注重系统建设和人力资源开发，以成功实施第六次产业化。

除了承担研发职能，中柚集团还提供销售渠道。一方面，为了快速应对市场变化，该集团组建了专业的销售和营销团队，并建立了销售分销系统。中柚集团的主要销售渠道是国内南方市场。另一方面，由于东南亚市场能够销售高附加值的优质加工沙田柚产品，该公司已开始将产品出口到国外，以增加销售量，并计划今后在其他国家的一些百货商店和超市扩大销售规模。

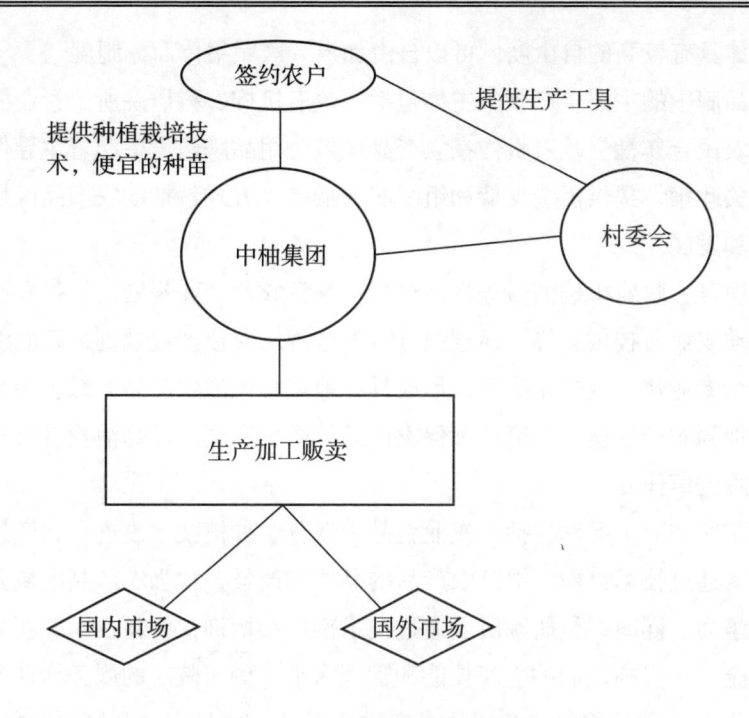

图 4-12　沙田柚产业化管理战略

资料来源：作者根据调查结果编制。

四、发展区域品牌，打造"容县沙田柚"

为了推动区域经济发展，容县政府高度重视区域品牌建设。区域品牌是以区域名称命名的特色产品，它不仅是一种产品标识，更是一个地区的文化符号和经济名片。"容县沙田柚"以其独特的口感和丰富的营养价值而闻名，通过打造"容县沙田柚"区域品牌，可以提升产品的附加值，增强市场竞争力，促进区域经济发展，提升区域形象。

区域品牌的建设是一个长期而复杂的过程，需要各方共同努力。政府将加大对"容县沙田柚"的扶持力度，加强品牌推广和市场营销，让更多的人了解和喜爱"容县沙田柚"。

相信在容县政府和各方的共同努力下，"容县沙田柚"区域品牌将会取得更加辉煌的成就，为容县经济发展注入新的活力。

（一）区域品牌的不同生产服务主体

农产品区域品牌"容县沙田柚"的发展得到了各类经济主体的支持。区域品牌管理实体具有较高的自由度，可以自由加入"区域集体商标制度"。

区域品牌中的主要生产服务主体包括：政府机构、科研院所、行业协会、龙头企业和农民合作社。政府机构在农产品区域公用品牌建设中起着主导作用。通过制定相关政策、提供资金支持和组织服务活动等方式，推动农产品区域公用品牌的建设和发展。

具体而言，政府机构的服务活动包括：制订农业产业规划，加强农产品质量监管，推动农业科技创新等。通过制订科学合理的农业产业规划，政府引导农民和企业进行专业化、规模化生产，形成具有地域特色的农产品区域公用品牌。同时，政府加强农产品质量监管，确保农产品的质量安全，提高消费者对农产品区域公用品牌的信任度。

科研院所的服务活动包括：农业新品种选育、种植技术改进、农产品加工技术研发等。通过技术创新，提升农产品的品质和产量，增强农产品区域公用品牌的市场竞争力。同时，科研院所还通过技术推广和培训，将新技术、新品种传递给农民和企业，提高他们的生产技能和管理水平。科研院所的服务活动不仅对培育农产品区域公用品牌的产业优势具有重要意义，而且通过开展农业科技研究、技术推广和人才培养等活动，为农产品区域公用品牌的建设提供技术支持和创新动力。

行业协会在农产品区域公用品牌的资源协调中发挥着重要作用。作为行业自律组织，其通过协调各方资源，促进农产品区域公用品牌的建设和发展。行业协会的服务活动包括：组织农产品展览、举办农业论坛、开展市场调研等。通过举办农产品展览和农业论坛，行业协会为农产品提供展示和推广的平台，促进农产品区域公用品牌的市场拓展。同时，行业协会还开展市场调研，及时了解市场需求和消费者反馈，为农产品区域公用品牌的发展提供决策参考。

龙头企业在农产品区域公用品牌的建设中具有带头作用。其通过自身的规模和影响力，引领农产品区域公用品牌的发展方向。龙头企业的服务活动包括：提供优质农产品、建立品牌营销网络、推动产业升级等。龙头企业通过提供优质、安全、可靠的农产品，树立农产品区域公用品牌的良好形象。同时，建立品牌营销网络，将农产品推向更广阔的市场，提高农产品区域公用品牌的知名度和美誉度。

农民合作社为农产品区域公用品牌建设提供了重要的基础支持。其作为农民自愿组成的合作经济组织，为农民提供生产、销售和技术支持等服务。农民合作社的服务活动包括：组织农民进行规模化生产、统一采购农业生产资料、开展农产品质量检测等。通过农民合作社的组织和协调，农民能够实现规模化、标准化生产，提高农产品的产量和质量。同时，农民合作社还通过统一采购农业生产资料，降低生产成本，提高农民的经济效益。

综上所述，政府机构、科研院所、行业协会、龙头企业和农民合作社在农产品区域公用品牌建设中各自发挥着重要作用。这些单位通过相互协作和配合，共同推动农产品区域公用品牌的发展，提高农产品的市场竞争力，促进农业产业的升级和农民增收。

根据实地调查的，容县自良镇的区域品牌管理主体包括多个生产者、私营企业、农民合作社、经销商、生产者协会、旅游经营者和政府。这些不同的经济主体共同合作，各自发挥优势，共同推动"容县沙田柚"区域品牌的建设和发展。

区域品牌的创建是一个复杂的过程，需要众多公共和私营部门的联合生产。通过这种合作模式，每个管理实体都能够将自己的价值传递给客户群体，提升"容县沙田柚"的品牌形象和市场竞争力。

在这一过程的早期阶段，容县政府的扶持政策发挥了主导作用。政府通过提供资金、技术支持和政策引导，为区域品牌的发展奠定了基础。同时，政府还积极组织培训和研讨会，帮助各经济主体提升品牌管理和市场营销能力。

当地行政部门负责促进整个产区的发展，确保出货量和稳定的供应。他们与主要经销商（零售商、量贩店等）和农民专业合作社密切合作，协调各方资源，保障产品的市场流通和供应的稳定性。

"容县沙田柚协会"在区域品牌的推广中起到了重要作用。该协会将推动当地品牌的全面宣传战略和营销战略的制定和实施。他们将组织各种活动，如产品推广会、农事体验活动等，提高"容县沙田柚"的知名度和美誉度。

为了充分发挥各自的作用，各单位要各展所长，取长补短，形成多维实体。各经济主体之间要加强信息共享和意见交换，共同制订发展策略和行动计划。通过相互提供支持和合作，各单位能够形成强大的合力，共同推动区域品牌的建设和发展。

总之，"容县沙田柚"区域品牌的发展离不开各方的共同努力。各经济主体要密切合作，充分发挥各自的优势，形成协同效应。政府部门要继续提供政策支持和引导，促进区域品牌的可持续发展。只有通过各方的共同努力，才能将"容县沙田柚"打造成为具有竞争力的知名品牌，为当地经济发展注入新的活力。

（二）树立区域品牌形象

如果一个产品能够被广大消费者认可为当地的特色品牌，并与其他竞争品种区分开来，那么它往往就会产生溢价效应。也就是说，消费者愿意为这个产品支付更高的价格，因为它具有独特的价值和吸引力。

然而，要加深消费者对产品的认可度，并使其与其他竞争品种区分开来，并非易事。这需要长期的努力和持续的投入。因为消费者的需求和市场环境都在不断变化，一个品牌需要不断地创新和改进，才能保持其竞争力和吸引力。因此，"容县沙田柚"的品牌传播将重点放在传播各种地方信息上。通过传播地方信息，更多的人可以了解到容县沙田柚的独特之处，包括其生长环境、种植技术和品质特点等。这将有助于提高消费者对容县沙田柚的认知度和认可度，进而增强其品牌影响力。

在品牌传播过程中，将采用多种渠道和方式，确保信息能够准确、全面地传达给目标受众。例如，将利用社交媒体平台、农业展会、宣传资料等途径，向消费者展示容县沙田柚的生长环境、丰富营养价值以及其在当地农业文化中的重要地位。

此外，还将与当地农民合作，组织参观果园、柚文化节等活动，让消费者亲身体验容县沙田柚的种植过程和独特魅力。这样一来，消费者将更加直观地了解到容县沙田柚的品质和特点，从而增强对该品牌的信任感。

通过这些品牌传播举措，有信心让更多的人了解并喜爱容县沙田柚，进一步提升其在市场上的竞争力和知名度。同时，这也将为容县农业经济的发展注入新的活力，促进地方特色产业的繁荣。

重点开展的具体宣传活动如下（见表4-4）。通过广泛开展这些活动和其他宣传活动，将有助于提升品牌形象，为客户群提供通俗易懂的信息，并形成一个更值得信赖的区域品牌。这些活动可以包括举办柚文化节、参加农产品展销会、利用社交媒体进行推广等。通过多种渠道和方式，将容县沙田柚的品牌形象和产品信息传递给更广泛的受众。

这样一来，消费者将更容易理解和接受容县沙田柚的独特价值，从而增加购买意愿。同时，一个值得信赖的区域品牌将有助于提升产品的市场竞争力，促进地方经济的发展。

表 4-4　"容县沙田柚"的促销活动

项目名	具体细节	参与规模	结果
在报纸、广播和电视上开展公共关系活动	区域品牌实体传递它希望传递的区域品牌形象	广西电视台频道、微信广告、广西日报等	加深了当地居民以及消费者和外地游客对当地品牌的认识
丰收节上的亲子参与体验	关于佐田沙田柚的营养和在花园里收获佐田沙田柚的讲座	共有约 400 人参加	宣传研究活动，立即销售佐田沙田柚。开展食品教育活动，培养儿童对农业和食品的兴趣
在城市中心商业街举办品尝活动	品尝佐田沙田柚加工产品并进行特价销售	共有约 600 人参加	这改进了产品的品牌形象，增加了订单，提高了知名度。与此同时，还对消费者的反馈和反应进行了调查
利用旅游资源和设施，开展享受当地品牌的活动	在著名旅游胜地佐田沙田柚王国与大自然亲密接触，体验传统活动	共有约 500 人参加	该地区独特的文化特征得到了明确，"容县沙田柚"品牌的知名度也得到了加深

资料来源：作者根据调查结果编制。

五、区域品牌发展中存在的问题

上一节分析了多方单位为形成"容县沙田柚"品牌所做的努力。本部分内容讨论地方管理实体在打造区域品牌时面临的挑战。

（一）稳定供货与品牌维护不足

水果作为一种农产品，其质量和产量容易受到天气和其他因素的影响。由于天气的影响，优质水果的产量在近年来大幅增减，导致销售产值也出现了大幅波动。此外，全球气候变暖对中国南方地区的影响逐渐加重，前所未有的高温等因素导致了浮皮、着色等病害的发生。

在这些因素的共同作用下，要保证优质水果的稳定供应变得异常困难。农民们需要应对气候变化带来的挑战，采取相应的措施来保护果树，防止病害的发生。同时，相关部门也需要加强对农产品市场的监管，制定合理的产品标准，确保消费者能够购买到安全、优质的水果。

为了应对这些挑战，农业科技的发展变得尤为重要。研究人员需要不断探索新的种植技术和管理方法，以提高水果的产量和质量。此外，政府和社会各界也应该加大对农业的支持力度，为农民提供必要的培训和技术支持，共同推动农业的可持续发展。

总的来说，水果作为农产品，其生产和供应面临着诸多挑战。只有通过各方的共同努力，才能够确保优质水果的稳定供应，满足人们对健康食品的需求。

大岛（2013年）指出，随着经济的发展，销售体系逐渐从小规模、区域内销售转向大规模、跨区域销售，这就导致了过去不被重视的保持产品新鲜度和改善产品外观的需求，以及其他导致普通农民快速增加使用农药和化肥的因素。他指出，农药和化肥的使用范围正在迅速扩大。

笔者最近在容县自良镇拜访了"容县沙田柚"协会的副会长。自1995年起，他就开始种植沙田柚，至今已经种植了约10亩。目前，他与妻女共同经营着这片果园，并在繁忙的季节雇佣7~10名短期兼职工人来帮忙。

在与副会长的深入交流中，他指出了自良镇沙田柚种植中存在的一些问题。首先，当地沙田柚种植户的主要劳动力大多只有初中和高中文化程度，他们对品牌经营和管理的重要性认识不足，缺乏品牌意识。这使得他们在市场竞争中处于劣势，难以将优质的沙田柚推向更广泛的市场。

其次，种植户们在栽培技术方面存在一些不足。他们缺乏关于有机肥、化肥施用技术以及农药管理等方面的专业知识。即使购买了先进的设备，他们也不会充分利用这些机械设备，往往导致生产效率和产品质量下降。

最后，负责品牌推广的人力资源有限，许多年轻劳动力已经离开了该地区，导致后继乏人。这对沙田柚品牌的持续发展和推广带来了挑战。缺乏新鲜血液和创新思维的加入，可能会使品牌在市场上的竞争力逐渐减弱。

综上所述，自良镇沙田柚种植面临着品牌意识不足、栽培技术欠缺以及人力资源有限等问题。

在这种情况下，要保持"容县沙田柚"的较高知名度并非易事，该地区经济的发展面临着重大挑战。因此，当地政府、农民合作社和生产协会必须在解决这些问题中发挥核心作用。他们需要加大对种植户的培训力度，提高他们的品牌经营和栽培技术水平。同时，还应该积极引进和培养年轻的农业人才，为沙田柚产业的可持续发展注入新的活力。为了解决这些问题，需要采取一系列措施，包括加强农民培训、引进先进技术和设备、鼓励年轻劳动力回归等。只有这样，才能确保自良镇沙田柚产业的可持续发展，并提升其在市场上的竞争力。

Saito（2007）曾经明确指出，在品牌塑造的过程中，通过保护和利用育种权、商标权和地区集体商标等知识产权，可以实现有利的价格定位，从而维持品牌的差异化优势。"容县沙田柚"产区的生产者数量众多，品牌统一管理的难度较大，这就导致部分农户无法生产不符合品牌标准的劣质产品。如果有更多的农户无法达到当地品牌管理机构制定的质量标准，那么长期以来建立的消费者的信任将瞬间瓦解，品牌也危机。

知识产权的保护和利用对品牌的塑造至关重要。通过育种权、商标权和地区集体商标等知识产权的合理运用，可以为品牌赋予独特的价值和竞争优势。这些知识产权不仅能够保障品牌的合法性和独特性，还能够在市场上树立起品牌的高端形象，吸引消费者的关注和认可。

然而，"容县沙田柚"产区面临着生产者众多、品牌管理困难的问题。由于农户数量庞大，管理难度增加，导致品牌标准难以统一执行。部分农户由于技术、资金或意识等方面的限制，无法生产出符合品牌标准的优质产品。这种情况下，如果不采取有效措施，品牌形象将受到损害。

为了解决这一问题，当地品牌管理机构应加强质量标准的制定和执行。他们可以通过开展培训、提供技术支持和资金援助等方式，帮助农户提升生产能力，确保产品质量符合品牌标准。同时，建立严格的监督机制，对不符合标准的产品进行淘汰或整改，以维护品牌的声誉和形象。

此外，品牌管理机构还应加强与农户的沟通和合作，共同推动品牌的发展。他们可以组织农户参与品牌推广活动，提高农户对品牌的认同感和责任感。通过建立利益共享机制，让农户从品牌的成功中获益，进一步激发他们的积极性和创造性。

总之，保护和利用知识产权是品牌塑造的关键，而解决"容县沙田柚"产区面临的问题需要当地品牌管理机构加强质量标准的制定和执行，同时与农户密切合作，共同推动品牌的发展。只有这样，才能确保品牌的可持续发展。

（二）农产品品牌质量标准与监管体系不完善

在品牌实际运营过程中，不少原产地管理部门缺乏品牌管理经验和品牌知识产权维护机制，加上农产品生产基地分布不均，品牌监管能力难以匹配品牌发展。部分政府和行业协会在完成商标申请和授权使用目标后就失去了主动性，对农产品区域公用品牌的运营管理和维护缺乏全局性及可持续性安排。这些问题导致农产品区域公用品牌缺少维护，不合规行为层出不穷，品牌运营面临困境，可持续发展面临严峻挑战。

从2019年起，为了防止市场上出现假冒的容县沙田柚，容县沙田柚协会开始采取加盖协会认证印章的措施。这个印章不仅保证了生产阶段的高质量控制，还包含了种植者的姓名和产品的成熟度等信息。

此外，协会还要求生产者作为区域品牌的主要参与者，严格管理发货时间，确保产品在最佳成熟度时进入市场。这些措施旨在维护容县沙田柚的品牌形象和市场信誉。

然而，尽管采取了这些措施，市场上仍然出现了贴有假标签的沙田柚。这一情况凸显了处理假冒产品问题的困难。假冒产品的出现不仅损害了消费者的利益，也对容县沙田柚的品牌形象造成了负面影响。

为了解决这一问题，容县沙田柚协会需要进一步加强与相关部门的合作，加大对假冒产品的打击力度。同时，还需要提高消费者的辨别能力，让他们能够更好地识别真假容县沙田柚。

此外，容县沙田柚协会还可以探索其他创新的措施，如利用现代科技手段，建立产品追溯系统等，从源头上遏制假冒产品的出现。只有通过多方面的努力，才能有效地解决假冒产品问题，保护容县沙田柚的品牌形象。

然而，Tsuboi（2006）指出，引入认证体系和建立统一的品牌名称只对应品牌三大功能中的保证功能部分，引入认证标准将使消费者在看到品牌时能够识别该品牌，并将该品牌与同类水果区分开来。需要指出的是，除非品牌被认为有别于同类水果，否则无法实现溢价效应。为了将区域品牌形象成功地传递给消费者并加深他们的认知，必须开展理性且务实的营销活动。这包括深入研究和分析，以确定哪种广告、活动和其他促销手段最为有效。

首先，需要了解目标受众的需求和偏好，以便能够精准地传达品牌的独特价值和特点。通过市场调研和消费者洞察，确定最能吸引目标受众的广告渠道和信息内容。其次，应该制定全面的营销策略，结合多种渠道和活动来推广品牌。这可能包括电视广告、社交媒体宣传、线下活动、合作伙伴关系等。通过多方位的曝光和互动，提高品牌知名度和认可度。此外，还可以利用用户评价和口碑来增强品牌形象。积极鼓励消费者分享他们的购买体验和对品牌的看法，通过社交媒体和在线平台进行传播。这将有助于建立消费者信任和忠诚度。最后，要不断评估和调整营销活动的效果。通过收集数据和分析反馈，了解哪些活动和策略最具影响力，并进行相应的优化和改进。

总之，开展理性和脚踏实地的营销活动是塑造区域品牌形象的关键。通过深入了解消费者需求，制定全面的营销策略，利用用户评价和口碑，以及持续评估和调整，能够有效地将品牌形象渗透给消费者，并加深他们对品牌的认识。

（三）政府在区域品牌形成中的作用

综上所述，构建"容县沙田柚"区域品牌需要以龙头企业为主导，同时由农户和各类中介组织牵头，将沙田柚的生产、加工、销售等环节进行有机整合。通过这种方式，农民和企业都能够有效地降低风险。然而，在实际操作中，农民的利益往往得不到充分的保障。企业作为追求利润的主体，以保护价与农户签订合同的合作制度存在一定的局限性。

同时，政府在区域品牌建设中起着重要的作用。政府可以通过制定相关政策、提供资源支持和加强监管等方式，推动区域品牌的发展。

第一，政府可以制定鼓励区域品牌发展的政策，如财政激励、税收优惠等，以吸引企业和投资者参与区域品牌建设。第二，政府可以通过知识产权保护等政策，维护区域品牌的合法权益。第三，政府可以提供资源支持，如基础设施建设、人才培养、技术创新等，为区域品牌的发展创造良好的条件。第四，政府可以搭建平台，促进企业之间的交流与合作，共同推动区域品牌的发展。第五，政府可以加强监管，确保区域品牌的质量和信誉。第六，政府可以建立健全的质量标准体系和追溯体系，加强对区域品牌产品的质量监管，保障消费者的合法权益。

总之，政府在区域品牌建设中扮演着重要的角色，通过政策引导、资源支持和加强监管等手段，推动区域品牌的发展，提升区域品牌的竞争力和影响力。

六、总结

在梳理区域品牌相关的概念和作用后，本章对著名的广西"容县沙田柚"这一开创性案例进行了实地调查，并对调查结果进行了研究。特别是，研究回顾了打造区域品牌的努力，考察了区域品牌参与者、品牌管理及其面临的挑战的实际情况。

调查发现，在县政府的领导下，组建了"容县沙田柚"区域品牌管理实体，作为利益相关方达成共识的组织。然后，在区域品牌战略的基础上，通过宣传活动的协同效应，将保证果品质量与商标和销售促进结合起来，取得了一定的成果。

然而，在未来的区域品牌形成过程中，还有一些问题亟待解决。一是确保生产商稳定和扩大生产，由于年轻人离开该地区，这已成为一个突出问题。二是难以解决产品标签错误的问题。这些问题表明，区域品牌的形成并非易事，存在着很大的困难。

同时，在研究区域品牌时，由于其具有地区的特性，进行多案例分析是非常必要的。每个地区都有其特定的地理、文化、经济和社会背景，这些因素会对区域品牌的形成和发展产生影响。通过比较不同地区的案例，找出导致某些地区成功打造区域品牌的重要因素，以及其他地区可能面临的挑战。

因此，在研究区域品牌时，采用多案例分析的方法可以提供更丰富、深入的见解，帮助更好地理解和应对不同地区的品牌发展挑战，从而为制定更有效的区域品牌策略提供依据。

第五章 基于消费者视角的区域品牌创建研究

第一节 综述

近年来,随着我国市场经济的发展和农业产业化的推进,构建区域品牌已成为人们日益关注的焦点。这源自农产品生产和销售的双重需求。

在农产品生产方面,目前面临一些挑战:生产者老龄化和继承人短缺的问题,如何维持并提升现有的技术标准;如何确保农产品的质量;如何应对因产地变相和大规模使用农药化肥所导致的食品安全问题。这些问题的解决,需要通过构建区域品牌来规范和提高农业生产标准。

在销售方面,区域品牌的形成作为扩大农产品销售和提升对区域独特文化关注度的重要手段,受到了广泛关注。区域品牌能够促进农户经济、农村经济和农村文化的发展,并最终实现整个农村地区的振兴。这也是构建区域品牌的一个重要因素。

在我国推进特色农业、农业品牌、农产品专业化及区域性集体商标的建设,一直以来都是中央一号文件关注的重点议题。2020年发布的中央一号文件明确指出,要在全国范围内强化农业投入品的管理,推进农业生产技术的标准化,促进特色名优农产品新品种的研发,全力打造具有影响力的区域品牌。

2020年发布的中央一号文件还要求,要将严格农业投入品管理、推进农业生产技术标准化、促进特色名优农产品新品种研发、打造有影响力的区域品牌,作为今后工作的重中之重。此后,中央和地方政府相继出台了一系列政策,旨在促进区域品牌的建设。预计在未来,政府还会进一步加大对区域品牌建设的投入力度。这些政策的实施,有望带来农林牧渔产品的增产和区域经济振兴水平的提高。

为了实现这一目标,需要采取一系列措施。首先,要加强农业科技创新,提高农产品的品质和附加值。通过研发新品种、推广新技术，提高农产品的市场竞争力。其次，要加强农产品质量安全监管，建立健全农产品质量追溯体系，确保农产品的质量安全。此外，还要加强农产品品牌建设，打造一批具有国际影响力的农产品品牌。

总之，加强区域品牌建设是推动我国农业现代化的重要举措。要充分认识到区域品牌建设的重要性，加强政策支持，提高农产品的品质和附加值，加强农产品质量安全监管，打造具有国际影响力的农产品品牌，为推动我国农业现代化作出积极贡献。

有学者指出，该地区的品牌形成与传统意义上的"特产"或"农产品"有些不同，后者以实用概念和预算限制等经济效应为目标（Aoya, Sanechiyo(2010)）。换言之，与注重服务和销售的传统营销方式不同，产品与地区之间的联系，包括地区内独特的自然、历史、社会、气候和文化等象征性元素，是构建价值的基础。基于此，形成区域品牌是目标。这意味着，新品牌和区域品牌的形成是一个漫长的过程，需要付出持久的努力。这些元素不仅是地区的独特标识，也是企业与消费者建立情感连接的关键。通过将这些元素融入产品的设计、推广和销售过程中，可以打造出具有地域特色和文化内涵的产品，从而吸引更多的消费者。

然而，形成区域品牌并非一蹴而就。这不但需要在品牌建设和市场推广方面进行持续的投入与努力，而且需要不断改进和创新产品，以满足消费者不断变化的需求。同时，还需要积极开展市场推广活动，提高品牌的知名度和美誉度。

在这个过程中，要充分认识到品牌建设的长期性和艰巨性。品牌的形成需要时间的积累和市场的认可，不能急功近利。要有耐心和恒心，持续不断地提升产品的质量和品牌的形象，逐步获得消费者的信任和忠诚度。总之，形成区域品牌是一个长期的过程，需要在产品设计、品牌建设和市场推广等方面进行持续的努力。只有通过长期的投入和坚持，才能打造出具有地域特色和文化内涵的产品，从而使企业在市场竞争中脱颖而出。

因此，本章将通过对我国区域品牌产品的地方倡议和消费者购买决策的实证研究，阐述区域品牌建设的现状，以及消费者对区域品牌的认知、理解和满意度，并探讨区域品牌未来的发展方向及其对区域经济的推动作用。同时本章还探讨了未来区域品牌发展和促进区域经济发展的现状与挑战。具体而言，本章以广西壮族自治区"容县沙田柚"品牌的形成为例，深入考察了该品牌的发展演进过程，进而阐明了区域品牌建设的未来趋势及其所面临的挑战。

第二节　消费者意见调查

基于上述问题，本章开展了以下两类实证研究：

（1）对与容县沙田柚相关的组织（包括容县政府、沙田柚产业相关公司、工商会、农户等）进行了深入访谈，以了解他们在区域品牌建设中所扮演的角色和面临的挑战。

（2）对消费者进行了访谈和问卷调查，以了解他们对区域品牌的认知、态度和购买行为。这两项调查于2022年1月至3月期间进行。考虑到新冠病毒的传播风险，后一种问卷调查通过互联网进行。在进行网络调查之前，还对居住在广西壮族自治区玉林市的10名居民进行了焦点小组访谈。根据焦点小组访谈的结果，对网络调查问卷进行了修订、分发和回收，以确保调查结果的准确性和有效性。

问卷内容包括：一是消费者基本属性问题，如性别、年龄、收入、职业、籍贯、教育程度等；二是消费者购买沙田柚的研究问题，如质量、价格、品牌等；三是消费者购买沙田柚的渠道问题；四是消费者对沙田柚产地的印象问题。根据初步调查的结果，修改了有关产地的问题，删除了有关消费者地域性、情感、行为因素和满意度的问题，从而制定了最终的问卷项目。

共发放问卷800份，回收有效问卷768份，回收率为96%。以下表5-1显示了调查参与者（共768人）的基本信息。从表中可以看出，男女比例基本平衡，男性374人（48.7%），女性394人（51.3%）。从年龄组来看，他们几乎分布在所有年龄组：18岁及以下32人（4.2%），18~25岁64人（8.3%），26~35岁208人（27.1%），36~45岁233人（30.3%），46~60岁146人（19.0%），60岁及以上85人（11.1%）。从居住地区来看，119人（15.4%）居住在华北地区，179人（23.3%）居住在华中地区，290人（37.7%）居住在华南地区，180人（23.4%）居住在西南地区，其中包括了研究地区，华南地区的参与者略多（见表5-1）。

表 5-1　调查对象（共 768 人）的面单

项目	样本数量	答复数量	组成比例
性别	男性	374	48.7
	女性	394	51.3
年龄	18 岁以下	32	4.2
	18~25 岁	64	8.3
	26~35 岁	208	27.1
	36~45 岁	233	30.3
	46~60 岁。	146	19.0
	61 岁及以上	85	11.1
居住地区	华北地区	119	15.4
	我国	179	23.3
	华南	290	37.7
	西南部	180	23.4

资料来源：作者根据问卷调查结果编制。

第一个问题是：提到沙田柚时，您首先会想到哪个产地？这个问题旨在探究，与全国其他地区相比，消费者对沙田柚产地——容县的认可程度如何。

如表 5-2 所示，最常提及的沙田柚第一产地均为"广东省梅县"。其次是广西壮族自治区容县、浙江省常山县和福建省华安县。受访者所居住的地区不同，对各产区的回忆程度也略有不同。华北地区为"福建省平和县"，华中地区为"福建省平和县"，华南地区为"广东省梅州市"，西南地区为"广西壮族自治区容县"。结果表明，虽然广西壮族自治区容县作为沙田柚产区在全国范围内得到了一定程度的认可，但与其他主要产区"广东省梅州市"相比，其认可度尚未达到最高水平。

表 5-2　提到"沙田柚"，您会想到它的原产地是哪里？

	福建省和平县	组成比例	广东省梅州市	组成比例	广西壮族自治区容县	组成比例	浙江省苏南县	组成比例	其他	组成比例	不清楚	组成比例
华北地区	31	4.0	25	3.3	26	3.4	21	2.7	5	0.7	11	1.4
中心	50	6.5	30	3.9	37	4.8	44	5.7	3	0.4	15	2.0
华南	48	6.3	99	12.9	59	7.7	52	6.8	30	3.9	2	0.3
西南部	23	3.0	47	6.1	66	8.6	31	4.0	8	1.0	5	0.7
规划	146	19.0	207	27.0	188	24.5	148	19.3	46	6.0	33	4.3

资料来源：作者根据问卷调查结果编制。

总的来看，这项研究的结果清晰地呈现了不同地区消费者对沙田柚产地的认知程度和个人偏好。这些发现对沙田柚产业的未来发展和推广具有至关重要的参考价值。

通过对研究结果的深入分析，可以了解到不同地区的消费者对沙田柚产地的了解程度存在差异。一些地区的消费者对特定产地的沙田柚有较高的认知度，而其他地区可能对这些产地了解较少。这种认知差异可能源自多种因素，如地理位置、市场推广、品牌宣传等。

此外，研究结果还显示了消费者的个人偏好对沙田柚产地的选择具有重要影响。一些消费者可能更倾向选择某个产地的沙田柚，因为他们对该产地的产品质量、口感或品牌形象有较好的印象。这种个人偏好的存在为沙田柚产业发展提供了一个机会，由此可以根据消费者的需求和偏好进行市场定位与产品差异化。

对沙田柚产业的发展和推广而言，了解不同地区消费者的认知和偏好是至关重要的。产业相关方可以根据这些信息制定更具针对性的市场营销策略，加强品牌建设和宣传，提高产品的知名度和美誉度。同时，企业还可以通过产品创新和质量提升，满足不同消费者的需求，进一步扩大市场份额。

综上所述，这项研究的结果为沙田柚产业的发展和推广提供了宝贵的参考依据。利用这些信息，产业相关方可以更好地了解消费者的需求和偏好，制定相应的策略，推动沙田柚产业的健康发展。

第二个问题是：受访者被问及他们对"沙田柚"这一本地产品的认识，以及在购买"沙田柚"时他们认为哪些因素很重要（见图5-1）。

在所有类别中，最常见的答案是"原产地"，约70%的受访者表示"原产地"因素在购买时很重要。其次是"安全"，约占25%，然后是"价格""质量""外观"和"其他"。

结果表明，在购买沙田柚时，消费者首先非常重视"原产地"这一因素。因此，提高当地品牌在该地区的知名度被认为会直接增加销售量。其次，选择"安全"作为购买选择的受访者比例很高，远高于价格、质量或外观，这一结果表明近年来人们的食品安全意识在不断提高。这一点可能表明，在沙田柚的生产过程中必须更加关注食品安全，下面将对此进行讨论。

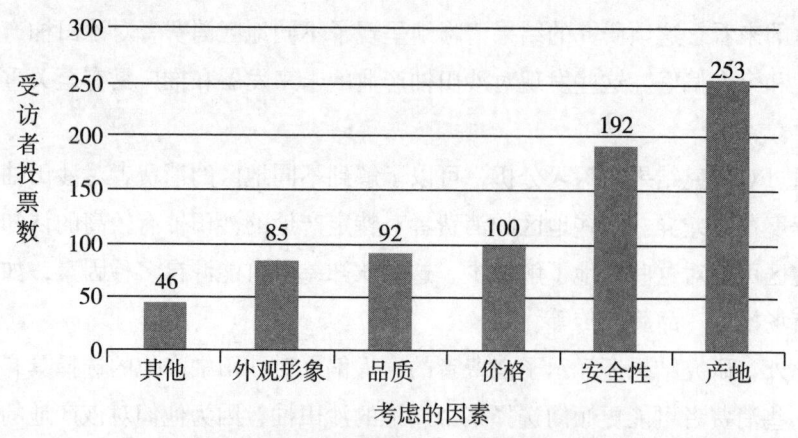

```
   300 ┐
受  250 ┤                                              253
访  200 ┤                                    192
者  150 ┤
投  100 ┤         85    92   100
票   50 ┤   46
数    0 ┴───────────────────────────────────────────────
        其他  外观形象  品质  价格  安全性  产地
                        考虑的因素
```

图 5-1　购买"沙田柚"时认为重要的因素

资料来源：作者根据问卷调查结果编制。

接着调查的内容是，消费者被问及他们是如何开始了解容县沙田柚的（见图5-2）。

从调查结果来看，传统媒体如电视、报纸和杂志仍然是最主要的信息来源。然而，社交网络帖子（26%）和互联网（17%）的占比也不低，这表明人们获取信息的方式并非是单向的。因此，从图 5-2 中可以看出，为了让更多的客户了解容县沙田柚的优越性，有必要综合运用多种媒体。

尤其需要强调的是，要充分发挥社交媒体的作用，通过与消费者直接互动，让消费者能够随时随地从海量信息中获取关于沙田柚和"容县沙田柚"的有效信息，这一点变得越来越重要。

此外，企业还必须积极吸引和留住当地品牌的回头客、支持者和理解者，以提高当地品牌的知名度。这些人是品牌最重要的客户群体。通过社交网络增加客户数量来获得回头客、支持者和理解者，是最有效的方法之一。然而，一旦出现一些错误行为或对其做出错误回应，就有可能在社交媒体上迅速传播负面信息。因此，设立专门的咨询服务机构，受理客户投诉和反馈，提高客户满意度，将具有重要意义。

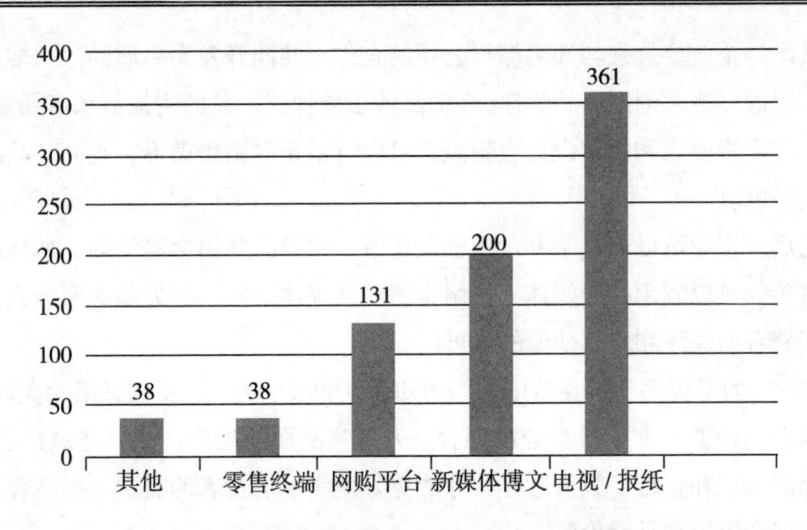

图 5-2　您是从哪种途径认识到容县沙田柚的？

资料来源：作者根据问卷调查结果编制。

第三个问题是：怎样进行提高"容县沙田柚"的知名度和吸引力而开展活动（见表 5-3）。

表 5-3　提高容县沙田柚品牌知名度的活动

活动	规划
1	与知名糖果公司合作开发沙田柚加工产品
2	在百货公司和超市设立直销点
3	增加旅游农场的数量，包括沙田柚采摘体验
4	与知名共享者合作，开设使用沙田柚配料的餐厅
5	提供柚农宾馆

资料来源：作者根据问卷调查结果编制。

最受欢迎的活动是增加农场旅游，包括沙田柚采摘体验。其次是与知名糖果公司合作开发沙田柚加工产品，并在百货商店和超市设立直销点。因此，有必要努力推进第六次产业化，以提高更多消费者对容县沙田柚的认知度。

特别是近年来，消费者的价值观已从"商品消费"转向"体验消费"，与学习、旅游等丰富生活相关的消费逐渐增多。因此，可以认为第六次产业化将在满足消费者多样化需求方面发挥重要作用。

为了实现第六次产业化，企业需要采取一系列措施。首先，企业要加强农业与旅游、文化等产业的融合，打造具有特色的农场旅游品牌。可以通过开发多样化的旅游产品和服务，如采摘体验、农家乐、农事体验等，吸引更多游客前来体验容县沙田柚的魅力。

其次，企业要加强与知名糖果公司的合作，共同开发高品质的沙田柚加工产品。可以通过技术创新和品牌建设，提高沙田柚加工产品的附加值和市场竞争力。同时，在百货商店和超市设立直销点，可以有效拓展销售渠道，提高产品的知名度和美誉度。

最后，企业可以通过举办沙田柚文化节、农产品展销会等活动，加强品牌推广和宣传。可以利用社交媒体、网络直播等新媒体手段，扩大品牌影响力，吸引更多消费者的关注和获得他们的认可。

总之，为了提高"容县沙田柚"的知名度和吸引力，需要推进第六次产业化，加强农业与旅游、文化等产业的融合，开发高品质的加工产品，拓展销售渠道，加强品牌推广和宣传。只有这样，才能更好地满足消费者的需求，提高容县沙田柚的市场竞争力和品牌价值。

"容县沙田柚"的第六次产业化旨在通过第一产业和第二产业的加工产品与消费者建立直接联系，从而实现产业的可持续发展。在此过程中，增加更多类型的产业也显得至关重要。

为了加强消费者与农户之间的互动，可以打造一些具有特色的项目。例如，建设沙田柚观光园，让消费者亲身感受柚子的种植环境，了解柚子的生长过程，同时还能参与采摘等农事体验活动，增加消费者的参与感和乐趣。此外，企业还可以开展农业体验项目，让消费者亲身体验农村生活，学习农业知识和技能，增强他们对农产品的认知。

农家旅馆也是一个很好的互动方式。通过提供农家住宿和餐饮服务，让消费者在享受乡村风光的同时，深入了解当地的风土人情和文化特色，增进其与农户之间的了解。

从教育角度出发，也可以开展一些与"容县沙田柚"相关的教育活动。例如，组织学生参观沙田柚种植基地，了解农业生产过程，培养他们对农业的兴趣和认识。另外，还可以举办农业知识讲座，向公众普及农产品的营养价值和健康知识，提高他们对农产品的认知水平。

总之，通过"容县沙田柚"的第六次产业化，可以建立起更加紧密的消费者与农户之间的联系。通过增加产业类型，如沙田柚观光园、农业体验和农家旅馆等，加强消费者与农户之间的互动。同时，从教育角度出发，吸引消费者的关注和参与，提高他们对农产品的认知水平，进一步推动"容县沙田柚"产业的发展。这样的综合举措将有助于实现产业的可持续发展，提升"容县沙田柚"的品牌价值和市场竞争力。

另外，根据消费者问卷调查的结果显示，如果供应仅限于单一产品，无论产品或服务的附加值有多高，将很难进行广泛的推广。因此，如果容县地区的多个产业之间存在联系，就有必要考虑制定一项战略，将沙田柚种植这一第一产业与食品加工、餐饮、旅游等第二、第三产业联系起来。

在此基础上，容县政府、沙田柚产业相关企业和工商会应共同推进满足消费者需求的战略，以形成"容县沙田柚"的区域品牌。例如，根据本地区的特色和传统来开发沙田柚产品，通过与其他行业的交流合作来开发新产品，使其与其他产区的沙田柚产品和廉价产品等区分开来。除了考虑农业推广的未来发展方向，生产者还应该深入了解消费者的需求，要考虑采取措施来整合区域品牌和推动第六次产业化进程。在生产者和消费者之间建立起更加紧密的关系，这一点将显得至关重要。

第三节　区域品牌创建与可持续发展机制

第一节剖析了针对沙田柚区域品牌的消费者问卷调查结果。本节将依据消费者问卷调查的结论，结合容县当地的实际状况，探究"容县沙田柚"区域品牌的现状、发展进程及未来发展方向。

一、区域品牌的品牌文化塑造

如上所述，对一个区域品牌而言，最重要的是提高当地农林牧渔产品（包括用当地食材加工的产品）的知名度并扩大其销售范围。这些产品通常具有当地的历史、文化和气候特点。

容县是一座拥有悠久历史的文化名城，拥有众多具有地方特色的产品，如"容县沙田柚""容县中药材""容县陶器"等。这些产品不仅历史悠久，而且得益于当地宜人的气候，品质上乘。除了这些农林牧渔产品，容县还拥有被认定为国家文物保护单位的文化遗产，如经略台真武阁、容州开元寺、容县近代建筑群、罗奇别墅、真武阁碑刻、玉林杨贵妃故里等。这些文化遗产是容县历史文化的重要代表。

清朝，容县因向朝廷和皇帝进贡柚子而被称为"御食柚"。沙田柚，原产于容县松山镇沙田村，由农夫夏纡筍于明朝末年以接枝法发明，后来广泛种植，成为容县的特产。

据史料记载，明朝万历十三年刻本《容州志》记载："柚以容地沙田所产最负盛名，香甜多汁；容地年产二百万只，运销梧粤港各埠。"清朝乾隆四十二年，乾隆皇帝巡游江南，官人夏纪纲把家乡容县沙田村出产的蜜柚献给皇帝，乾隆吃了连声赞好，并召见夏纪纲，询问是何佳果。夏纪纲回答说："叫羊额籽。"皇帝道："此果名字不佳，应另取果名。"一位大臣在旁说：夏官家在沙田，千里迢迢，邮送佳果献给皇上，依臣愚见，邮由同音，又因为此果为乔木所生，用木旁的"柚"，称为"沙田柚"合适。皇帝听罢，龙颜大悦，随口赞道："沙田柚，沙田柚，好，好！""沙田柚"这个名字得到天子的赞赏，便很快被推广起来，沙田村附近越种越多，那里的土壤特别适宜于沙田柚树的生长，所产柚果有"甜脆消渣"的特点。外县外省纷纷前来引种，因种源来自沙田，又仅仗其名声，不愿另起别名，仍然一直沿用沙田柚之名。

2004年7月21日，国家质检总局将"容县沙田柚"注册为地理标志证明商标，这进一步确立了"容县沙田柚"在市场上的品牌地位和知名度。这一举措有助于保护容县沙田柚的独特品质和产地特色，促进了其在国内外市场的销售和推广。

总之，容县以其丰富多样的农林牧渔产品和文化遗产而声名远扬。通过打造区域品牌，提升产品的知名度和市场竞争力，不仅可以推动当地经济的发展，还能保护和传承当地的历史文化。

如上所述，与单纯关注服务和销售的传统市场营销方式不同，区域品牌的建立是基于与当地密切联系的价值基础之上的。它综合了当地独特的自然、历史、气候和文化等象征性元素和资源。区域品牌甚至可能涉及消费者自身的生活方式和人生观的表达，进一步加深了品牌与当地消费者之间的情感联系和认同感。这种区域品牌的塑造不仅能够提升产品或服务的附加值，还能够为当地经济和文化的发展做出积极贡献。通过挖掘和利用当地的特色资源，区域品牌能够吸引更多的游客和消费者，促进地方经济的繁荣。同时，区域品牌的传播也有助于传承和弘扬当地的文化遗产，增强地方的文化自信和认同感。因此，对企业和地方政府来说，积极打造和推广区域品牌是实现可持续发展的重要策略之一。

在某些情况下因此，由于区域品牌具有非常深厚的背景，反之，向消费者诉求区域品牌的深厚背景是建立品牌的更有效措施（Shimizu，2007）。在当前这个产品供应过剩的时代背景下，一个尤为突出的现象是，即使某款产品拥有口感上佳、外观精美和实用性强等诸多优点，消费者仍然会在短时间内忘记他们的使用体验。这种现象反映了市场的饱和程度以及消费者需求的多元化和不断变化的特点。在这样的环境下，企业需要不断创新和提升产品的品质，以吸引消费者的关注并保持其忠诚度。同时，营销策略也需要更加精准地针对消费者的需求和心理，以提高产品的市场竞争力。

因此，有必要进一步强调"容县沙田柚"的历史渊源和文化底蕴，以及其别具一格的"地域特色"、出类拔萃的"口感和质量"和"农民的承诺和农民的形象"，这些都是"容县沙田柚"能够在众多区域品牌中脱颖而出的重要因素。只有通过在这些方面将"容县沙田柚"与其他农产品明确区分开来，"容县沙田柚"才能够在激烈的市场竞争中独树一帜，占据优势地位。

基于这一理念，容县政府、沙田柚产业相关企业以及工商会等齐心协力，共同创办了《容县生活故事》的宣传杂志。创办这本杂志的目的是打造"容县沙田柚"的区域品牌，向县民以外的更广泛人群传播有关容县生活方式和文化的信息。

为了实现这一目标，容县政府及相关单位不仅进行了信息传播，还开展了一系列销售促进活动，其中包括广告和其他促销活动。这些活动的目的是传播有关产品附加值的信息，增加容县沙田柚背后的"故事"与客户产生共鸣的机会。

通过这些不懈的努力，容县的地区特色终于广为人知，这也促进了容县沙田柚的销售。这一成果的取得，离不开容县政府、相关企业和工商会的共同努力，也离不开他们对打造区域品牌、传播地方文化的执着追求。

二、区域品牌的创建过程

然而，毫无疑问的是，区域品牌的塑造和消费者认知度的提升并非一朝一夕之功。这需要消费者与区域品牌之间建立起长期且稳固的联系，换句话说，需要在消费者与区域品牌之间构建起一条紧密的情感纽带。

在这个过程中，需要不断积累对区域品牌农产品的生产、流通、促销活动、销售和消费以及相关区域的历史和文化的认可。只有这样，才能提升区域品牌的整体价值。

因此，打造一个成功的区域品牌需要长期的坚持和持续的投入。这包括不断改进产品质量、加强市场推广、优化服务水平，以及积极传承和弘扬相关区域的历史文化。只有通过这些努力，才能使区域品牌在消费者心中树立起良好的形象，赢得消费者的信任。

三、建立安全可靠的"容县沙田柚"品牌

首先,在生产方面,如上所述,当今我国消费者对食品安全的关注度日益提高。只有不断提高产品质量、确保食品安全,才能增强消费者对"容县沙田柚"的信心和安全感。这不仅需要从外观上对产品质量进行评估,还需要采取一系列措施来确保其内在品质。一方面,可以采用环保农业方法,注重农产品的内涵和品质,减少对环境的影响;另一方面,可以实施风险管理方法,将生产阶段的安全风险降至最低,从源头上保障食品安全。

其次,建立生产历史跟踪系统非常重要。通过这个系统,可以减少杀虫剂和化肥的施用量,让消费者了解生产者的情况,增加透明度和对产品的可追溯性。同时该系统还应包括一个跟踪生产历史的子系统,以便消费者能够了解产品的生产过程和源头。

建立生产历史跟踪系统是一个复杂的过程,需要综合考虑许多方面。以下是一些重要步骤:第一,明确需要跟踪的生产历史数据和信息,包括原材料、生产过程、质量检测结果、设备维护记录等。这些数据和信息对消费者了解产品的整个生命周期非常重要。第二,选择合适的跟踪技术。根据数据和信息的特点,可以选择条形码、RFID(射频识别)标签、传感器、物联网设备等跟踪技术。这些技术可以帮助企业高效地收集和记录生产数据。第三,建立数据采集和记录机制,确保数据的准确性和及时性。可以采用手工记录、自动化设备采集或两者结合的方式。第四,设计一个合适的数据库和数据存储系统,用于存储和管理生产历史数据,确保数据的安全性、完整性和可访问性。

为了实现对产品的跟踪和追溯,将数据与产品或生产批次相关联。这样可以在整个供应链中追踪产品的来源、加工过程和最终去向。建立数据分析和报告系统,对生产历史数据进行分析和统计,以发现问题、优化生产过程和提高产品质量。

最后,培训和教育员工,使他们了解生产历史跟踪系统的重要性,以及如何正确地记录和使用相关数据。定期审查和更新系统,以适应不断变化的业务需求和法规要求。

建立生产历史跟踪系统需要综合考虑技术、管理和人员等多个方面。建议在实施过程中寻求专业的技术支持和咨询,以确保系统的有效性和可持续性。这样可以帮助企业更好地了解产品的生产过程,提高生产效率和产品质量,并遵守法

规和满足客户的需求。

为了进一步确保食品安全,有必要根据实际情况进行农药残留检测,并与消费者举办食品安全保障交流活动。这样可以及时了解消费者的需求和关注点,加强双方的沟通和互动。同时,还应该向消费者通报食品生产地区的安全措施,让他们了解企业为保障食品安全所付出的努力。

首先,农药残留检测是保障食品安全的重要环节之一。通过科学、准确的检测手段,及时发现食品中可能存在的农药残留问题,并采取相应的措施加以解决,这不仅有助于保障消费者的健康,还能提升公众对食品安全的信心。其次,与消费者举办食品安全保障交流活动也是非常必要的。这样的活动可以为消费者提供一个平台,让他们更直接地表达对食品安全的需求和关注点。通过与消费者的互动和沟通,可以更好地了解他们的担忧和期望,进而调整和改进食品安全管理措施,以满足消费者的需求。最后,向消费者通报食品生产地区的安全措施是十分重要的。这样可以让消费者了解企业为保障食品安全所付出的努力,增加他们对食品安全的信心。通过透明、公开的信息通报,可以建立起消费者与生产者之间的信任关系,促进食品行业的健康发展。

综上所述,为了进一步确保食品安全,需要进行农药残留检测,举办食品安全保障交流活动,并向消费者通报食品生产地区的安全措施。这些措施的实施将有助于加强食品安全管理,保障公众的健康和食品安全。

总之,保障食品安全是生产环节的重要任务。只有通过提高质量、确保安全、采用环保农业方法、实施风险管理、建立跟踪系统、开展自愿检查、举行交流会以及通报食品安全举措等综合手段,才能赢得消费者的信任和支持,打造出安全、可靠的"容县沙田柚"品牌。

四、构建多样化分销,建立销售体系

重视容县沙田柚的分销渠道建设对容县沙田柚产业发展至关重要。第一,通过建设分销渠道,可以将容县沙田柚推向更广泛的市场,覆盖更多的消费者,从而扩大产品的市场覆盖面。第二,一个良好的分销渠道能够帮助容县沙田柚在市场上建立强大的品牌形象。通过分销商的推广和宣传,可以提高消费者对容县沙田柚的认知度和认可度,进一步增强品牌的知名度。第三,分销商通常具有丰富的销售经验和渠道资源,能够更有效地将容县沙田柚推向市场,提高销售效率。第四,利用分销商的渠道可以降低销售成本。与自行建立销售渠道相比,分销商可以分担部分营销费用、物流成本等，同时也能够利用其规模优势获得更好的采购价格。第五，通过分销商的网络，可以更好地了解不同地区的市场需求，提供有针对性的产品和服务，满足消费者的个性化需求。第六，一个健康、稳定的分销渠道对容县沙田柚产业的整体发展至关重要，由此带动相关产业链的发展，包括种植、加工、物流等环节，促进地方经济的繁荣。

综上所述，重视容县沙田柚的分销渠道建设可以提高产品的市场竞争力，增加销售收入，促进产业的可持续发展。因此，建设和管理一个高效的分销渠道是容县沙田柚产业发展的重要策略之一。

首先，应通过彻底管理区域内的资源确保稳定供应，使产量既能满足容县域消费者的需求，又能向县外的实际消费者提供种类丰富的产品。具体来说，在加强现有批发市场销售渠道的同时，有必要构建包括加工、礼品和商业用途在内的多种销售渠道的销售体系。

为了实现这一目标，可以采取以下措施：加强与供应商的合作，确保原材料的稳定供应，并建立质量控制体系，提高产品的品质和安全性；拓展销售渠道，不仅局限于批发市场，还可以通过电子商务平台、零售店、超市等多种渠道进行销售，扩大产品的市场覆盖率；开发适合不同销售渠道的产品线，例如，针对礼品市场推出精美的包装产品，针对商业用途推出大包装产品等；提供个性化的服务，满足客户的特殊需求，如定制包装、贴牌生产等，提高客户的满意度和忠诚度；加强品牌建设和市场推广，如通过广告、促销活动、参加展会等方式，提高品牌的知名度和美誉度。

通过以上措施的实施，可以使容县沙田柚企业在分销方面取得更好的成绩，提高消费者对区域品牌的认可度，促进产品的销售和品牌的发展。同时，这也有助于推动区域经济的发展，提高当地居民的生活水平。

此外，近年来，随着互联网的广泛普及和应用，人们的购买行为发生了深刻的变化。在这种背景下，加强销售渠道的建设显得尤为重要。通过引入互联网销售模式，可以为扩大销售渠道创造有利条件。

与此同时，由于互联网带来的媒体环境的变化，现场直播这种创新的销售方式开始崭露头角。现场直播以其独特的实时性和双向交流性，为消费者提供了更加便捷、高效的购物体验。在现场直播中，消费者可以随时直接向销售者提出有关产品的问题，而那些具有影响力的消费者对产品的介绍往往成为其他消费者获取信息的重要来源。这种方式增加了消费者对产品的信任度，进而影响他们的购买决策。

基于以上调查，消费者购买"值得信赖的政府推荐的农产品和产品"的行为将日益普遍。例如，在近年来的食品安全问题中，官方通过严格的监管和检测，推荐了一些安全、健康、高质量的农产品，消费者对此表示出了极大的信任和购买热情。

在这个过程中，政府官员扮演着产品推荐者的角色，其影响力逐渐增大，成为近年来备受关注的现象。例如，一些地方政府官员通过直播带货等方式，为当地的特色农产品进行宣传和推广，取得了良好的效果。这从侧面反映出，消费者在购买产品时，对产品质量和口碑的关注度不断提高。例如，在电农产品销售领域，消费者更倾向购买经过政府认证或推荐的产品，因为这些产品经过了严格的质量检测和认证，具有更高的可靠性和信誉度。

总的来说，政府推荐的产品在市场上的竞争力和影响力不断增强，这也说明政府在推动经济发展和保障消费者权益方面发挥着重要的作用。同时，消费者对产品质量和口碑的关注度不断提高，也促使企业和生产者更加注重产品质量与品牌建设，以满足消费者的需求和期望。

因此，对企业和销售者来说，要适应这种变化，就需要更加注重产品的品质和服务，通过建立良好的口碑来吸引消费者。同时，积极利用互联网和现场直播等新兴销售渠道，提高销售效率，扩大市场份额。此外，加强与有影响力的消费者或意见领袖的合作，借助他们的推荐和传播，提升产品的知名度和美誉度。

总之，随着消费者购买行为的变化和销售方式的创新，企业和销售者应及时调整策略，把握机遇，不断提升自身的竞争力。只有这样，才能在日益激烈的市场竞争中脱颖而出，实现可持续发展。

根据实地调查，容县政府官员通过参与直播间的直播带货、开展区域品牌推广会以及录制央视的农产品推广视频等方式，积极推广"容县沙田柚"。这些做法可以提高品牌知名度、建立信任和认可、促进销售和经济发展、加强区域品牌建设，以及增加农民收入县政府官员积极参与"容县沙田柚"及其加工产品的促销活动。

在 2020 年 12 月 25 日，容县政府官员与当地农民携手合作，共同举办了一场别开生面的现场直播活动，旨在助力"容县沙田柚"的销售。

活动伊始，容县政府官员和"容县沙田柚"协会会长亲自上阵，进行了长达

40分钟的直播带货。在直播过程中，详细介绍了"容县沙田柚"的特点、种植环境以及食用方法等内容，让观众对这款农产品有了更深入的了解。为了增加观众的参与感，直播设置了多个互动环节，如问答、抽奖等，让观众在观看直播的同时，有机会赢取"容县沙田柚"的礼品。

在进行直播的同时，直播团队还通过多个角度的镜头，展示了"容县沙田柚"的生长环境、采摘过程以及加工包装等环节，让观众能够直观地感受到这款农产品的绿色、健康和高品质。

此次直播活动取得了巨大的成功，累计观众人数高达45万人次，而"容县沙田柚"的销售额更是达到了40吨之多。这次活动不仅提升了"容县沙田柚"的品牌知名度和销售量，也为容县的农业发展注入了新的动力。

五、开展各种类型的宣传活动，提高当地品牌的知名度和满意度

田村（2011年）指出，营销过程由两类过程的交叉组成：营销者思想（主观性）的客体化（本地产品）和客体（本地产品）的主观化（消费者思想）。换句话说，区域品牌信息传播之成败，取决于营销者与消费者思想之重叠与一致。特别是为了鼓励普通消费者从泛滥的信息中选择有关容县区域品牌的信息，在消费者和生产地区之间建立沟通和双向互动将变得越来越重要。

为了加深人们对"容县沙田柚"这一区域品牌的认识并进一步推广这一品牌，与消费者的互动至关重要。通过与消费者的互动，可以更好地了解他们的需求和期望，进而优化产品和服务，提升品牌形象和知名度。

此外，广告媒体的选择也对品牌推广起着关键作用。在当今数字化时代，网络传播成为一种高效、廉价的实施手段。通过网络传播，可以迅速地将品牌信息传递给更广泛的受众，并且可以实现精准营销，提升广告投放的效果。

近年来，容县采取了一系列具体举措来推广当地的美食文化。其中之一是在报纸和杂志上刊登广告，宣传地方美食。这些广告不仅介绍了美食的特点和制作方法，还引导读者访问相关的网站，以获取更多的信息和互动体验。在网站上，容县提供了各种提示和建议，旨在逐步提高读者的购买意愿。这些提示可能包括美食的品尝建议、购买渠道的介绍以及与美食相关的活动和促销信息。通过提供有价值的内容和便捷的购买方式，试图激发读者的兴趣和购买欲望，促进地方美食的销售和推广。

综上所述，通过加深与消费者的互动、选择合适的广告媒体以及利用网络传播等手段，容县致力于推广"容县沙田柚"这一区域品牌，提升其知名度和市场份额。这些努力不仅有助于地方经济的发展，还能让更多的人了解和享受到容县独特的美食。

表5-4中所示的消费者与生产者之间的交流实例包括农民市场直购、农产品展销会、农业观光旅游、网络平台交流以及消费者参与生产等。这些实例旨在促进消费者与生产者之间的直接互动，增加产品的透明度和可追溯性，建立消费者对区域产品的信任和认可，提升区域品牌的形象和价值。

表5-4 加强品牌与消费者沟通的公关活动

1	通过"容县沙田柚"的品尝和宣传活动，扩大客户和支持者的数量
2	推广"容县沙田柚"文化中心（"容县沙田柚"信息展示中心）
3	促进容县的酒店、餐馆和其他场所提供当地特色菜和开发菜单，充分利用龙县的饮食文化和食材
4	设立客户关系办公室，反映客户的投诉和意见。
5	该项目为游客提供了在自然丰富的农业区和山区住宿、与容县人民互动、在"沙田柚农耕园"体验农业和传统文化的机会。此外，还通过举办"容县沙田柚旅游节"（见图5-4）、采摘体验、品尝当地特产、烹饪体验、生产体验等活动，促进消费者与农民之间的交流
6	体验加工沙田柚产品和用沙田柚烹饪

资料来源：作者根据容县县政府提供的材料编写。

图5-4 容县沙田柚旅游文化节

资料来源：根据容县县政府提供的资料汇编。

第四节 维护和保护区域品牌的活动

一个具有高价值的区域品牌的建立并不是在短时间内就能实现的，而是需要该区域品牌中的各个参与者长期共同努力才能达成的目标。然而，一旦发生任何事故，如产品质量问题、假冒伪劣产品的的出现等问题，长期积累的信任就可能会在瞬间丧失。因此，人们开始尝试通过保护和培育区域品牌来维护与发展消费者对地方产品的信任，从而振兴地方经济。

然而，要建立一个高价值的区域品牌并不是一件容易的事情。这需要该地区的各个参与者之间进行紧密的合作和协调，共同制订品牌发展战略和推广计划。同时，还需要投入大量的时间、精力和资源，进行品牌建设、市场推广和质量管理等方面的工作。只有通过长期的努力和积累，才能够赢得消费者的信任，建立起一个具有高价值的区域品牌。

但是，即使建立了一个成功的区域品牌，也不能掉以轻心。一旦发生任何事故或问题，就可能会对品牌形象造成严重的损害。品牌危机可能会导致消费者对该地区产品的质量产生怀疑和不信任，从而影响整个区域品牌的形象和声誉。

容县地区的地形独特，这里的土质肥沃，日照充足，排水良好，温度适宜，非常适合生产优质的沙田柚。特别值得一提的是，容县被誉为"沙田柚之乡"。每到沙田柚花开的季节，整个地区都被花香笼罩，香气四溢，让人心旷神怡。而到了秋天，漫山遍野都是金黄色的沙田柚，果实累累，让人垂涎欲滴。

容县地区凭借其独特的地理和气候条件，以及对沙田柚生产的严格要求，成功获得了国家地理标志的认证。这不仅为容县沙田柚产业的发展注入了新的动力，也为地方经济的繁荣做出了积极贡献。

在这样得天独厚的历史和气候条件下，2004年，容县沙田柚集体商标被国家质量监督检验总局批准为国家地理标志。这一商标的获得，使得容县沙田柚在市场上有了更高的知名度和竞争力。与其他地区的沙田柚产品相比，容县沙田柚具有独特的品质和口感，更受消费者的喜爱和认可。

这一商标的获得，也进一步提高了生产者对安全、优质水果生产重要性的认识。他们更加注重沙田柚的种植、管理和采摘过程，力求保证每一个沙田柚都符合国家地理标志的标准和要求。这不仅有助于提升容县沙田柚的品牌价值，还为消费者提供了更加安全、健康、美味的选择。

这种"地区集体商标"的注册是一种制度，它的目的是保护地区特色产品或服务的知识产权，防止他人非法使用该地区的集体商标。这种制度的存在，可以从法律上排除那些未经授权就使用地区集体商标的行为。此外，通过宣传产品和服务已经注册为地区特产并受到国家保护这一事实，可以提高交易的可信度以及产品和服务的品牌力。

以"容县沙田柚"为例，它的区域性集体商标是由"容县沙田柚"协会、县域的中小企业和农民专业合作社共同创立的。这个商标的使用者包括"容县沙田柚"协会、居住在容县地区的其他协会、农户、个人以及运输组织。为了确保产品的质量和安全，容县地区的生产者必须保存详细的生产记录，并且要注重食品安全。

为了保证"容县沙田柚"的品质，所有在容县生产的沙田柚都不会进行单独分拣，而是在产地的果实分拣设施中进行统一分拣。只有那些符合一定标准的果实，才能够被打上"容县沙田柚"的标签并发运出去。

这种严格的质量控制措施，有助于确保"容县沙田柚"的品质和声誉，使其在市场上具有更高的竞争力。同时，这也有助于保护消费者的权益，让他们能够购买到真正优质的"容县沙田柚"。

总的来说，"地区集体商标"的注册和使用，对保护地区特色产品或服务的知识产权、提高产品或服务的品牌价值、维护市场秩序以及促进地方经济发展都具有重要意义。通过建立这样的制度，可以促使生产者更加注重产品质量和安全，提升消费者对产品的信任度，进而推动整个地区的经济繁荣。

此外，在流通过程中，一些生产者曾经多次出现将容县以外地区生产的沙田柚故意装入印有"容县沙田柚"字样包装盒中的情况。这种行为不仅欺骗了消费者，也损害了"容县沙田柚"的品牌形象和声誉。

为了强化品牌的维护工作，防止假冒伪劣产品的恶性竞争引发品牌危机，决定采取以下措施。

第一，为了加强品牌维护，防止假冒伪劣产品的恶性竞争，容县市场监管局采取了一系列措施。他们公布了加强打击假冒伪劣产品的政策，其中包括加强对市场上假冒伪劣产品的检查力度，严厉打击制售假冒伪劣产品的行为。此外，在生产领域，他们也将重点打击农村地区的假冒伪劣产品，以保护消费者的合法权益。

第二，对此次假冒伪劣产地打击行动，容县县长强调："打击侵犯知识产权和制售假冒伪劣产品行为，是保护和提升'容县沙田柚'区域品牌的重要支撑。必须从多个方面入手，确保容县沙田柚的品质和供应的稳定性。"他接着指出，提高产品质量是关键。要加强对容县沙田柚的种植、采摘、加工等环节的管理，确保每一个环节都达到高标准。只有这样，才能让消费者对产品充满信心。此外，他还强调了加强销售渠道管理的重要性。要建立严格的销售渠道管理制度，对经销商进行审核和监督，防止假冒伪劣产品进入市场。同时，也要加强对市场的监管，严厉打击制售假冒伪劣产品的行为，保护消费者的合法权益。注册商标保护也是关注的重点。他表示，政府要加强对"容县沙田柚"商标的注册和保护，维护品牌的合法权益。只有这样，才能让"容县沙田柚"区域品牌在市场上立于不败之地。

第三，容县县长提出了建立特约经销商制度的建议。他认为，与信誉良好的经销商建立长期合作关系，共同推广和销售"容县沙田柚"，可以形成品牌合力，提升产品的市场竞争力。

通过这些措施的实施，相信能够有效地提升"容县沙田柚"区域品牌的形象和竞争力，为消费者提供优质、安全、可信赖的产品。同时，也希望广大消费者选择正规渠道购买"容县沙田柚"，共同维护市场的公平竞争环境。

总之，一个高价值的区域品牌的建立需要长期的努力和积累，而一旦发生事故则可能会瞬间失去消费者的信任。因此，需要通过保护和培育"区域品牌"来维护与发展企业对地方产品的信任，从而振兴地方经济。这需要政府、企业、社会组织和媒体等各方共同努力，形成合力，共同推动区域品牌的发展和壮大。只有这样，才能够让区域品牌在市场竞争中获得更好的发展，为地方经济的发展做出更大的贡献。

因此，为了维护和发展企业对地方产品的信任，振兴地方经济，政府需要采取一系列措施来保护和培育"区域品牌"。首先，政府可以加强对区域品牌的监管和管理，制定相关法律法规和标准，规范企业的生产经营行为。其次，企业自身需要加强质量管理和品牌建设，提高产品的质量和服务水平，增强消费者的信任和忠诚度。最后，社会组织和媒体可以发挥积极作用，加强对区域品牌的宣传和推广，提高品牌的知名度和美誉度。

第五节　打造区域品牌面临的挑战

综上所述，打造区域品牌面临以下三个挑战：

第一，为了形成区域品牌价值，需要确保消费者对品牌的认知度和可信度，并为区域品牌承载者建立产区身份。然而，区域品牌的承担者包括农林协会、农业生产公司、中小型食品企业和农民，他们的战略和管理原则因各自的经济地位而不同，因此在区域品牌建设时存在一定困难。培养区域品牌建设的核心参与者并与他们建立联系变得越来越重要。问题是如何促进参与区域品牌建设的各方形成共同的价值观。为了解决这个问题，应该从第六次产业化的角度来推动区域品牌的建设，以实现参与者之间的相互依存、系统稳定、生产率提高和新产品的创造。

第二，必须增加消费者的信心，建立有效的沟通。因此，如何在消费者中渗透品牌形象，加深消费者的印象，促进双向信息交流就显得尤为重要。在这方面，应继续对其他地区打造区域品牌的实例进行实地研究。

第三、为了提高"容县沙田柚"的附加值，打造和推广区域品牌，需要让更多的消费者了解沙田柚的生产过程、产品的优越性以及区别于其他沙田柚产地的特点。

实现这一目标可以从以下几个方面入手：首先，加强品牌推广，通过宣传册、展览等多种渠道，向消费者宣传"容县沙田柚"的品牌形象和产品特点。同时，利用社交媒体和网络平台，扩大品牌的影响力和知名度。其次，举办各类与沙田柚相关的活动，如沙田柚文化节、采摘节等，吸引消费者前来参与，了解容县沙田柚的种植历史、文化背景和产品特点。再次，开发旅游资源，利用容县沙田柚的文化背景和产地优势，建设沙田柚主题公园、农家乐等，让更多人通过旅游了解和体验容县沙田柚的独特魅力。最后，应加强产学官合作，与大学、研究机构和政府部门合作，开展相关研究和推广项目，共同研发新技术、新品种，提高沙田柚的品质和附加值。建立严格的质量标准体系，对容县沙田柚的种植、采摘、加工等环节进行规范和监督，确保产品的质量和安全。除传统销售渠道外，拓展电商平台、农产品直供等新的销售渠道，提高产品的市场覆盖率。通过挖掘和传播品牌故事，让消费者更深入地了解产品背后的文化内涵和价值，增强品牌的吸引力和认同感。积极参与国际交流与合作，学习和引进国外先进的种植技术和管理经验，提高容县沙田柚在国际市场上的竞争力。

通过以上措施的实施，提高"容县沙田柚"的附加值，打造和推广区域品牌，使更多的消费者了解和认可容县沙田柚，促进容县沙田柚产业的可持续发展，为容县的经济发展和农民增收做出积极贡献。

总之，打造区域品牌是一个复杂的过程，需要各方共同努力。只有通过加强合作、提高产品附加值和有效的沟通，才能成功地打造"容县沙田柚"区域品牌，提升其在市场上的竞争力和知名度。这需要持续不断的努力，以确保容县沙田柚能够在市场上获得更高的认可度。

本章深入分析了广西容县区域品牌建设的实际情况和背景，首先通过问卷调查的方式对区域品牌的消费趋势进行了全面研究。调查结果显示，消费者虽然对区域品牌的认知度和购买意愿正在逐渐提升，但仍存在一些限制因素，如品牌知名度不高、产品质量参差不齐等。

其次，还进行了实地调研，以验证"容县沙田柚"区域品牌的形成和发展过程。通过与当地农民、企业和政府相关部门的交流，了解到容县政府为打造沙田柚区域品牌所做出的努力，如积极推动沙田柚的标准化种植和加工，加强品牌宣传和推广，举办各种活动来提高品牌知名度等。

最后，在梳理目前容县为打造沙田柚区域品牌所做努力的过程中，也发现了一些问题。其中，市场竞争激烈、假冒伪劣产品的冲击以及品牌保护意识不足等问题尤为突出。这些问题不仅影响了容县沙田柚区域品牌的发展，也对其他区域品牌建设带来了警示。

尽管面临诸多挑战，我们仍然坚信区域品牌建设的重要性和潜力。为了进一步推动容县区域品牌的发展，建议未来继续深入研究区域品牌建设的相关理论和实践，加强品牌管理和保护，提高产品质量和服务水平，不断创新和升级品牌推广策略。

综上所述，容县区域品牌建设是一个复杂而长期的过程，需要政府、企业和社会各方共同努力。只有通过持续的研究和实践，不断优化品牌建设策略，才能使容县的区域品牌在市场竞争中脱颖而出，实现可持续发展。

第六章 自媒体视角下的玉林田园旅游品牌管理与形象塑造策略

第一节 综述

随着经济水平的提高和人们拥有了更多的闲暇时间，人们对富有文化内涵的旅游目的地的兴趣日益增长。据相关部门统计，近五年来，寻求文化体验的旅游者人数增加了约20%，其中对少数民族文化特别感兴趣的游客人数增长了30%。在这种趋势下，传统文化资源，尤其是少数民族文化资源，成为各地旅游发展的重要组成部分。以广西壮族自治区为例，在2019年该地区接待的国内外游客中，约有40%的游客参观了与壮族文化相关的景点或活动。

广西壮族自治区拥有独特的文化和历史背景，壮族文化资源丰富多样，主要包括传统节日、民间艺术、建筑风格等。然而，如何在保护和传承壮族传统文化的同时，有效地利用这些资源来促进地区经济发展和社区振兴，成为值得学界深入研究的问题。例如，近年来广西地区的文化旅游收入增长了约15%，显示出文化资源对旅游业发展的巨大贡献。

此外，游客对传统文化的感知、期望和价值取向也在不断变化。根据最近的一项调查，超过60%的游客表示，他们希望旅游目的地不仅可以提供传统的服务，更要注重文化体验的深度和真实性。因此，本章旨在探讨广西玉林地区壮族传统文化资源在乡村振兴和社区发展中的作用，分析对这些资源的当前保护和利用情况，并提出有效的保护和利用策略。通过这种方式，笔者希望为广西乃至其他拥有丰富少数民族文化资源地区的发展提出建议。

本章对壮族传统文化资源在乡村振兴和社区发展中的作用进行深入分析，有助于丰富和发展相关理论。特别是在少数民族文化保护和文化遗产利用方面，本章内容不仅为了解壮族文化资源的价值和潜力提供了新的视角，还为如何更有效地保护和利用这些资源提供了理论支持。此外，通过对壮族文化资源的现状、机遇和挑战的全面研究，本章研究有助于提升人们对文化资源在现代社会中作用的认识，尤其是在促进地区经济发展和社区参与方面。

通过对广西玉林地区壮族文化资源的实地考察和分析，提出具体的保护和利用策略，直接服务地区乡村振兴和社区发展。本章研究成果不仅能够指导地方政府和相关机构如何更有效地保护与继承壮族文化遗产，还能够帮助其了解和应对在文化资源保护与利用过程中的各种挑战。此外，本章研究的发现和建议也将对其他拥有类似文化资源的地区提供参考，帮助他们制定有效的文化资源保护和发展策略，从而达到文化遗产保护与地区发展的协调一致。

一、国外研究综述

近年来，国外学者在文化资源保护、利用及其对地区发展的影响方面进行了一系列研究。例如，M.Rosario 等 (2020) 的研究显示，人工智能技术可以用于评估人们对文化体验的情感影响，通过分析游客的面部情绪，可以更深入地了解他们对文化资源的感知和满意程度。这一发现表明，在评估壮族文化资源对游客的影响时，采用先进技术可能会获得更准确的结果。Say Wah Lee 等 (2020) 提出，旅游业的可持续性发展已经成为学界的热门课题。一些学者通过问卷调查分析了顾客满意度对文化景区形象的影响和作用。这一研究突显了在保护和利用壮族文化资源时，要考虑其对游客满意度和景区形象的长远影响的重要性。Parasakul (2019) 利用重要度分析和绩效分析法对游客体验进行评价，发现环境质量以及基础设施对游客满意度有显著影响。这一研究对制定壮族文化资源的保护和利用策略具有重要启示，特别是在提升环境质量和建设基础设施方面。Dwi Suhartanto 等 (2018) 强调了体验质量、感知价值、动机在游客满意度中的重要性，并提出提升这些方面的质量可以增加游客的忠诚度和满意度。对壮族文化资源的保护和推广，这意味着需要关注游客的整体体验，包括文化体验的质量和感知价值。Carvache-Franco 等 (2017) 研究表明，游客的满意度与旅游动机以及旅游目的地之间有着紧密联系。这一发现对了解游客在利用壮族文化资源时的动机和期望，以及如何通过提升文化体验来满足这些期望具有重要意义。

二、国内研究综述

在探讨文化资源保护和利用的领域，国内研究者们提出了一系列有价值的观点和方法。例如，叶世灏等 (2020) 使用 IPA 模型来建立游客满意度评价指标体系，这种方法可以用于评估文化资源利用中的满意度和相关问题。胡莉莉等 (2020)

以天山天池景区为例，构建了游客满意度评价指标体系，其中包括对自然风貌等文化资源因素的评估。这些研究突显了在评估文化资源利用效果时，应重视游客的满意度和体验。胡武贤等(2019)的研究表明管理、服务和内部环境等因素对增加游客满意度有重大影响。这些因素对提升文化资源保护和利用的效果尤为重要。李晨萱等(2019)发现游客在旅游产品价格方面的满意度较低，这对文化资源的市场定位和价值设定提出了挑战。郭凌等(2018)的研究基于文化理论和文化旅游空间结构，强调了考虑文化特性和旅游行为特征在构建游客满意度指标体系时的重要性。这一观点对理解和改进壮族文化资源的保护与利用具有深远意义。王芳等(2018)的研究通过构建与游客体验相关的模型，强调了游客的愉悦感和新奇感对其满意度的显著影响。这一发现提示，壮族文化资源的利用应更加注重创造愉悦和新颖的体验。高翔等(2017)的研究提出了游客满意度的概念模型，并强调了游览前、中、后三个心理阶段的重要性。这一模型可以用来评估壮族文化资源在不同阶段的保护和利用效果。

综上所述，在探讨壮族传统文化资源在广西玉林乡村振兴与社区发展中的保护策略及影响的背景下，国内外的研究提出了丰富的见解。国外学者主要关注利用先进技术分析游客的情感体验和满意度，如 M.Rosario 等(2020)通过人工智能衡量游客面部情绪来分析其对文化体验的反应；Say Wah Lee 等(2020)探讨顾客满意度对旅游业可持续性的影响，这些研究强调了在文化资源保护和利用中考虑游客情感反应和满意度的重要性。国内研究则更侧重游客体验的具体方面，如叶世灏等(2020)和胡莉莉等(2020)通过建立游客满意度评价体系来评估管理、服务和环境质量对游客体验的影响。综合这些研究成果，可以看出游客体验和满意度是了解和改善文化资源保护与利用的关键。这些研究从不同角度为文化资源的保护和利用提供了借鉴，对本章内容而言，它们不仅提供了理论支持，也为壮族文化资源在广西玉林地区的保护和利用提出了有效的策略与建议，有助于推动乡村振兴和社区发展。

第二节 研究内容及方法

一、研究内容

(1)对广西玉林地区壮族文化资源的现状进行详细调查,包括文化遗产、传统节日、民间艺术和手工艺品等内容,以及这些文化资源在当地社区和乡村振兴中发挥的作用。

(2)通过问卷调查和实地访谈收集数据,分析当地社区居民和游客对壮族文化资源的认知、态度和期望,以及这些资源在促进地区经济和文化发展中发挥的潜在作用。

(3)运用IPA(重要性—满意度分析)方法分析收集的数据,确定壮族文化资源的重要性和表现,识别保护和利用中的重要问题和面临的挑战。

二、研究方法

本章研究将采用多种研究方法来深入探讨壮族文化资源在广西玉林地区的保护策略及其影响。

(1)文献回顾。通过阅读已有的文献资料并对其进行整理与归纳,确定壮族文化资源保护的研究目标和方向。这包括对相关理论、案例研究、政策分析等的综合评价,以建立研究的理论框架。

(2)问卷调查法。通过设计问卷来收集游客和当地社区居民对壮族文化资源的认知、态度和满意度。问卷将包括关于文化资源保护意识、参与度和对资源利用的感知等方面的问题。

(3)实地访谈法。实地访谈当地文化工作者、社区领袖和旅游业从业者,了解他们对壮族文化资源保护和利用的看法。访谈将侧重收集关于文化资源的保护措施和利用策略的深入信息。

(4)IPA(重要性—满意度分析)法。使用IPA法来分析从问卷调查和访谈中得到的数据,重点在于评估文化资源各个方面的重要性和表现。根据这些因素的重要性和表现,将数据放置于IPA坐标系中,从而识别哪些方面需要重点改进和加强。这样的分析有助于明确文化资源保护和利用策略中的优先领域与潜在改进方面。

第三节 相关理论概述

一、景区游客满意度的相关概念

（一）文化旅游资源

文化旅游资源指的是依托历史、文化遗产和民族传统的旅游资源。这包括历史遗迹、民族村寨、传统节庆、民俗文化、手工艺品等，它们不仅能满足游客的观光游览需求，还能提供深度的文化体验和教育价值。在广西玉林地区，壮族文化资源，如传统节日和民间艺术，构成了独特的文化旅游吸引力。

（二）文化旅游满意度

文化游客满意度是指游客对文化旅游体验的综合心理评价，包括对文化资源呈现方式、保护状态、解说服务、参与性体验以及文化产品的满意程度。这不仅包括对景区的感知因素，还涉及游客的个人背景、期望和旅游动机等。在评估壮族文化资源如何促进广西玉林地区乡村振兴和社区发展时，了解和提升文化游客满意度是关键。

二、IPA 法的概念与运用

IPA 法，全称为"重要性—表现程度"分析法，由 Marilla 和 James (1977) 所提出，是一种基于现代理论的分析方法，用于比较和评估不同领域或理念。该方法主要用于分析产品或服务的质量属性及其性能，以及顾客对这些属性的关注和满意度。这种方法简单实用，分析结果直观明了，特别适用于了解游客或使用者对某项资源或服务的重要性与满意度的感知，并帮助识别应优先改进的方面。

在本章研究中，IPA 法将用于分析壮族文化资源在广西玉林地区的保护和利用等方面。通过将重要性作为横轴，表现作为纵轴，并以文化资源各项属性的重要性和表现的平均值作为划分点，IPA 模型能够将评估结果划分为四个象限。这样的分析能够揭示哪些文化资源在保护和利用过程中是重要且需加强的，以及哪些方面虽然表现良好但可能不是优先关注的重点。最终，这将指导本章研究提出针对壮族文化资源保护和利用的具体策略，促进广西玉林地区的乡村振兴和社区发展（如图 6-1 所示）。

```
高  ┌─────────────────┬─────────────────┐
满  │                 │                 │
意  │      B 象限      │      A 象限      │
度  │    供给过渡区     │    继续保持区     │
    │                 │                 │
低  ├─────────────────┼─────────────────┤
    │                 │                 │
    │      C 象限      │      D 象限      │
    │   优先顺序较低区   │   加强改善重点区   │
    │                 │                 │
    └─────────────────┴─────────────────┘
         低       重要性        低
```

图 6-1 重要性——表现程度象限图

第四节 玉林壮族传统文化基本概况

玉林市作为岭南文化的重要发源地之一，其文化特征融合了广府文化和客家文化的精髓，形成了独特的地域文化特质。这种融合不仅体现在日常生活的方方面面，如语言、饮食、风俗习惯，还深刻影响了当地的艺术和手工艺传统。

玉商文化：玉林自古以来就有"千年古州"之称，其历史上活跃的商业活动造就了一大批成功的"玉商"，形成了鲜明的玉商文化。这种商业传统不仅推动了当地经济的发展，也促进了文化交流和创新。

侨乡文化：玉林是广西最大的侨乡，这里的侨乡文化源自其独特的历史背景，兼容中西、开放包容。近年来，玉林致力于挖掘和弘扬侨乡文化，通过组织海外华裔青少年的"寻根之旅"等活动，促进文化的传承与交流。

创作文化：文艺创作在玉林市非常活跃，尤其是文学创作方面。玉林市作家协会等文艺团体贡献了众多优秀的文学作品，成为地方文化最鲜活生动的载体。这些文艺作品不仅反映了玉林的历史文化，也展现了当代社会的面貌。

非物质文化遗产：玉林市在保护和传承非物质文化遗产方面做了大量工作。特别是茶泡文化，作为玉林的一个重要非物质文化遗产，其制作工艺和食用方式不仅深受当地居民喜爱，也吸引了外地游客的兴趣。

在探讨广西玉林地区壮族传统文化资源的保护和利用策略时，了解和分析玉林市的文化特征至关重要。玉林市的文化背景深植于岭南文化，融合了广府和客家文化，形成了其独特的文化特质，如玉商文化、侨乡文化和丰富的文艺创作。特别是茶泡文化等非物质文化遗产的保护和传承，反映了玉林地区对本土文化资源的重视。

这些文化特征不仅丰富了玉林地区的文化景观，也为壮族传统文化资源的保护提供了多样化的背景。例如，通过侨乡文化的国际交流活动和文艺创作的推广，可以增强壮族文化在国内外的知名度和影响力，同时促进文化旅游和经济发展。茶泡文化等非物质文化遗产的保护和创新利用，可以作为壮族传统文化保护策略的一部分，通过活化历史和文化资源，促进社区发展和文化传承。

因此，玉林市文化特征的深入理解对制定壮族传统文化资源保护和利用的策略至关重要，有助于促进广西玉林地区的乡村振兴和社区发展。

第五节　景区游客对壮族文化资源的重要度与利用调查

一、问卷设计

本部分主要通过问卷调查法来获取游客信息，所以参考借鉴了有关景区游客对壮族文化的重要性和表现，整个调查问卷的内容分为以下三个部分：游客的基本情况调查、主体问卷和游客对壮族文化的重要性和表现程度。

第一部分，游客的基本情况调查首先为人口统计学特征调查，主要了解游客的性别、年龄、教育程度和职业等内容。其次是游客了解壮族文化的信息来源，对玉林的哪些壮族文化景点感兴趣，影响游客去旅游的因素，游客的旅游动机和游览行为以及出行方式。

第二部分是主体问卷，主要是调查游客对调查游客对广西玉林地区壮族文化资源的整体体验和评价，包括对文化活动、历史遗迹、民间艺术、手工艺品展示的感知和满意度，以及他们对文化资源保护和利用的看法。问卷中各项内容影响因素的选取主要通过阅读已有的文献资料提取得出的结果。其中，问卷包括几个核心部分：首先，对壮族文化资源的规划和展示，如文化活动的多样性、遗址的可访问性进行评估；其次，评价文化资源访问的交通便利性，以及文化活动地点的环境和设施;再次,调查文化活动、展览和手工艺品购买等方面的消费情况;对文化服务,如活动组织、信息提供的满意度进行评价;最后,收集游客对地方特色餐饮和文化商品购物体验的反馈,以及他们对壮族文化资源保护和利用的改进建议。这样的调查旨在全面理解壮族文化资源在促进玉林地区乡村振兴和社区发展中的作用。以上内容的影响因素测量方式采用李克特五分等级量表,对游客旅游的重要性——满意度进行测量,游客旅游期望的重要程度用数值 5、4、3、2、1,分别代表非常重要、重要、一般重要、不重要和非常不重要。同理,游客旅游后的满意程度也用 5、4、3、2、1,对应满意程度依次为非常满意、满意、一般满意、不满意、非常不满意。

第三部则是收集游客对广西玉林地区壮族文化资源保护和利用的反馈。鼓励游客手动填写他们对文化活动、遗址保护、手工艺展示等方面的意见和建议。这些直接的反馈将为评估壮族文化资源在玉林地区的保护效果和利用情况提供重要信息,从而帮助理解当前策略的效果,并提出更为有效的保护和利用措施。

二、问卷调查

本次满意度调查主要结合调查问卷与实地访谈两种方式,问卷调查于 2023 年 10 月进行,问卷共发放 203 份,有效问卷 172 份,有效率为 84.73%。根据调查后的结果进行数据处理,用 IPA 分析法建立模型进行后续的数据分析。

(一)人口统计学特征分析

表 6-1 游客基本信息

人口统计学特征		样本数/人	比例/%
性别	男	57	33.14
	女	115	66.86
年龄	18 岁以下	4	2.33
	18 岁~25 岁	68	39.53
	26 岁~40 岁	57	33.14
	41 岁~60 岁	40	23.26
教育程度	高中以下	58	33.72
	高中	22	12.79
	专科	24	13.95
	本科	66	38.37
	本科以上	2	1.16

续表

	人口统计学特征	样本数/人	比例/%
职业	学生	59	34.3
	教师	9	5.23
	公务员	0	0
	农民	2	1.16
	自由职业者	25	14.53
	事企业职员	19	11.05
	科研人员	0	0
	退休人员	2	1.16
	其他	56	32.56

通过问卷调查显示（表6-2），游客的性别比例女性高于男性，占比66.86%，说明女性旅游的需求相对男性较高。年龄多集中在18~25岁、26~40岁、41~60岁这三个阶段，分别占比39.53%、33.14%、23.26%，这三个年龄段属于中青年阶段，表明中青年游客在经济水平上、闲暇时间以及精神体力方面有着较为明显的优势。从教育程度方面来看，高中以下学历33.72%，高中12.79%，专科13.95%，本科38.37%，本科以上1.16%，游客的文化程度较为分散，各个阶层都有，分布较为平均。同时，从游客的职业的角度来看到玉林旅游的更多的是学生占比34.3%，为数量最多。其次是其他人员，占比32.56%，其中包括家庭主妇、待业者、跆拳道教练、美容师、瑜伽老师等，自由职业者、事企业职员、教师、比例分别是14.53%、11.05%、5.23%，农民和退休人员都是1.16%。

（二）旅游特性分析

游客出游前的行为调查主要包括游客了解壮族文化的信息来源和网络途径、旅游动机以及影响游客到玉林旅游的因素。分别从表6-3做出分析：

表6-3 游客了解壮族文化的信息来源

信息来源	网络或APP	旅行社	单位组织	朋友推荐	报纸或杂志	社区广告广播
频数/人	42	12	102	150	27	21
比例/%	24.42%	6.98%	59.3%	87.21%	15.7%	12.21%

表6-4 游客了解壮族文化的网络途径

网络途径	微博	抖音、快手等APP	携程、驴妈妈等旅游网站	朋友圈微信公众号推荐	其他网络途径
数量/人	20	47	15	156	80
比例/%	11.63	27.33	8.72	90.7	46.51

从表 6-4 的游客信息来源得知，游客主要通过朋友推荐以及团队组织的途径了解到壮族文化，占比分别是 87.21%、59.3%。表明游客更愿意相信亲朋好友的体验感受，接受他们的推荐。从网络或 APP 了解的游客有 24.42%，旅行社占比 6.98%，报纸或杂志 15.7%，社区广告广播 12.21%，在网络信息广泛普及的情况下游客在传统的信息收集方式比网络或者 APP 会相对少很多。随着网络技术的发展，营销手段也在顺应时代不断更新。从表 6-4 得知，有 90.7% 的游客从微信朋友圈或者公众号了解到玉林的壮族文化，通过其他网络途径了解的游客有 46.51%，通过实地访谈得知，其他网络途径为百度等。抖音、快手等 APP 占比 27.33%，微博 11.63%。近几年微信公众号和短视频的兴起也成为文化输出的营销手段之一。总结以上数据，说明传统壮族文化侧重点以微信朋友圈以及微信公众号、抖音快手等 APP 平台进行景区营销和推广，从而也促使更多的亲朋好友以及某些公司的员工通过对朋友圈和公众号的转发，达到亲朋好友推荐的效果。

表 6-5 游客的旅游动机

旅游动机	数量/人	比例/%
休闲娱乐	166	96.51
观光旅游	168	97.67
参与壮族节庆活动	18	10.47
体验壮族文化	39	22.67
宗教信仰	6	3.49
会议旅游	2	1.16
其他	1	0.58

通过表 6-5 游客的旅游动机可知，目前景区游客多以休闲娱乐（96.51%）和观光旅游（97.67%）为主，说明景区的观赏性资源对游客具有较大的吸引力。但同时也说明了景区旅游类型较少，无法满足游客更多的旅游需求。有 10.47% 是参与壮族节庆活动，说明游客到景区旅游为了深入了解当地文化原因。体验壮族文化 22.67%，说明景区具有一定的学习和考察价值。宗教信仰以及会议旅游比例很低，说明主打"三教合一"的景区宗教氛围还不够浓厚以及缺乏相应会议旅游的环境。

影响游客选择去游玩的因素中（表 6-6），大部分游客都选择了距离（91.28%）交通（70.35%）、景区特色（67.44%）以及安全（56.98%）这四个因素。游客考虑的景区距离的远近以及使用什么交通工具说明景区主客源市场多分布于周边邻近区域。景区特色是吸引游客去游玩的重要因素之一，说明景区具有一定的景区特色，安全也是游客的考虑的重点之一。

表 6-6 影响游客到景区旅游的因素

影响因素	数量/人	比例/%
景区特色	116	67.44
交通	121	70.35
价格	47	27.33
服务	40	23.26
安全	98	56.98
距离	157	91.28
其他	11	6.4

表 6-7 游客感兴趣的景点内容

景点内容	数量/人	比例/%
壮族村寨	89	51.74
庆寿岩禅寺	115	66.86
十字街	102	59.3
壮族手工艺体验	93	54.07
博物馆	75	43.6
田园风光	152	88.37
山野露营电音节	91	52.91
云天文化城	60	34.88

在游客对景区的哪些景点内容感兴趣中（表6-7）田园风光（88.37%）首当其冲，然后是庆寿岩禅寺（66.86%）和十字街59.3%，这几个是景区的主推的景点，对游客来说印象会比较深刻。大部分游客第一选择壮族手工艺体验。

表 6-8 游客的出行方式

方式	旅行社团队游	散客游	自驾游	其他方式
数量/人	3	86	60	23
比例/%	1.74	50	34.88	13.37

游客的游览行为特点调查主要包括表6-8的出行方式以及表6-9的游客行为统计分析中的收入水平、个人消费金额、交通工具、停留时间和旅游次数。从游客的出行方式来看，有50%的游客是散客游，34.88%是自驾游，而旅行社团队游和其他方式均未超过15%，说明游客会更多选择个人或和家人朋友一起旅游，并且去的地方都不会太远。

根据表6-9的结果得出，游客月收入水平2000元以下的35.47%占比最高，其次是3000~4000元占比23.26%，经济总体综合水平中下。游客在景区的消费集中在200元以下、201元~300元、301元~500元这三个区间，也说明了，游客在景区消费的金额会受到自身月收入的影响，月收入低，花费的金额也会越低。在交通工具和出行方式中，选择汽车（48.84%）和大巴（27.33%）的较多，然后是其他（21.51%）的交通工具，如电动车等。选择交通工具的结果导致自驾游（34.88%）与散客（50%）的出行方式较多。游客的在景区旅游次数37.79%是1次，39.53%是2次，停留时间大部分是半天（47.67%）或一天（44.77%）说明目前景区重游率较低，说明景区景点内容单一，仍以简单游览观光为主，景区内容不丰富，缺乏深度游的景点项目。

表 6-9 游客游览行为统计

游客相关信息	统计描述	样本数/人	比例/%
月收入水平（元）	2000元以下	61	35.47
	2001元~3000	27	15.7
	3001元~4000	40	23.26
	4001元~5000	19	11.05
	5001元~6000	15	8.72
	6000元以上	10	5.81
个人消费金额（元）	200元以下	57	33.14
	201元~300	40	23.26
	301元~500	47	27.33
	501元~1000	22	12.79
	1000元以上	6	3.49
交通工具	步行	2	1.16
	自行车	2	1.16
	汽车	84	48.84
	大巴	47	27.33
	其他	37	21.51
停留时间	3个小时以下	8	4.65
	半天	82	47.67
	一天	77	44.77
	一天半	3	1.74
	两天以上	2	1.16
旅游次数	1次	65	37.79
	2次	68	39.53
	3次	28	16.28
	4次	9	5.23
	4次以上	2	1.16

（三）游客对壮族文化 IPA 重要度分析

IPA 模型能够非常直观地看出景区游客的重要性满意程度，第一象限代表的是期望较高，并且满意度也较高的体验项目。第二象限是期望较高，但是满意度较低，这一部分进去可以着重发展。第三象限显示重要性较低满意度也较低的项目，是景区应低优先发展的项目，而第四象限是满意度较高，但是重要性较低的体验项目，这些项目可酌情考虑发展28。根据总结王光伟(2019)29基于 IPA 法的广西五彩田园景区游客满意度评价体系中的 7 个因素 29 个因子以及梅骏翔等人(2019)30 历史文化遗产型景区游客满意度的研究结果，建立主要包括景区规划、内外部交通、景区环境、景区消费情况、景区服务、餐饮服务、旅游购物体验以及其他 8 个影响因素 49 个指标的景区游客满意度评价指标体系（表 6-10）通过景区游客满意度评价体系结合调查问卷的数据得出 IPA 模型（图 6-2）。

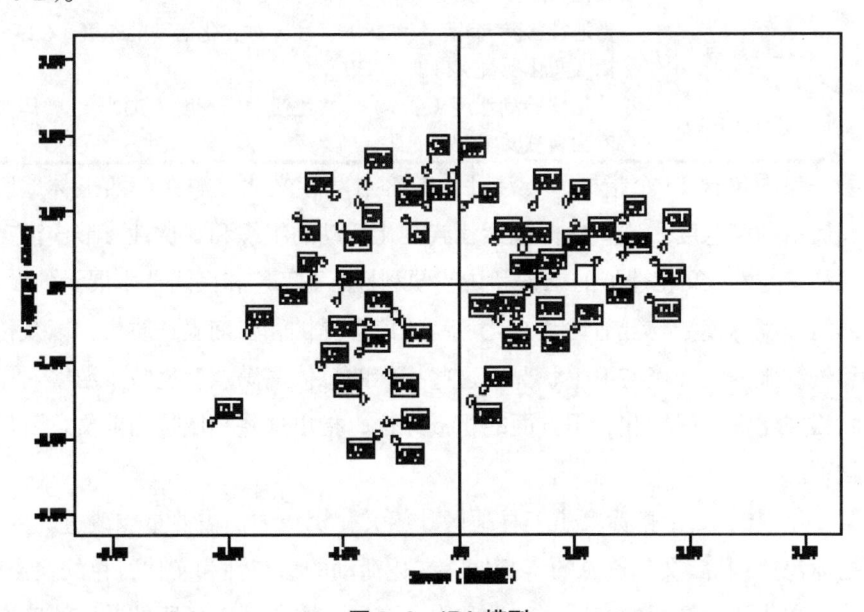

图 6-2　IPA 模型

表 6-10　玉林地区壮族文化资源游客满意度评价指标体系

目标（A）	影响因素（B）	指标（C）
满意度评价（A）	文化展示（B1）	文化活动的多样性（C1）、历史遗址保护（C2）、手工艺展示（C3）、文化活动的参与性（C4）、文化特色展示（C5）
	文化体验（B2）	文化活动体验（C6）、文化遗址访问（C7）、传统手工艺体验（C8）、文化活动安排（C9）、文化体验项目多样性（C10）
	文化环境（B3）	文化活动地点环境（C11）、文化遗址环境（C12）、手工艺展示环境（C13）、文化活动区域布局（C14）、文化体验项目环境（C15）
	文化服务（B4）	文化活动组织（C16）、文化信息提供（C17）、文化活动指导（C18）、文化产品销售（C19）
	文化传承（B5）	传统文化传承活动（C20）、传统手工艺教学（C21）、地方文化故事分享（C22）、传统文化展览解说（C23）
	文化消费（B6）	文化活动费用（C24）、手工艺品购买（C25）、传统食品消费（C26）、文化商品性价比（C27）
	社区参与（B7）	当地社区参与程度（C28）、社区对文化活动的态度（C29）、社区文化项目支持度（C30）
	其他（B8）	文化体验满意度（C31）、文化活动推荐度（C32）、整体文化体验满意度（C33）

第一象限包含15个指标，专注评价游客对壮族文化资源在广西玉林地区的保护和展示的满意度。这些指标包括壮族文化活动的组织和观赏性、节庆活动的安全性和参与性、文化遗址的维护和访问便利性、手工艺和民间艺术展示的质量、文化体验环境的整洁与舒适性、文化活动的信息提供和咨询服务质量，以及传统食品和餐饮服务的环境与卫生状况。这些指标的总体高满意度反映了游客对玉林地区壮族文化资源保护和利用方面的积极评价，指出这些领域是当前文化资源管理的强项。

第二象限的12个指标聚焦玉林地区壮族文化资源方面需要重点改进的内容。这些指标包括：壮族文化资源的丰富性、文化活动的参与性和文化特色的突出度；游客到达文化活动场所的交通便利性和内部交通；文化活动场所的游览线路布局和休闲娱乐环境；文化特色餐饮的价格和特色表现；旅游购物的商品与当地特色联系，以及性价比和预期效果的满足程度。这些指标指出了游客体验中的关键不足，包括文化资源展示不足、交通便利性问题、休闲娱乐设施的改善需求，以及文化商品的特色强化和性价比提升的必要性。

第三象限的指标反映了游客对与壮族文化资源相关消费项目的低重视和低满意度。这些项目包括文化活动的门票费用、交通安排、餐饮和住宿选择、购物体验以及休闲娱乐设施。调查显示，散客和自驾游客占主导，他们通常不需要住宿和餐饮服务，对购物的需求也有限，因此对这些方面的重视度较低。同时，对文化活动的门票价格、二次消费以及缺乏特色的演出服务表达了不满。这些发现表明，文化资源的利用方式需要针对不同游客群体进行更细致的评估和调整，尤其是对独立和自驾游客的特定需求和偏好，以提高满意度并优化资源利用策略。

第四象限的指标是重要性低满意度高的供给过度的项目，包括特定的壮族文化活动的便利性（如电车停车场环境）、自助式的文化资源讲解服务、文化活动中的餐饮服务以及当地居民对文化活动的态度和安保服务等。这表明虽然这些方面在游客体验中表现良好，但它们对游客选择访问壮族文化资源的重要性较低。因此，在未来的策略中，可以考虑在这些方面进行资源的合理配置，以便将更多资源投入对游客更为重要的壮族文化体验方面。

第六节 壮族文化资源对游客满意度的影响因素分析

一、强项与优势（第一象限）

在第一象限中，游客对壮族文化活动的高度满意度凸显了玉林地区在展示壮族文化遗产方面的显著成就。这表明所组织的文化活动不仅内容丰富、形式多样，而且与游客的兴趣和期望高度契合，从而提供了深入且愉悦的文化体验。这一优势是玉林地区文化资源保护和展示工作中不可或缺的一部分。为了进一步提升游客体验，可以考虑引入创新元素和互动性更强的活动，以增强体验的丰富性和参与性。例如，通过增加互动式展览、实地体验活动或结合现代科技的展示方式，可以更生动地传达壮族文化的独特魅力，同时提高游客的参与度和满意度。

二、改进与发展（第二象限）

第二象限揭示了文化资源展示不足、参与性低和交通不便是导致游客满意度降低的关键因素。为了解决这些问题，首先需要投入更多资源来创新壮族文化的展示方式。这可能包括使用数字媒体和交互技术增强展览的吸引力，或者组织更多富有教育意义和娱乐性的文化活动。其次，提高交通便利性至关重要，特别是改善通往主要文化遗址和活动场所的交通条件。此外，通过增加文化活动的参与性和互动性，如举办工作坊、互动表演和文化体验活动，可以让游客更深入地体验壮族文化，从而提升他们的整体满意度。这些改进不仅能提升游客体验，也有助于加深他们对壮族文化的理解和欣赏，进一步促进玉林地区的文化旅游发展。

三、资源优化（第三象限）

第三象限中的低重要性和低满意度指标表明玉林地区在某些服务或设施上可能未能有效满足游客的特定需求。特别是对散客和自驾游客，他们可能对某些服务项目（如高额门票、不必要的购物体验或额外的娱乐设施）不太重视。这种情况要求对现有的资源和服务进行深入的重新评估和调整，以更好地适应不同游客群体的具体需求和期望。例如，可以考虑提供更多的定制化服务或灵活的访问选项，以提高这些游客的总体满意度。通过更精准地定位服务和资源，可以提高游客体验的质量，同时确保文化资源的有效利用和保护。

四、潜在机会（第四象限）

尽管第四象限中的服务和设施在游客体验方面表现良好，但它们对吸引游客参与壮族文化资源的探索中作用有限。这暗示未来的发展策略应更多地聚焦那些能显著提升游客体验和增强对壮族文化兴趣的项目。例如，可以开发更具互动性和教育意义的文化体验活动，或者创造更多与当地文化深度融合的旅游产品。这不仅有助于提升游客的整体满意度，还能促进对壮族文化的更深入理解和欣赏，进一步激发其对玉林地区文化遗产的兴趣和参与。

第七节　基于 IPA 模型壮族文化资源保护与游客满意度提升的策略建议

一、增强文化资源展示的丰富性与参与性

为增强壮族文化资源的展示丰富性和参与性，应采取多元化的策略。首先，可以组织主题性强的文化展览，深入展示壮族的历史、艺术和文化，利用吸引力强的视觉和互动元素，提升游客的参与度和体验深度。其次，融合现代科技，如

虚拟现实或增强现实技术，为游客提供新颖且富有教育意义的文化体验。此外，与当地社区合作，开展文化交流活动，让游客直接体验真实的壮族文化生活，从而增强游客对壮族文化的认知和兴趣，同时促进文化旅游的可持续发展。

二、改善交通设施

对景区来说，要进一步完善景区外部的交通建设。这一方面景区，可以大力加强与政府之间的合作，借助的文化内涵与政府之间成立历史文化保护的项目，寻找政府的支持，借助政府的手来完善外部交通网的修缮，使交通工具不再单一，为游客提供更加便捷的交通设施。

同时也要完善景区内部的交通设施。景区淡季的时候，可以利用自身的资金储备，进一步加强交通道路的建设与修缮，引进景区内的共享自行车或电车，使游客扫码骑行，减少游客在等车时间的同时还增加了游客自由观赏与骑行健身的乐趣。交通工具不再单一，使游客体会到更加便捷的交通服务，从而加强游客满意度。

三、合理定位，提高餐饮和物品特色

要进一步明确文化特色以及当地的历史文化内涵，在充分了解这些特色的基础上，再进行一些文创产品的设计或者是餐饮食品的推广，文创产品要进一步贴合景区的文化特色以及历史内涵。餐饮食品要更加接近当地的民风民俗，使得游客能够充分地体会到当地餐饮的特色，要想拒绝在景区发展过程中出现同质化的现象，那么景区就必须对自身进行合理的定位，充分的了解自身历史文化发展轨迹以及所处地区的民风民俗食品特色。这不仅对当地是一个很好的宣传，同时对提升景区的独特性具有重要的作用。

四、强化文化商品与服务的特色

强化文化商品与服务的特色，重点提升文化商品的质量和特色性，确保它们能够更好地反映壮族文化的独特性。通过支持当地手工艺人和艺术家，开发与壮族文化密切相关的产品，如传统服饰、工艺品和艺术作品。同时，提供与壮族文化相关的服务，如文化体验活动、专题讲座和文化展览，以增强游客对壮族文化的整体体验和认知。这不仅有助于保护和传承文化遗产，也能为当地社区带来经济利益。

第八节　本章小结

本章研究运用 IPA 模型深入探讨分析了壮族传统文化资源在促进广西玉林地区乡村振兴和社区发展中的关键作用。本章研究发现，增强文化资源的展示丰富性和参与性，对提升游客的满意度和文化体验至关重要。文化资源的有效展示不仅吸引了更多游客，也增强了游客对壮族文化的理解和认同，进而激发了对当地文化遗产的保护兴趣。

同时，本章研究发现改善交通和访问便利性有利于提高游客的满意程度，特别是在文化遗址和活动场所周边。便利的交通不仅能够降低游客的旅行成本和节约时间，还能提高游客到达和参与文化活动的可能性，从而增加游客对文化资源的接触范围和互动内容。

此外，通过提升文化商品和服务的特色和质量，还可以进一步增强游客对壮族文化的兴趣和参与度。高质量的文化商品和富有特色的服务不仅能够提升游客的整体体验，还能促进当地经济的发展，有助于文化资源的长期保护和可持续利用。

未来发展方面，持续的投资和创新对壮族文化资源保护和利用的成功至关重要。创新的策略和方法，如采用新技术在文化展示上的应用，能够提高文化资源的吸引力和教育价值，同时激励当地社区积极参与文化资源的保护工作。通过这些努力，玉林地区不仅能够保护和弘扬其独特的文化遗产，还能在社区发展和乡村振兴方面取得显著成就。

第七章　六次产业视角下区域品牌的发展战略研究——以日本农协的松本高地葡萄酒庄为例

近年来，日本农业的发展形势日益严峻。具体表现为农业后继乏人，农业人口不断减少，导致农业劳动力严重不足。这种情况的发生，使得农业生产的效率和产品质量都受到了很大的影响。

此外，耕地面积狭小导致农产品价格低廉、经营结构效率低下，许多农民因此陷入困境，农民离田、弃耕的现象日益严重。这不仅导致了农业生产的减少，也给农民的生计带来了很大的压力。

除此之外，进口农产品的增加和新型病毒的传播也使日本农业的发展雪上加霜。进口农产品的增加，使得日本本土农产品的市场份额受到了挤压，从而影响了农民的收入，而新型病毒的传播，则给农业生产和产品销售带来了很大的不确定性。

在这种艰难的情况下，如果能够提高农民生产的农产品的附加值，就能够增加生产者的收入，改善农业管理的方式，进而促进当地经济的发展。这需要政府、农民和企业共同努力，采取一系列的措施，如加强农业科技创新、提高农产品品质、加强品牌建设等，来提高农产品的附加值。同时，也需要加强农业产业链的建设，促进农业与其他产业的融合，提高农产品的附加值和市场竞争力。只有这样，才能够缓解日本农业面临的困境，促进农业的可持续发展。

针对农业和农村地区的现状，自20世纪90年代以来，日本一直致力于在农村地区实现"第六次产业化"，以此创建农村地区产业，促进多方面的地区振兴。1994年，今村成美提出了"第六产业"的概念，并将其应用于农业和农村部门，以促进农业和农村地区的振兴。换句话说，"第六产业化"是一个产业融合的概念，旨在通过整合农业生产、加工和流通，振兴农业经营和地方产业，创造就业机会，并进一步增加农产品的价值。

后来，长谷川敏郎根据营销战略的思想，将"农村市场化"定义为结合农村的地方、商品和思想，向城市消费者提供当地产品的企业，并指出这是一种创建农村地方产业的方法，可促进多方面的地方振兴。此外，Osamu Saito 指出，对内生农业企业而言，在区域内形成从原材料生产到加工和销售服务的价值链非常重要。

"第六次产业化"是一个将农业、工业和服务业融合在一起的概念，旨在创造更高的附加值和经济效益。进一步延伸这个概念，可以思考如何将其应用于更广泛的领域。

在教育领域，可以通过将农业知识和实践融入课程，培养学生对农业的了解和兴趣，进而为农业产业培养更多的人才。在医疗领域，可以利用农业资源开发药用植物和天然药物，促进农业与医疗的结合，提高人民的健康水平。在文化领域，可以将农业与文化创意产业相结合，通过举办农业文化活动、开发农产品文化衍生品等方式，提升农业的文化价值和吸引力。此外，"第六次产业化"还可以与信息技术、互联网等新兴产业相结合，推动农业的智能化、信息化发展，提高农业生产效率和管理水平。

总的来说，"第六次产业化"的概念可以延伸到各个领域，通过创新和融合，为不同产业带来新的发展机遇和附加值。这种跨领域的合作和发展将有助于实现经济的可持续增长和社会的全面进步。

因此，在以往的研究中，"第六次产业化"被认为在促进农场和农村经济方面发挥着重要作用，特别是在"创造就业机会和进一步提高农产品附加值"方面，但本章的研究的目的并不仅限于此，而是进一步延伸到第一产业——农业。笔者认为，"第六次产业化"将在促进第一产业生产方面可以发挥作用。这是因为 A 公司（本章的案例研究对象）在发展当地农业生产方面发挥了突出作用。这一点稍后将详细讨论，但从这个意义上讲，"第六次产业化"的作用被认为超越了以往研究的范畴。

基于此，笔者于 2022 年 8 月初对日本长野县松本高原农业合作社地区的"第六次产业化"案例进行了访谈调查。本次调查特别关注以葡萄酒庄为基础的发展举措，旨在深入了解当地以葡萄酒庄为基础的"第六次产业化"的发展历程、具体措施、在农业生产和区域品牌形成中的作用，以及其所面临的挑战。

之所以选择松本高原农业合作区的葡萄酒厂作为重点关注对象，主要是基于以下几个方面的考虑：首先，该地区的葡萄酒产业具有一定的规模和影响力，其发展经验对其他地区具有一定的借鉴意义；其次，该地区的葡萄酒庄在推动"第六次产业化"方面采取了一系列创新举措，具有一定的研究价值；最后，该地区的葡萄酒庄面临着一系列挑战，如市场竞争、环境保护等，这些问题的解决对推动"第六次产业化"的可持续发展具有重要意义。

通过对该地区的访谈调查，笔者希望能够为"第六次产业化"理论的发展提供一些有益的参考和建议，同时也希望能够引起更多人对"第六次产业化"的关注和重视。

本文选择该区域开展调研是因为本地区日照充足、昼夜温差大，拥有得天独厚的自然条件，这也使得该地区农产品丰富，品质优良。特别是松本高原农业合作区南部（如松本市今井地区、盐尻市地区等），自明治初期就已开始种植葡萄，经过多年发展，现已成为日本屈指可数的葡萄种植区，葡萄也成为该地区的代表性农产品。

葡萄酒生产是"第六次产业化"的一个典型例子。"第六次产业化"是将第一产业（农业）、第二产业（工业）和第三产业（服务业）融合在一起的发展模式，通过打通上下游产业链，创造更高的附加值。葡萄酒产业正好涵盖了这三个产业，包括葡萄种植（第一产业）、葡萄酒酿造和其他农产品加工（第二产业）以及葡萄酒厂的旅游业和零售业（第三产业），是一个能为农村社区带来高附加值的产业部门。

具体而言，本研究以松本地区的两家葡萄酒厂为对象。第一个案例研究对象是A酒庄，该酒庄采用从葡萄种植到葡萄酒酿造的一体化经营模式，注重第一产业和第二产业的发展；第二个案例研究对象B公司则是一家集葡萄酒酿造、酒庄参观、品酒、直销和餐饮业务于一体的旅游和直销酒庄，主要经营第二产业和第三产业。

总之，松本地区以其优越的自然条件和丰富的农产品而闻名，特别是葡萄种植区的发展。葡萄酒生产作为"第六次产业化"的一个典型例子，通过融合第一、第二和第三产业，为该地区带来了更高的附加值。本研究以松本地区的两家葡萄酒厂为例，探讨了以酒庄为中心的"第六次产业化"对当地农业和农工企业的影响，同时探讨其对该地区的经济溢出效应和面临的挑战。

第一节 研究地区的总体情况

本次调查所涉及的松本高原农业合作区位于长野县的中心地带，地处松本盆地，东面被宇都钏贺原高原和高宝地所环绕，自然条件十分优越。松本高原农业合作区的耕地由于河流集中，农业用水丰富。该地区日照充足，昼夜温差大，气候适宜果树和蔬菜生长。得天独厚的自然条件使该地区拥有丰富的农业、林业和畜牧业产品。这里盛产生菜、芦笋、卷心菜、韭菜、芹菜等多种蔬菜，还有苹果、葡萄、桃子和西瓜等各类果树。此外，这里还出产和牛、猪等畜产品以及大米和花卉。特别是松本市南部和盐尻市，由于上述日照充足、昼夜温差大等优越的自然条件，果树和蔬菜等农产品非常丰富。特别是葡萄种植始于明治初期，现已发展成为全国主要葡萄种植区之一。在 2019 年松本的农业产值中，水果产量占全部农业产值的三分之一。

松本高原农业合作社成立于 1992 年，由松本平农业合作社、畠山町农业合作社和山形村农业合作社合并而成。随后，它又与邻近的几个农业合作社进行了合并，形成了现在的松本高原农业合作社。自 2021 年 4 月 1 日起，该合作社以松本平为中心，将其管辖范围扩大到周边的市町村，包括长野县的松本市、原味武村、原长川村、原梓川村、山形村、明名村、生坂村、朝香里村、筑北村、旭村和盐尻市。通过这种方式，单位农业合作社的合并进展顺利，目前，松本高原农业合作社已成为长野县最大的联合农业合作社之一。

松本高原农业合作社的发展壮大，得益于其对当地农业资源的有效整合和利用。该合作社致力于推动农业产业化发展，通过引入先进的农业技术和管理经验，提高了农产品的产量和质量。同时，合作社还注重农产品的品牌建设和市场推广，使得当地的农产品在国内外市场上享有很高的声誉。

此外，松本高原农业合作社还积极开展农业旅游项目，将农业生产与旅游观光相结合，吸引了大量游客前来体验农村生活和品尝农产品。这种模式不仅促进了当地农业的发展，还为农村经济的多元化发展提供了新的思路和途径。

总的来说，松本高原农业合作区凭借其优越的自然条件和农业资源，通过合作社的整合和发展，成功实现了农业产业化和农村经济的多元化发展。这一成功经验为其他地区的农业发展提供了有益的借鉴和启示。

长野县松本市是松本高原农业合作区的中心地区,几乎位于本州和长野县的中心。该市东西长 52 公里,南北宽 41 公里,面积 978.47 平方公里,是长野县面积最大的城市。根据农业和林业普查数据,从 2010 年到 2020 年的 10 年间,松本的农户总数从 7984 户减少到 6185 户,减少了 1799(22.5%),而农业企业的数量从 2010 年起的 10 年间减少了 1467 家(31.7%)。还有人担心,由于人口老龄化和出生率下降导致后继乏人等因素,农业主要从业人员的数量将继续下降,预计未来农户数量将进一步减少。此外,松本地区(松本市及周边市町村),其农业和农村地区的周边环境也很艰难,因为该地区周边的山区面积相对较大,预计人口减少将使农业和山村的社区功能难以维持。

第二节 松本地区农业承载物和农田措施的减少

松本地区农业承载物和农田措施的减少,导致未耕作和荒废土地的增加,尤其是在耕作条件较差的松本地区的半山区和山区。针对这种情况,松本地区最近制定了《松本市第二期农林振兴计划——富饶的绿色和地球创造的农林之福》(2022 年 4 月),旨在确保多样化的承担者,发展组织和人力资、促进农畜产品生产、促进农田的优化利用和远距离保护。其中,特别强调了应对农业继承问题的措施、应对退化土地数量增加的措施、促进农业用地清算的措施等。据称,有必要将防止农业用地闲置退化和确保新的承载者结合起来,促进农业用地的有效利用。

作为一项具体措施,各地区积极讨论确保本地区农业生产所需的耕地的必要性,并将耕地整合和归并给农业生产的承担者,从而防止出现耕地退化的情况。松本地区已采取措施,促进耕地向规模农户、股份公司和农业企业集中,以维持农业生产、节省劳动力和提高作物产量等。

为了解决这些问题,松本地区正在努力确保农业生产的可持续性和发展。他们认识到农业继承问题的重要性,正在采取措施应对退化土地数量的增加,并促进农业用地的清算。通过整合和归并耕地给农业生产的承担者,他们希望防止耕地的退化和闲置。此外,松本地区还在推动农业向规模化、集约化和现代化方向发展,以提高农业生产的效率和质量。政府鼓励农业企业的发展,以提供更多的就业机会和促进农村经济的发展。

总的来说，松本地区正在积极应对农业面临的挑战，并采取一系列措施来确保农业的可持续发展。这些努力旨在保护农田、提高农业生产效率，并为当地居民创造更好的生活环境和经济机会。

第三节　松本地区"第六次产业化"的发展

在松本地区，为了提高农畜产品的附加值，增加农民和农业经营主体的收入，政府加强了对从事"第六产业化"的农民和企业的支持，并取得了越来越多的成果。"第六产业化"是将农业、工业和服务业融合发展，通过产业链的延伸和附加值的提升，实现农业的可持续发展和农民增收的模式。

在 2020 财政年度，政府除了对人力资源开发、产品开发和销售渠道开发提供补贴，还组织了最佳实践研讨会以及农民与企业和消费者等不同立场的人之间的跨行业交流会。这些措施有助于促进农民和企业之间的合作，推动农业产业的升级和创新。

此外，通过农业、商业和产业合作促进"第六产业化"的趋势也日益明显。这种合作模式可以整合农业生产、加工和销售等环节，形成完整的产业链，提高农产品的附加值和市场竞争力。松本 Monozukuri 支持中心在这方面发挥着桥梁作用，为农民、企业和相关机构提供信息、技术和资源支持，促进合作项目的实施和发展。

总的来说，松本地区通过支持"第六产业化"，不仅提高了农畜产品的附加值，增加了农民和农业经营主体的收入，还促进了农业、商业和产业的融合发展，为农村经济的可持续发展注入了新的活力。这种模式的成功经验为其他地区提供了借鉴和启示，有望在全国范围内推广和应用，进一步推动农业产业的现代化和农民生活水平的提高。

根据日本农林水产省公布的"基于第 6 次产业化的本地生产本地消费综合经营计划"（2010 年 7 月 29 日），长野县全县共有 100 个案例获得批准，在获批的综合经营计划数量最多的都道府县中排名第四。此外，在关东农业管理局管辖范围内的"第六次产业化"农业年销售总额中，按县划分，长野县以 702 亿日元位居全国第 7 位。因此，可以说长野县是"第六次产业化"取得较好进展的地区。

松本县成立了一个联络委员会，由与第二和第三产业相关的组织（如农民工商会和旅游协会）以及县农业推广中心和 JA 研究机构组成，目的是促进与其他企业（如加工商、零售商和旅游业经营者）的信息共享，从而实现以下目标：通过消除与其他行业合作的障碍，建立一个支持当地农民和企业的系统，以实现"第六次产业化"的目标。

因此，在长野县，以农产品加工企业和组织、农产品直销、农家旅馆、观光农庄和农家餐馆等农业生产相关业务为中心，正在推广发展农业和农村地区"第六次产业化"的举措。

第四节　"第六次产业化"的发展现状

一、结合第一产业和第二产业（A 公司案例研究）

A 公司是本次研究的主题，该公司位于长野县中部的盐尻市，距离 JR 盐尻车站仅 1.8 公里，距离长野高速公路盐尻交流道仅 5 分钟多车程，距离信州松本机场仅 15 分钟车程，交通条件十分优越。

A 公司是一家集葡萄栽培、葡萄酒酿造和销售于一体的葡萄酒厂。该公司在农业领域（葡萄栽培）尤为活跃，作为应对农民数量减少和农田破败的对策，受到了当地利益相关者的关注。

A 公司的历史可以追溯到 1927 年，自成立以来，A 公司确立了自己的经营方针，即使用尼亚加拉和康科德等当地特产葡萄生产纯国产葡萄酒，并与时俱进，不断发展壮大，从那时起，A 公司葡萄酒的质量在国内外都得到了证明。1990 年，该公司的葡萄酒在斯洛文尼亚国际葡萄酒大赛上获得银奖，这是 A 公司葡萄酒首次在国际上获得认可。随后，在 1997 年的同一大赛上，A 公司的 1997 年葡萄酒获得了金奖，这是 A 公司葡萄酒第二次在国际上获得认可。这两次获奖，让 A 公司的葡萄酒在国际上声名鹊起。

2002 年，长野县实施了"长野县原产地命名管理系统"，该公司正积极努力获得该系统的认证。此外，A 公司还是首批从事"无添加剂葡萄酒"生产的公司之一，这种葡萄酒不含抗氧化剂或其他添加剂。

该公司以其高品质的葡萄酒而闻名，其产品在国内外的各种比赛中多次获奖，A 公司在葡萄酒生产领域拥有丰富的经验和卓越的声誉。此外，公司对可持续发展和环境问题的关注使其成为行业的先驱者。

在葡萄种植方面，该公司于 2001 年获得了《农业生产法》的法人资格，从而能够收购和租赁农田，并以此为契机，作为自己的一个部门，全面参与葡萄种植。公司还提供随时参观工厂和采摘葡萄的服务。

从上述情况可以看出，A 公司正在积极开展工作，并致力于以葡萄为核心推动"第六次产业化"发展。

通过实地调查和访谈，了解到 A 公司目前拥有 35 名全职员工，其中 8 人负责葡萄栽培，27 人从事酿酒和销售工作。葡萄栽培人员几乎每天都在葡萄园工作，只有当酿酒工作全面展开时才会稍作休息。他们在葡萄园中的辛勤工作使他们能够在每个特定年份仔细检查每块葡萄园的收成和特性，并根据所种植葡萄的功能特性相应地调整酿酒方法。这种精细化的管理方式使得 A 公司能够在自己的葡萄园里实现从葡萄栽培到葡萄酒酿造的全过程控制，从而确保酿造出高品质的葡萄酒。

目前，A 公司投入大量资源改良地块土壤，以培育出更加优质的葡萄。他们积极推广机械化作业和省力化操作，从修剪到除草等各个环节都采用了先进的技术手段。在员工招聘方面，A 公司优先考虑农业大学的毕业生，并积极引进和留住新技术。总的来说，食品生产企业虽然在进入农产品原产地种植环节面临着诸多风险，但 A 公司注重制度建设和人力资源开发，以此来确保"第六次产业化"的顺利推进。

为了实现"第六次产业化"的目标，A 公司采取了一系列措施。他们不断改进种植技术，提高葡萄的产量和质量，同时加强与科研机构的合作，研发新的葡萄品种和酿酒工艺。此外，A 公司还积极拓展市场，加强品牌建设，提高产品的知名度和美誉度。

在推动"第六次产业化"的过程中，A 公司面临着一些挑战。例如，如何保障葡萄的品质和安全，如何提高生产效率和降低成本，如何应对市场变化和竞争压力等。针对这些问题，A 公司不断探索和创新，采取了一系列有效的措施。

总之，A 公司在推动"第六次产业化"方面取得了一定的成绩，为当地经济发展和农民增收做出了积极的贡献。同时，他们也面临着一些挑战，需要不断探索和创新，以适应市场变化和发展需求。

二、A公司进入酿酒葡萄种植领域

如上所述，A公司自1927年开始酿造葡萄酒。从公司成立到战后经济高速增长期，该公司一直专注于葡萄酒的酿造和销售。在此期间，该公司在采购酿酒葡萄时，与松本高原农业合作社的一些葡萄种植者签订了种植合同，采购葡萄酒原料。

然而，大约从经济高速增长时期开始，A公司面临一个重大挑战：合同酿酒葡萄种植者的老龄化和继任者问题，这逐渐导致酿酒葡萄采集困难。具体来说，酿酒葡萄种植者的数量和种植面积逐渐减少，难以采购到足够的酿酒葡萄。这是由于越来越多的合同农民离开农业转而种植其他作物，以及农业人口老龄化导致难以管理现有的葡萄园面积，并导致一些耕地被放弃。

针对这种情况，A公司没有采取增加对其他地区（或进口）原料的依赖的措施。这是因为，如上所述，A公司的政策是坚持使用本地原料酿酒。因此，A公司逐渐改变了参与葡萄种植的战略。2001年，该公司获得了农业生产者的身份，从而有可能购置农田、借贷资金并真正进入葡萄种植业。

为了解决老龄化和继任者问题，A公司采取了以下具体措施：首先，A公司为合同葡萄种植者提供培训和技术支持，帮助他们提高葡萄种植的技能和知识。这有助于年轻一代更好地了解和参与葡萄种植业务。其次，A公司与当地农业合作社、大学和研究机构建立合作伙伴关系，共同开展研究和开发项目，以提高葡萄种植的效率和质量。其次，A公司实施激励计划，鼓励合同葡萄种植者将业务传承给年轻一代。这可能包括提供经济奖励、贷款支持或其他形式的激励措施。再次，A公司积极引入先进的葡萄种植技术和设备，以减轻劳动强度并提高生产效率。这有助于吸引年轻一代加入葡萄种植行业。最后，A公司积极参与当地社区的活动，提高对葡萄种植的认识和兴趣。这有助于培养年轻一代对农业的热情，并吸引他们参与葡萄种植业务。

通过这些具体措施，A公司致力于解决合同葡萄种植者的老龄化和继任者问题，以确保葡萄供应的稳定，并维持其高质量葡萄酒的生产。这些努力不仅有助于公司的持续发展，还有助于保护当地农业社区的传统和文化。

根据实地访谈的结果，合同农户数量减少的主要原因有以下几点：生产者老龄化、后继乏人和撂荒土地增加。然而，还有其他问题也对合同农户的数量产生了影响，如与其他作物（如蔬菜）相比，酿酒葡萄的成本上升导致利润率下降等。

与蔬菜等其他作物相比,酿酒葡萄的成本增加对其利润产生了负面影响。这种情况导致了经济发展带来的双重就业机会增加、农业劳动力流失以及该地区向利润相对较高的蔬菜生产转移,这些因素都对 A 公司的酿酒葡萄采集工作产生了影响。过去主要依赖从合同农户那里采集的 A 公司不得不自己扩大酿酒葡萄的生产,以弥补葡萄产量的下降。再者,要求 A 公司管理自己农田的数量仍在增加,目前 A 公司管理的农田面积为 26 公顷,未来可能还会进一步增加。

在这种趋势下,A 公司积极引进省力化和低成本的栽培技术。该公司的目标是实现"使用当地加工的葡萄原料酿造当地生产的葡萄酒"。为了实现这一目标,该公司目前正在推行省力化栽培和建立自己的栽培方法。具体措施包括改进修剪方法、改良田间土壤和推广机械化。近年来,通过这些努力,单位面积的劳动力投入大幅减少,实现了劳动力的节约。在当前的趋势下,A 公司积极采取措施,引进省力化和低成本的栽培技术,以应对合同农户数量减少和酿酒葡萄成本上升的挑战。

该公司的目标是实现"使用当地加工的葡萄原料酿造当地生产的葡萄酒",这一目标体现了公司对本地化生产的重视和对品质的追求。为了实现这一目标,该公司正在推行省力化栽培和建立自己的栽培方法。具体措施包括改进修剪方法、改良田间土壤和推广机械化。

通过改进修剪方法,公司能够提高葡萄的产量和质量,同时减少劳动力的投入。改良田间土壤可以改善葡萄的生长环境,提高葡萄的养分吸收能力,从而提高产量和品质。推广机械化可以提高生产效率,减少人力成本,同时保证葡萄的采摘和加工的准确性和一致性。

根据调查,近年来,通过这些努力,A 公司取得了显著的成果。单位面积的劳动力投入大幅减少,实现了劳动力的节约。这不仅降低了生产成本,还提高了生产效率和产品质量。公司的努力为其在竞争激烈的葡萄酒行业中保持竞争力提供了有力的支持。此外,A 公司还注重与当地农户的合作,提供技术支持和培训,帮助他们提高葡萄种植的技能和水平。这种合作不仅有助于保证葡萄的供应稳定,还促进了当地农业的发展和农民的收入增加。总的来说,A 公司通过引进省力化和低成本的栽培技术,以及建立自己的栽培方法,取得了显著的成果。这不仅为公司的可持续发展奠定了基础,也为当地农业和经济的发展做出了积极的贡献。

总之,A 公司正面临着合同农户数量减少和酿酒葡萄成本上升的挑战。为了应对这些挑战，该公司正在采取一系列措施，包括扩大自己的生产、引进省力化和低成本的栽培技术。这些努力旨在确保公司能够持续提供高质量的葡萄酒，并在不断变化的市场环境中保持竞争力。

三、A 公司的葡萄酒生产和可持续发展战略

A 公司所在的盐尻市，拥有独特的地理和气候条件，这些条件非常适合种植葡萄。盐尻市海拔较高，属于内陆气候，晴天较多，昼夜温差较大。这里的降雪量不大，但冬季严寒。在沙层之上，形成了壤土层，而上层耕地土壤则非常适合在扇形河流台地上种植葡萄。

在这些有利的地区特点基础上，A 公司种植了多种葡萄品种，以满足市场需求。如表 7-1 所示，目前种植的葡萄品种包括红葡萄酒和白葡萄酒。其中，梅洛是 A 公司的代表品种，以其优异的品质和独特的风味而备受赞誉。近年来，除了传统的葡萄品种，该地区还引进了欧洲品种等新品种，并生产出新的优质葡萄酒。这些新品种的引入旨在丰富葡萄酒的种类，满足不同消费者的口味需求。自1980 年推出以来，A 公司的产品生产规模不断扩大。康科德、麝香和浆果等具有果香特征的品种成为每年的新酒。这些葡萄酒以其新鲜芳香的口感而受到许多消费者的青睐。如上所述，由于 A 公司的产品不含抗氧化剂和其他添加剂，一些产品只能在有限的时间内保留其独特的风味和品质。这也是 A 公司产品的特点之一，即强调产品的天然和纯粹。

总的来说，A 公司通过利用地区的优势条件，采用先进的栽培方法和不断创新的品种，成功地生产出高质量的葡萄酒。在葡萄种植过程中，架式栽培和改良智能剪裁是该地区普遍采用的栽培方法。这些方法不仅可以提高葡萄的产量和质量，还可以降低劳动力成本，提高了生产效率。这些葡萄酒不仅满足了消费者的口味需求，还展现了 A 公司对品质和可持续发展的承诺。

A 公司的种植对可持续发展的重要影响可以从多个方面来分析。首先，A 公司采用的环保栽培方法，如架式栽培和改良智能剪裁，有助于减少对土壤和水资源的破坏，保护生态环境。其次，种植多种葡萄品种有利于维护生物多样性，为当地生态系统的平衡和稳定做出贡献。再次，A 公司的种植和葡萄酒生产为当地经济带来了增长，提供了就业机会，促进了农村地区的发展。同时，公司对产品质量的严格要求和对可持续发展的关注，体现了企业的社会责任，为其他企业树立了榜样。从文化传承的角度来看，葡萄酒产业与当地文化密切相关，A 公司的

种植和生产有助于传承和弘扬当地的葡萄酒文化。最后，通过推广可持续发展的理念和实践，A公司可以教育和引导消费者，提高公众对环境保护和可持续发展的意识。综上所述，A公司的种植对可持续发展的影响涵盖了环境、经济、社会和文化等多个方面。这种综合性的影响有助于实现长期的可持续发展目标，促进人与自然的和谐共生。

表7-1 A公司的栽培品种

红葡萄酒	白葡萄酒
康科德（美国）	尼亚加拉（美国）
梅洛（西部）	霞多丽（西部）
麝香果（西部）	科尔纳（欧美）
多恩费尔德（西部）	赛美蓉（西部）
品丽珠（西部）	白皮诺（西部）
红光藤	赛贝尔（西部）

资料来源：作者根据与A公司的访谈和公司内部文件编写。

根据对A公司的访谈结果，该公司葡萄酒的年产量约为140000瓶，主要销售地在关东和关西地区。具体销售分布情况如图7-1所示，其中60%的葡萄酒销往东京都地区，25%销往大阪、名古屋和九州等西日本地区，其余25%销往从冲绳到北海道的日本全国各地。县域销售约占20%，县外销售约占80%。

意大利、西班牙、法国和葡萄牙是世界上主要的葡萄酒产区，其产量和品质一直居于世界领先地位。这些地区拥有悠久的葡萄酒酿造历史和丰富的葡萄种植经验，产出的葡萄酒口感丰富、风味独特，深受消费者喜爱。然而，近年来，智利、澳大利亚和美国的葡萄酒产量也有所增长，逐渐在国际市场上占据一席之地。

同时，葡萄酒产业在全球范围内呈现出多元化和不断发展的趋势。不同地区的葡萄酒产区各具特色，为消费者提供了丰富多样的选择。随着消费者对葡萄酒的需求不断增长，各个国家和地区的葡萄酒产业也将迎来更多的机遇和挑战。在未来的发展中，葡萄酒产业需要不断创新和提升品质，以满足消费者日益增长的需求。同时，各地区也需要加强合作与交流，共同推动葡萄酒产业的发展。

日本作为亚洲地区新兴的葡萄酒生产国，虽然与世界其他地区相比，其葡萄酒生产历史较短，但发展势头迅猛。自1970年世界博览会以来，日本人的饮食习惯迅速西化，对葡萄酒的需求也不断上升。过去，市场上有许多外国葡萄酒的产品，但随着葡萄酒文化的普及，日本葡萄酒公司逐渐开始酿造适合日本人口味的日本葡萄酒。在长野县，建立了许多新的葡萄酒厂，为当地经济发展注入了新的活力。特别是，A公司致力于生产与日本松本地区丰富的气候一样味道浓郁的葡萄酒，只使用当地的原材料，不引进任何其他公司或地区的原材料，追求自己的葡萄酒生产见图7-1。

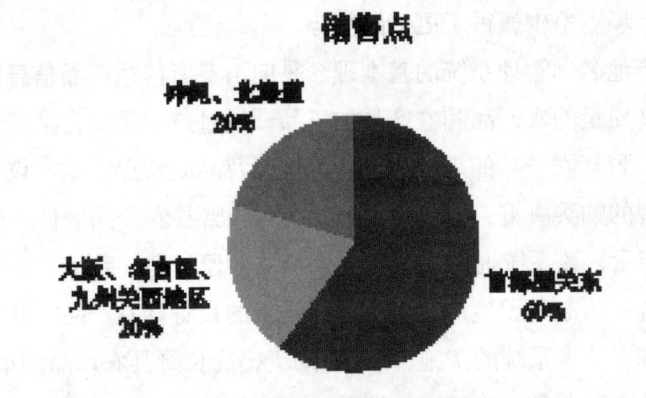

图7-1 A公司葡萄酒的目的地

资料来源：作者根据在A公司的访谈编写。

通过上述一系列的努力，A公司的产品在国际葡萄酒比赛中多次获奖，这不仅为公司赢得了极高的声誉，也使其产品获得了国内外市场的广泛认可。

然而，尽管A公司的葡萄酒品质优良，但由于销售范围有限，其海外出口量一直停滞不前，仅占总销售量的约1%。目前，A公司的主要出口目的地是新加坡和亚洲其他国家或地区，其葡萄酒主要销往日本餐厅和其他国家经营日本葡萄酒的各类餐厅。

总的来说，A公司在国际市场上的表现还有很大的提升空间。为了进一步扩大海外市场份额，A公司需要在市场推广、销售渠道拓展和产品创新等方面加大投入，以满足不同国家和地区消费者的需求。只有这样，A公司才能在竞争激烈的国际葡萄酒市场中脱颖而出，实现企业的可持续发展。

四、注册长野县原产地名称管理系统

2002年，长野县实施了《长野县原产地命名管理制度》。这一制度的实施，为长野县的农产品生产者提供了一个全新的发展机遇。A公司积极响应这一制度，争取获得认证，并最终成为长野县原产地命名管理委员会认证的葡萄酒生产商。

获得认证后，A公司的葡萄酒也因此具有了新的特色。长野县原产地命名管理委员会的认证，代表着 A 公司的葡萄酒在原材料选择、酿造工艺、品质控制等方面均达到了严格的标准。这一认证不仅为 A 公司的葡萄酒增添了一份品质保证，也为其在市场竞争中赢得了更多的优势。

长野县原产地名称管理系统的基本理念是向消费者传达产品信息和生产过程信息，提供更高质量的农产品和农产品加工品。通过这一系统，消费者可以更加清晰地了解到长野县农产品的来源、生产过程以及品质特点。这不仅有助于消费者做出更加明智的购买决策，也增强了消费者对长野县农产品的信任度。

如图 7-2 所示，该系统通过对长野县农产品的原材料、栽培方法和口味等方面进行评估，进一步激励了生产者生产更高质量的长野县农产品，并打造出长野县农产品的品牌。这一系统的实施，不仅有助于提高长野县农产品的市场竞争力，还有助于促进地方农业和地方经济的发展。

长野县实施的《长野县原产地命名管理制度》不仅为长野县的农产品生产者提供了一个展示自身产品优势的平台，也为消费者提供了一个了解和选择高质量农产品的渠道。这一制度的实施，对推动长野县农业的可持续发展、提升长野县农产品的品牌价值以及促进地方经济的繁荣都具有重要意义。

在葡萄酒的酿造过程中，原料葡萄的选择和处理至关重要。为了确保葡萄酒的品质和口感，长野县对原料葡萄有着严格的规定。首先，只允许使用长野县产的葡萄。长野县以其丰富的土地资源和适宜的气候条件而闻名，这里出产的葡萄品质优良，糖度高，口感丰富，为酿造高品质的葡萄酒提供了理想的原料。其次，规定了使用的葡萄品种。长野县只允许使用特定品种的葡萄，这些品种经过长期的选育和栽培，具有适应长野县气候和土壤条件的特性。通过限制葡萄品种的使用，可以保证葡萄酒的风味和特色。

除了对原料葡萄的来源和品种进行限制，长野县还对酿造过程有着严格的要求。从葡萄的破碎、压榨、发酵、成熟、过滤到装瓶的整个过程都必须在长野县域进行。这一规定旨在确保葡萄酒的生产过程完全在长野县的监管下进行，从而保证葡萄酒的品质和安全性。

此外，长野县还规定了在酿造过程中不得使用任何添加剂。除了规定的氧化剂和抗氧化剂，不允许添加任何其他物质。这一规定旨在保护葡萄酒的天然风味和口感，使消费者能够品尝到最纯正的葡萄酒。

长野县对葡萄酒生产的严格规定，体现了其对品质和安全的高度重视。通过限制原料葡萄的来源和品种，以及对酿造过程的严格要求，长野县致力于为消费者提供高品质、安全、纯正的葡萄酒。这些规定不仅有助于保护长野县葡萄酒的声誉和品牌形象，也为葡萄酒产业的可持续发展奠定了基础。

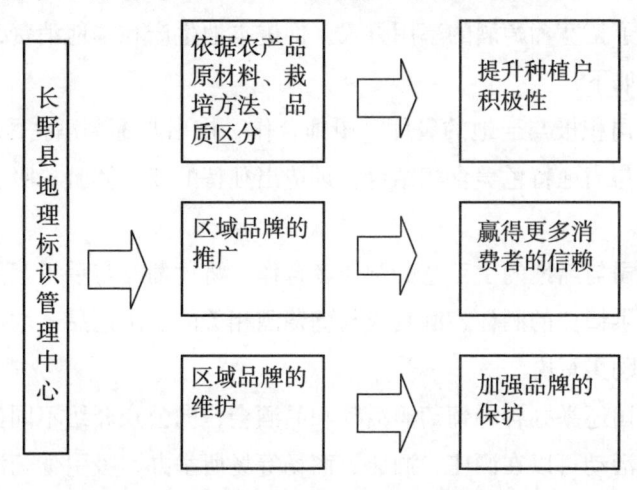

图 7-2　长野指定原产地管理系统的优势

资料来源：根据长野县原产地名称管理系统的说明材料编制。

作为该制度的管理机构，长野县原产地命名管理委员会会严格审查每个引进项目的认证标准，"特定项目委员会"则会专门成立"特定项目官方评估委员会"，对每个项目进行多方位的感官检查等，以确保认证产品的品质。只有经过严格评估，符合"特定商品委员会"制定的标准的农产品，才会被授予"通用标签项目+特定商品标签项目"的标识。

以葡萄酒为例，其标签上不仅要注明生产者（法人实体）的名称、酿酒葡萄地的位置、验收日期和葡萄品种，倘若采用了特殊的生产方法，还需将具体方法一同标注。评估过程将采用特定的方法，从色泽、香气、口感和平衡四个方面进行衡量。如上所述，政策明确规定，除抗氧化剂外不得使用任何添加剂。A 公司作为最早生产"无添加剂葡萄酒"的企业之一，在生产过程中完全不使用任何添加剂，充分体现了其创新精神。

该公司通过积极实施"长野县原产地名称管理系统"中以葡萄酒为中心的举措，努力提高人们对葡萄酒作为地方葡萄酒的认识。同时，公司还致力于确保葡萄酒深入渗透到消费者生活的各个方面，并将其作为一种葡萄酒文化扎根于人们心中。此外，公司还推广了葡萄酒与食品、葡萄酒与手工艺品、葡萄酒与美食、葡萄酒与手工艺品等的搭配方式，拓宽了享用葡萄酒的方式，促进了本地生产和本地消费。具体而言，在销售葡萄酒的同时，公司还销售与葡萄酒搭配的当地生产的奶酪、马肉加工品、蔬菜和其他农产品加工品等信州特色食品，充分展现了公司的创新能力和多元化发展的决心。

该公司为了拓宽葡萄酒的享用方式，促进本地生产和本地消费，采取了一系列措施，具体如下：

第一，公司积极与当地的餐厅、厨师合作，推出与葡萄酒搭配的特别菜单。通过将葡萄酒与当地特色美食相结合，创造出独特的味觉体验，吸引更多人尝试和享受葡萄酒。

第二，公司与当地的手工艺品制作者合作，将葡萄酒与手工艺品进行搭配销售。例如，提供精美的酒杯、酒具或与葡萄酒相关的手工艺品，增加消费者对葡萄酒的兴趣和购买意愿。

第三，公司还举办各种葡萄酒活动和品酒会，向公众介绍不同类型和产地的葡萄酒。这些活动可以在酒庄、酒店、商场等场所举办，吸引葡萄酒爱好者和潜在消费者参与。为了进一步促进本地生产和消费，公司开发了与葡萄酒相关的旅游项目。游客可以参观酒庄、葡萄园，了解葡萄酒的酿造过程，并品尝当地的葡萄酒产品。

第四，公司利用互联网和电子商务平台，开展线上销售和推广活动。通过建立官方网站、社交媒体账号等渠道，向更广泛的受众宣传葡萄酒产品，提供在线购买和配送服务。

通过以上措施，公司成功地拓宽了葡萄酒的享用方式，提高了人们对本地葡萄酒的认知度和兴趣。这不仅促进了本地生产和本地消费，还有助于推动葡萄酒产业的繁荣和当地经济的发展。

五、建立良好口碑，提升品牌知名度

A公司为了提高葡萄酒的销售量，采取了一系列促销活动。其中包括举办各种与葡萄酒相关的活动，如品酒会、葡萄酒文化讲座等，以吸引更多的消费者。同时，A公司还对网站进行了改进，使其更具吸引力和用户友好性。

通过这些活动，A公司在县域外开展了广泛的宣传和公关活动。他们与当地媒体合作，发布有关葡萄酒的新闻稿和广告，提高了公司的知名度和品牌形象。此外，A公司还积极参与社交媒体平台，与消费者进行互动，分享葡萄酒知识和品酒技巧，进一步增强了与消费者的联系。

为了提供更好的服务和信息，A公司的网站会不时更新，不仅提供新葡萄酒和新产品的详细信息，还包括公司简介、酒厂信息和网上商店等内容。消费者可以方便地在网站上浏览和购买他们感兴趣的产品。同时，A公司非常重视消费者的体验，他们会尽快回复消费者的订单和咨询，确保消费者得到及时的服务和支持。

通过这些努力，A公司不仅提高了葡萄酒的销售量，还努力提升了企业形象，赢得了消费者的信任和忠诚度。他们不断改进和创新，以满足消费者的需求，并在市场竞争中保持领先地位。

该公司还自行组织各种活动，以增加当地消费和推广葡萄酒文化。A公司在其总部拥有各种设施，可以举办品酒会、参观酿酒厂（包括酿酒槽、装瓶线、酒窖等）和在自己的田地里采摘葡萄。利用这些设施，为众多葡萄酒爱好者举办葡萄酒课程（如葡萄酒和美食品尝会、讲座等）。A公司一直致力于增加当地消费和推广葡萄酒文化，为此，他们自行组织了各种各样的活动。这些活动不仅丰富了人们的生活，还促进了消费者与生产者之间的互动，为葡萄酒文化的传播和推广做出了积极的贡献。

最受欢迎的活动之一是品酒大会。在品酒大会上，参与者可以品尝到各种不同口味和年份的葡萄酒，学习如何品尝和欣赏葡萄酒的技巧，了解不同类型葡萄酒的特点和酿造过程。这个活动不仅吸引了葡萄酒爱好者，也为那些对葡萄酒感兴趣的人提供了一个了解和学习的机会。

A公司拥有自己的酿酒厂，包括酿酒槽、装瓶线、酒窖等。他们定期组织游客参观这些设施，让游客亲身体验葡萄酒的酿造过程。在参观过程中，游客可以看到葡萄从采摘到酿成葡萄酒的全过程，了解葡萄酒的生产工艺和质量控制。这种亲身体验的方式让游客更加深入地了解葡萄酒的酿造过程，增加了他们对葡萄酒的兴趣和热爱见图7-2。

对葡萄酒爱好者来说，A公司还提供了专业的葡萄酒课程。这些课程由经验丰富的品酒师和酿酒师授课，内容涵盖了葡萄酒的历史、产区、品种、酿造工艺等方面。通过这些课程，参与者可以深入了解葡萄酒的世界，提高自己的品酒水平和鉴赏能力。

不仅如此，A公司还为儿童和家庭设计了特别的活动。例如，他们举办了儿童葡萄酒课程，让孩子们通过品尝葡萄汁和参观酿酒厂，了解葡萄酒的制作过程。此外，还有一些与葡萄酒相关的手工活动，如制作原创标签等，让孩子们在玩乐中学习和体验葡萄酒文化。

A公司举办的这些活动不仅丰富了人们的生活，还促进了消费者与生产者之间的互动，为葡萄酒文化的传播和推广做出了积极的贡献。通过品酒大会、参观酿酒厂、葡萄酒课程以及亲子家庭活动等多种形式，A公司成功地吸引了不同人群的参与，让更多人了解和喜爱葡萄酒。这些活动不仅为公司带来了经济效益，更为整个葡萄酒行业的发展做出了贡献。

如上所述，近年来，随着"第六产业化"的不断推进和发展，以乡村餐馆和农家旅馆为代表的旅游业在长野县取得了显著的进步。在这种情况下，A公司意识到，为了适应新的市场需求，有必要进一步推动葡萄酒酿造产业的发展，加强销售力度，同时积极促进与当地酒店、餐馆和旅游业之间的意见交流与合作。为了实现这一目标，A公司将加大对葡萄酒酿造的投入力度，提高生产工艺和产品质量，打造具有特色的葡萄酒品牌。同时，公司还将加强销售渠道的建设，拓展国内外市场，提高产品的知名度和市场占有率。

此外，A公司还将积极与当地酒店、餐馆和旅游业进行合作，共同推广长野县的葡萄酒文化和旅游资源。通过举办葡萄酒品鉴会、旅游推广活动等形式，加强彼此之间的交流与合作，共同打造长野县的旅游品牌，提高长野县在国内外的知名度和影响力。

综上所述，A公司将以发展葡萄酒酿造产业为契机，加强与当地酒店、餐馆和旅游业的合作，共同推动长野县旅游业的发展，为当地经济发展做出积极贡献。

随着人们生活水平的提高和消费观念的转变，越来越多的游客开始注重旅游的品质和体验。他们希望在旅途中能够品尝到当地特色的美食和饮品，体验当地的文化和生活方式。因此，A公司认为，发展葡萄酒酿造产业不仅可以满足游客的需求，还可以为当地经济发展带来新的增长点。

六、三产融合的B公司案例分析

B公司的业务范围广泛，包括酿酒、营销、农产品寄售、餐饮和直销等多个领域。

在酿酒方面，B公司在松本的山之部地区经营着一家酿酒厂。该地区拥有得天独厚的葡萄生长环境，昼夜温差大，日照时间长，出产的酿酒葡萄品质优良。B公司的酿酒厂提供葡萄园参观、酿酒厂参观和品酒服务，让游客能够亲身体验葡萄酒的酿造过程，感受葡萄酒文化的魅力。

在营销方面，B公司通过各种渠道推广和销售自己的葡萄酒产品。他们与各地的分销商和零售商合作，将葡萄酒推向市场。此外，B 公司还通过参加葡萄酒展览、举办品鉴会等活动，提高品牌知名度和产品销量。

除了酿酒和营销，B 公司还涉足农产品寄售业务。他们在直销店农夫花园寄售当地农产品，为农民提供了一个销售平台，同时也为消费者提供了新鲜、优质的农产品选择。

餐饮业务是 B 公司的另一个重要领域，也是公司业务的一大亮点。B 公司的餐厅以供应采用当地农产品酿制的食品和葡萄酒而闻名，这不仅为顾客提供了美味的享受，还让顾客能够亲身体验到当地农产品的独特风味。公司非常注重食材的选择和烹饪技巧，B 公司深知食材的质量和新鲜度是制作美味佳肴的关键。因此，B 公司与当地的农民和供应商建立了紧密的合作关系，确保所使用的农产品均为新鲜、优质的食材。为了给顾客提供高品质的餐饮体验，B 公司的厨师团队不仅具备精湛的烹饪技艺，还不断探索创新，将传统的烹饪方法与现代的美食理念相结合，推陈出新。无论是精致的法式大餐还是地道的地方特色菜肴，B 公司的餐厅都能为顾客提供一场味觉的盛宴。此外，B 公司的餐厅环境也十分优雅舒适，装修独具一格，为顾客营造出轻松愉悦的用餐氛围。服务员热情周到，专业而细致，让顾客在享受美食的同时，能感受到贴心的服务。总之，B 公司的餐饮业务以其对食材的严格要求、烹饪技巧的讲究以及对顾客体验的关注，成为吸引众多食客的热门之地。无论是美食爱好者还是寻求高品质餐饮体验的顾客，都能在 B 公司的餐厅中找到满足自己口味需求的美味佳肴

此外，B 公司的酒庄还附设了直销店，销售葡萄酒、葡萄和其他各种水果、蔬菜和乳制品。直销店的设立不仅为公司的产品提供了直接的销售渠道，还方便了消费者购买到新鲜、优质的农产品和葡萄酒。

总的来说，B 公司的业务涵盖了酿酒、营销、农产品寄售、餐饮和直销等多个领域。通过多元化的经营模式，B 公司不仅为消费者提供了优质的葡萄酒和农产品，还为当地农民和经济发展做出了贡献。

七、葡萄酒产量

B 公司的签约农户主要种植霞多丽（Chardonnay）和梅洛（Merlot）等酿酒葡萄。这些葡萄品种在松本市的独特气候和土壤条件下茁壮成长，为 B 公司的酿酒业务提供了优质的原材料。

与 A 公司相似，B 公司对松本市生产的葡萄情有独钟。他们坚信本地葡萄的

独特品质和风味是酿造出卓越葡萄酒的关键。

B公司与松本市的农户建立了紧密的合作关系，共同努力确保葡萄的高质量生产。他们注重葡萄的种植、护理和采摘过程，以确保每一颗葡萄都达到最佳的成熟度和品质。这种对本地葡萄的专注和坚持，使B公司能够酿造出具有松本市独特风土特色的葡萄酒。B公司产出的葡萄酒以其丰富的口感、复杂的香气和卓越的品质而闻名。B公司对松本市葡萄的执着体现了他们对本地农业的支持和对葡萄酒酿造的热情。这种专注和坚持为他们赢得了消费者的信任和赞誉，使B公司成为松本市葡萄酒产业的佼佼者。

B公司是一家在葡萄酒行业取得巨大成功的企业。他们的成功经验可以归结为两个重要因素：专注和品质。

B公司专注于使用松本市生产的葡萄作为酿酒原料。他们与当地农户建立了紧密的合作关系，共同努力确保葡萄的高质量生产。这种对本地葡萄的专注使B公司能够充分利用松本市独特的气候和土壤条件，酿造出具有地域特色的葡萄酒。

对品质的追求是B公司成功的另一个关键。他们注重葡萄的种植、护理和采摘过程，以确保每一颗葡萄都达到最佳的成熟度和品质。在酿酒过程中，B公司采用精湛的工艺和严格的质量控制，力求将每一瓶葡萄酒都打造成口感丰富、香气复杂的杰作。

B公司的成功经验告诉，专注和品质是企业取得成功的关键。通过专注于某个特定领域，并不断追求卓越品质，企业能够在市场上脱颖而出，赢得消费者的信任和赞誉。B公司的例子也鼓励其他企业要关注本地资源，与供应链伙伴建立紧密合作，共同打造高质量的产品。

八、酿酒厂管理与面临的困难

在B公司的发源地——山户地区，签约农户们种植了大量的葡萄品种。对B公司的酿酒厂而言，从这些近在咫尺的农户手中采购葡萄，是一件轻而易举的事情。这一便利条件确保了他们能够获得最新鲜、最优质的原材料。

此外，B公司还通过直营餐厅和直销店满足了游客们的各种需求。在酒庄直销农产品的模式下，农民们会将自己种植的蔬菜和水果运到酒庄寄售。这些新鲜的蔬菜和水果备受松本市民和游客的青睐。对农民来说，这些直销中心不仅是他们的收入来源，更是他们的生活支柱。

"第六次产业化"的目标在这一模式下得以顺利实现，它为农民提供了强有力的支持，同时也让城市消费者和游客受益匪浅，对当地社区的发展具有深远意义。这一模式不仅促进了当地经济的发展，还为保护环境和可持续发展做出了贡献。

根据实地调查，一位名叫山田的农民，他与B公司签订了合作协议，种植了优质的葡萄品种。在葡萄成熟后，山田将其运往B公司的酒庄，由酒庄直接进行销售。这样一来，山田不仅能够获得更高的收入，还能够省去中间环节的成本和时间。

通过这种直销模式，B公司能够确保农产品的新鲜度和品质，因为农产品从产地直接到达消费者手中，减少了中间环节的损耗和污染。同时，消费者也能够享受到更加健康、新鲜的农产品，这对他们拥有的健康生活方式有着积极的影响。

总的来说，B公司的直销模式为农民提供了更多的机会和支持，同时也为消费者提供了更好的产品和服务。这种模式的成功经验为其他地区提供了一个可借鉴的模式，通过与当地农民合作，发展直销模式，不仅可以促进经济发展，还可以保护环境和推动可持续发展。这种模式的推广和应用，有望为更多地区带来福祉。

实地调查显示，新冠疫情的传播对B公司的业务产生了巨大影响。首先，表7-2列出了B公司酒庄在这方面的游客数量和销售总额。数据显示，2018年游客数量和销售额均达到了峰值，但在2019年至2021年期间，这两项指标却呈下降趋势。其次，由于新冠疫情的传播导致人们外出就餐机会减少，这无疑对B公司的业务造成了严重冲击。

然而，2021年出现了小幅回升的趋势，如果未来新冠疫情的影响逐渐减弱，B公司的业务可能会出现一定程度的回暖。但同时，不仅不能忽视由于疫情影响，而且消费者的购买方式本身在发生变化，因此B公司有必要加强非接触式销售方式。

在未来几年内，B公司的业务模式可能会发生以下变化：

第一，由于消费者对线上购物的需求增加，B公司可能会加大对电子商务平台的投资力度，优化线上购物体验，提供更多产品选择和便捷支付方式，以满足消费者的需求。

第二，为了应对市场竞争和消费者需求的变化，B公司可能会考虑拓展产品线。这可能包括推出新的农产品品种、开发与健康和可持续性相关的产品，或者进入其他相关领域,以扩大业务范围和增加收入来源。

第三,随着业务的增长和市场的变化,B公司可能会更加注重供应链的管理和优化。这可能包括与更多的农户建立合作关系,确保原材料的稳定供应;引入先进的物流技术,提高配送效率;加强质量控制,确保产品的安全和质量。

第四,为了更好地控制产品质量和降低成本,B公司可能会扩大对直采模式的范围。这意味着他们可能会直接与农户合作,跳过中间环节,采购农产品并进行销售。直采模式有助于建立更紧密的合作关系,提高产品的新鲜度和质量,并为农户提供更好的经济效益。

第五,随着消费者对环境和社会责任的关注度与日俱增,B公司可能会将可持续发展作为重中之重。这可能涉及采取环保的生产方式,以减少碳排放;支持当地社区和农户,为推动农业的可持续发展贡献力量。

具体而言,B公司可以采用一系列环保的生产方式来减少对环境的影响。这可能包括使用可再生能源、优化生产流程以减少能源和资源的浪费、实施废物管理和循环利用计划等。通过这些举措,B公司不仅可以降低碳排放,还能提高生产效率,降低成本。

表7-2 B公司酒庄的游客数量和销售额

项目	2018年	2019年	2020年	2021年
游客人数(人)	163.908	156.280	156.237	154.519
销售总额(单位:千日元)	351.130	333.801	334.515	342.237
其中,葡萄酒销售额(千日元)	104.326	99.931	78.337	89.107

资料来源:作者根据《2019—2022年JA松本高原现状》编制。

第五节 本章小结

本章首先对先前研究进行了梳理.然后以A公司和B公司的葡萄酒酿造业务为重点.研究了长野县松本高原农业合作区的"第六次产业化"案例。本章特别阐明了"第六次产业化"的发展过程、在农业生产和区域品牌形成中的作用、本章具体举措和面临的挑战。本章研究结果如下:

(1)在研究地区吗,以葡萄酒厂为中介的"第六次产业化"有两大特点。首先,如上所述,A公司面临着葡萄种植农户和耕地数量减少导致葡萄收成量下降的局面。这就必须保证酿酒原料的供应.这直接关系到公司的生存,公司本身也积极参与农业生产。然而，这最终使得该地区的优质地块得以保留，促进了当地农业的发展。这不仅是"第六次产业化"在提高农产品附加值方面的普遍效益，而且对"第六次产业化"促进当地农业发展具有重要意义。

（2）此外，B公司是"第二产业+第三产业"发展类型的典范，是"第六次产业化"的原型，被认为在生产者与消费者的互动、区域品牌的形成等方面发挥了一定的作用。然而，调查结果显示，自2020年以来，B公司酒庄的经营管理受到了新型冠毒传播的严重影响，游客数量、销售总值等都受到了很大影响，这一点已经得到了证实。因此，如果继续采用传统的管理方法，就有可能使酒庄在未来的管理中陷入困境。如上所述，还有必要考虑加强非接触式销售方法，如扩大网络购物范围。

（3）如A公司的案例所述，为了提高区域品牌的知名度，对具有地区特色的农产品产地进行官方认证被认为对提高产品知名度和增加销售有一定作用。换句话说，"长野县原产地指定管理系统"等公共认证系统的扩大被认为对"第六次产业化"具有一定的经济效果。

（4）"第六次产业化"项目的主要特点是以当地农产品为基础，通过加工产品、直销和网络销售与消费者直接联系。这些项目通过与农业相关的产业，增加了第一产业生产者和消费者之间的互动，加强了他们之间的联系。预计这些趋势将在加深消费者对农业的了解和增强他们对本地农业的信心方面发挥重要作用。

综上所述，本章以长野县松本高原农业合作区的葡萄酒厂为中心，重点介绍了"第六次产业化"的案例，并阐明了"第六次产业化"的发展过程、现状和挑战。今后还将进一步分析其他地区的"第六次产业化"案例，以进一步深化研究。

未来"第六次产业化"将朝着数字化、智能化、绿色化、可持续发展、产业链整合、品牌建设、市场营销以及多元化和个性化等方向发展。在未来的发展中，"第六次产业化"模式可能会呈现以下几个特点：

第一，数字化和智能化将成为"第六次产业化"的重要发展方向。通过大数据、物联网、人工智能等技术手段，实现农业生产、加工、销售等环节的数字化和智能化，提高生产效率和产品质量。

第二，绿色化和可持续发展将受到更多的关注。采用绿色生产技术，减少对环境的污染，提高农产品的质量和安全。同时，发展循环农业，实现资源的有效利用和废弃物的资源化处理。

第三，产业链整合和协同发展将进一步推动农业产业链的整合和协同发展。

加强农业生产者、加工企业、销售企业之间的合作，形成产业链的协同效应，提高整个产业链的效益和竞争力。品牌建设和市场营销也将成为未来"第六次产业化"的重点。通过打造农产品品牌，提高产品的附加值和市场竞争力。同时，运用现代营销手段，拓展销售渠道，提高农产品的市场占有率。

　　第四，多元化和个性化将是未来"第六次产业化"的发展趋势。开发更多种类的农产品，满足不同消费者的需求。同时，通过定制化生产，满足消费者对产品个性化的需求。

　　总之，未来的"第六次产业化"模式将更加注重数字化、智能化、绿色化、可持续发展、产业链整合、品牌建设、市场营销以及多元化和个性化等方面的发展，以适应经济社会发展的需求。

第八章 主要结论与研究展望

第一节 本书主要结论

本节综合分析了品牌管理的理论框架与方法论,同时结合实证案例研究,如日本石川县和桂东南农产品的品牌建设策略。这种结合理论与实证的方法提供了对品牌管理的深度理解,并展现了品牌理论在实际操作中的应用效果。

首先,关于品牌形象,本书深入探讨了品牌作为消费者心中的总体认知和感受的重要性。品牌形象的建立超越了传统的视觉标识和广告策略,融入了与品牌相关的文化和价值观。例如,日本石川县的品牌管理案例不仅显示了如何通过整合文化和历史元素来强化品牌形象,还展示了如何利用这些元素提高消费者认知和增进企业与消费者之间的情感联系。这种品牌形象的构建不仅基于视觉和传播策略,而且深深植根于地域的文化和历史内涵中。

关于品牌忠诚度,研究强调了维持消费者长期承诺的重要性,特别是在当前市场竞争日益激烈的背景下。提高品牌忠诚度的关键在于持续提供高质量的产品和服务,以及确保消费者体验的一致性。通过桂东南农产品案例展现了一致的品质如何帮助企业建立稳固的消费者基础,从而维护和增强品牌忠诚度。这种方法不仅提升了品牌的市场份额,而且增强了消费者的信任和满意度,同时展示了品牌忠诚度如何通过产品质量保证和一致的消费者体验来构建与维护。

在品牌定位方面,本书讨论了如何通过明确的市场定位来有效地满足目标消费者的需求。这包括确定品牌的独特卖点(USP)和实施差异化策略,以帮助企业在竞争激烈的市场中脱颖而出。通过深入分析桂东南农产品案例,本书揭示了品牌定位在实际市场操作中的应用和重要性。通过对这些理论的探讨和实证案例的分析为品牌管理的研究与实践提供了宝贵的见解及指导。它们揭示了品牌管理在不同文化和市场环境中的应用,并展示了如何有效结合地域特色和市场需求来实施成功的品牌策略。

在本书的品牌管理关键发现部分，深入探讨了品牌形象的多维构建，消费者参与的重要性，数字化对品牌管理的影响，以及区域品牌面临的独特机遇与挑战。以下是对这些关键发现的详细阐述：

品牌形象的多维构建：品牌形象不仅局限于视觉标识，它还包括与品牌相关的情感、文化和价值观。品牌形象的建立不是单一方面的努力，而是需要在多个层面上进行综合构建。这包括品牌历史的挖掘，故事的讲述，以及品牌价值观的传达。通过这种多维构建，品牌能够在消费者心中形成更加丰富和深刻的印象。

消费者参与的重要性：消费者在品牌构建和维护过程中扮演着重要角色。他们的参与不仅可以提供宝贵的反馈，还可以加深他们对品牌的理解和忠诚度。品牌需要通过各种渠道与消费者互动，如社交媒体、客户调研和市场活动，以便企业更好地了解消费者需求并做出相应的调整。

数字化对品牌管理的影响：数字化工具和社交媒体的兴起极大地改变了品牌管理的方式。品牌可以利用这些工具进行更有效的市场营销，实现与消费者的直接沟通。另外，数字化也为品牌提供了更多个性化和精准营销的机会，使品牌能够更好地适应不断变化的市场需求。

区域品牌的独特挑战与机遇：区域品牌面临着诸多挑战，如如何在全球化市场中保持地域特色，以及如何解决文化差异和市场定位的问题。然而，这些挑战同时也带来了机遇。区域品牌可以利用其独特的地域特色和文化遗产，创造出与众不同的品牌价值，吸引特定的目标市场。

这些发现不仅提供了对品牌管理理论的深入理解，也为品牌实践提供了宝贵的指导。品牌管理的成功在于理解和利用这些关键发现，适应不断变化的市场环境，创造出有吸引力和竞争力的品牌。

第二节　研究后续的展望

未来品牌管理理论与实践的发展方向将密切关注数字化时代的深入和全球市场环境的变化。随着这些变化，品牌管理正面临新的机遇和挑战。在这个背景下，以下几个领域将成为未来品牌管理研究的重要方向：

技术革新对品牌策略的影响：随着新兴技术的不断发展，特别是人工智能、大数据分析等技术的应用，使未来的品牌管理将面临重大转变。这些技术将改变品牌与消费者之间的互动方式，使品牌能够更加精准地了解消费者需求，并提供个性化的服务。例如，通过大数据分析，品牌可以发现消费者行为的新趋势，从而优化产品设计和市场策略。

可持续发展与品牌价值：环保和社会责任在品牌建设中的重要性日益凸显。未来的品牌策略需要更加注重可持续发展，将环保理念融入品牌形象和产品设计中。企业需要通过采用环保材料、改进生产工艺、实施绿色营销等措施，来提升其社会责任感和市场竞争力。

全球化背景下的本土化策略：在全球化和本土化之间找到平衡是未来品牌管理的重要挑战。品牌需要在保持全球统一形象的同时，兼顾各个市场的文化差异和消费习惯。例如，跨国品牌可以在不同地区推出符合当地文化特色的产品或营销活动，从而更好地与本地消费者建立联系。

消费者行为的深层次分析：随着消费者行为的不断变，品牌需要深入了解消费者的心理和行为模式。特别是对年轻消费者群体和数字时代的消费者，企业需要通过各种渠道收集和分析数据，从而更有效地进行产品品牌的市场定位和沟通策略的制定。

以上这些研究方向不仅为品牌管理的理论发展提供了新的视角，也为企业在面对复杂多变的市场环境时提供了实用的指导。未来的品牌管理将更加注重科技的运用、可持续发展的实践、文化的敏感度以及对消费者深层次需求的分析，这些都是实施成功品牌战略的重要因素。

参考文献

[1] 艾·里斯, 杰克·特劳特. 定位 [M]. 谢伟山, 苑爱东, 译. 北京: 机械工业出版社, 2011.

[2] 艾丽丝·M·泰伯特, 蒂姆·卡尔金斯. 凯洛格品牌论 [M]. 刘凤瑜, 译. 北京: 人民邮电出版社, 2006.

[3] 安妮·T.科兰, 埃林·安德森, 路易斯·W.斯特恩, 等. 营销渠道 [M]. 蒋青云, 王彦雯, 顾浩东, 等, 译. 北京: 中国人民大学出版社, 2008.

[4] 保罗·福塞尔, 梁丽真. 格调: 社会等级与生活品味 [M]. 乐涛, 石涛, 译. 北京: 中国社会科学出版社, 1998.

[5] 曾朝晖. 影响: 企业家品牌运作经典实录 [M]. 北京: 机械工业出版社, 2005.

[6] 常怀生. 环境心理学与室内设计 [M]. 北京: 中国建筑工业出版社, 2003.

[7] 程东升. 李彦宏的百度世界 [M]. 北京: 中信出版社, 2009.

[8] 大卫·艾克, 乔瑟米赛勒. 品牌领导 [M]. 曾晶, 译. 北京: 新华出版社, 2001.

[9] 戴维·阿克. 管理品牌资产 [M]. 吴进操, 常小虹, 译. 北京: 机械工业出版社, 2012.

[10] 戴维·阿克. 品牌组合战略 [M]. 雷丽华, 译. 北京: 中国劳动社会保障出版社, 2005.

[11] 格鲁诺斯. 服务管理与营销: 服务竞争中的顾客管理 [M]. 韦福祥, 译. 北京: 电子工业出版社, 2008.

[12] 郭修申. 企业商标战略 [M]. 北京: 人民出版社, 2006.

[13] 黄胜兵, 卢泰宏. 品牌个性化维度的本土化研究 [J]. 南开管理评论, 2003(1): 4-9.

[14] 季萌. 韩国国家品牌委员会的启示 [J] 对外传播, 2012 (11): 54-55+1.

[15] 江红艳, 王海忠, 何云, 等, 公司形象和产品属性超越的协同效应: 基于刻

板印象内容模型门[J].心理学报,2016,48(1):95-105.

[16] 翔林波.阿里巴巴集团考察:阿里巴巴业务模式分析[M].北京:经济管理出版社,2009.

[17] 凯文·莱恩·凯勒.战略品牌管理:第3版[M].卢泰宏,吴水龙,译.北京:中国人民大学出版社,2009.

[18] 寇非.广告·中国(1979-2003)[M].北京:中国工商出版社,2003.

[19] 林军,张宇宙.马化腾的腾讯帝国[M].北京:中信出版社,2009.

[20] 刘红艳,李爱梅,王海忠,等.不同促销方式对产品购买决策的影响:基于解释水平理论视角的研究[J].心理学报,2012,44(8):1100-1113.

[21] 刘红艳,玉海忠,郑毓煌.微小属性对品牌评价的放大效应[J].中国工业经济,2008(12):103-112.

[22] 刘阳.自媒体终极秘诀[M].哈尔滨:哈尔滨出版社,2016.

[23] 罗斌.网络传播中的自媒体研究[J].新闻世界,2009(2):85.

[24] 骆光林,方长青.包装与销售心理[M].北京:印刷工业出版社,2005.

[25] 马萨基·科塔比,克里斯蒂安·赫尔森.全球营销管理(第三版)[M].刘宝成,译.中国人民大学出版社,2005.

[26] 毛蕴诗,姜岳新,莫伟杰.制度环境、企业能力与OEM企业升级战略:东菱凯琴与佳士科技的比较案例形[J].管理世界,2009(6):135-145+157.

[27] 施密特.体验营销:如何增强公司及品牌的亲和力[M].梁丽娟,译.北京:清华大学出版社,2004.

[28] 苏勇,林展圣.中小企业品牌战略[J].当代财经,2006(6):63-66.

[29] 汤姆·布莱科特,鲍勃·博德.品牌联合[M].于琀,译.北京:中国铁道出版社,2006.

[30] 田阳,王海忠,柳武妹,等.品牌承诺能抵御负面信息吗?:自我调节导向的调节作用[J].心理学报,2014,46(6):864-875.

[31] 王海忠,陈增祥,中国品牌国际新定位研究[J].中山大学学报(社会科学版),2010(3):175-183.

[32] 王海忠,刘红艳.品牌杠杆:整合资源赢得品牌领导地位的新模式[J].外国经济与管理,2009(5):23-29.

[33] 王海忠,欧阳建颖,陈宣臻.续集电影的片名策略及其市场效应研究门[J].管理科学学报,2019(6):19-32.

[34] 王海忠，秦深，刘笛．奢侈品品牌标识显著度决策：张扬还是低调：自用送礼情形下品牌标识显著度对购买意愿的影响机制比较［J］．中国工业经济，2012（11）：148-160．

[35] 王海忠．重构世界品牌版图［M］．北京：北京大学出版社，2013．

[36] 王海忠．不同品牌资产测量模式的关联性［J］．中山大学学报（社会科学版）．2008，48（1）：162-168．

[37] 王海忠．多品牌病症：以科龙为例［J］．发现，2008（5）：23-25．

[38] 王海忠．国产奢侈品牌三原则：有故事，有内涵，守得住［J］，中欧商业评论，2013（3）：37-39．

[39] 王海忠．品牌测量与提升［M］．北京：清华大学大学出版社，2006．

[40] 王海忠．品牌杠杆：赢得品牌领导的资源鳌合战略［M］．北京：人民邮电出版社，2009．

[41] 王海忠．完全品牌定位的中国经验［J］．经济管理，2007（21）：49-52．

[42] 王海忠．中国品牌演进阶段的划分及其公共政策启示［J］．中山大学学报（社会科学版），2015（4）：169-183．

[43] 王海忠．中国消费者品牌知识结构图及其营销管理内酒［J］．财经问题研究，2006（12）：59-66．

[44] 王翔．老商标的故事［M］．北京：民主与建设出版社，2003，

[45] 吴新辉，袁登华．消费者品牌联想的建立与测量［J］．心理科学进展，2009(2)：451-459．

[46] 亚当·摩根．小鱼吃大鱼：战胜一线品牌的八大法则［M］．刘元琪，译．北京：中国财政经济出版社，2004．

[47] 杨晨，王海忠，王静一．树木还是森林：消费者思维模式对新兴国家负面原产国效应的影响机制研究［J］．南开管理评论，2016,19（2）：157-169．

[48] 杨海军．中外广告史［M］．武汉：武汉大学出版社，2006．

[49] 于春玲，赵平．品牌资产及其测量中的概念解析［J］．南开管理评论，2003(1)：10-13．

[50] 于军胜，王海忠，何浏．奋斗者符号的营销价值及其作用机制研究［J］．中国软科学，2013（12）:185-192．

[51] 袁真富，苏和秦．商标战略管理［M］．北京：知识产权出版社，2007．

[52] 约瑟夫·派恩，詹姆斯·H.吉尔摩．体验经济［M］．毕崇毅，译．北京：机

械工业出版社，2012.

[53] 詹姆斯·R. 埃文斯, 威廉·M 林赛. 质量管理与质量控制: 第 7 版 [M]. 焦叔斌, 译. 北京: 中国人民大学出版社，2010.

[54] 钟科, 王海忠, 杨晨. 感官营销研究综述与展望 [J]. 外国经济与管理, 2016(5): 69-85.

[55] 钟科, 王海忠, 品牌拉伸效应: 标识形状对产品时间属性评估和品牌评价的影响 [J], 南开管理评论, 2015,18（1）: 64-76.

[56] Aaker D. Building Strong Brands[M].The Free Press, 1998.

[57] Aaker D, Keller L. Consumer Evaluations of Brand Extensions[J] .The Journal of Marketing, 1990，54（1）:27-41

[58] Aaker D. Managing Brand Equity: Capitalizing on the Value of a Brand Name[M]. Fee Press, 1991.

[59] Aker D. R. Jacobson, The Financial Information Content of Perceived Quality[J]. Journal of Marketing Research, 1994, 38(11): 191-201.

[60] Aaker J, Benet-Martinez V, Garolera J. Consumption Symbols as Carriers of Culture: A Study of Japanese and Spanish Brand Personality Constructs[J] .Journal of Personality and Social Psychology, 2001（3）: 492-508.

[61] Aaker J, Fourier S Brasel S When Good Brands Do Bad[J]. Journal of Consumer Research, 2004, 31(1): 1-16.

[62] Aggarwal P, McGill A. When Brands Seem Human, Do Humans Act Like Brands? Automatic Behavioral Priming Effects of Brand Anthropomorphism[J]. Journal of Consumer Research, 2012, 39(2): 307-323.

[63] Ahluwalia R, Burnkrant E, Unnava R. Consumer Response to Negative Publicity: The Moderating Role of Commitment [J]. Journal of Marketing Research, 2000，37（2）: 203-214.

[64] Ahluwalia R, Z Gürhan. The Effects of Extensions on the Family Brand Name: An Accessibility-Diagnosticity Perspective[J]. Journal of Consumer Research, 2000, 27(11): 371-381.

[65] Ajzen I. The Theory of Planned Behavior[J]. Organizational Behavior and Human Decision Processes,1991, 50(2): 179-211.

[66] Akshary R Rao, Qu L, Ruekert R. Signaling Unobservable Product Quality

Through a Brand Ally.[J]Journal of Marketing Research, 1999, 30(6): 258-268.

[67] Anderson J, Narus J, Narayandas D. Business Market Management: Understanding, Creating, and Delivering Value[M]. Prentice Hall Upper Saddle River, 1999.

[68] Anderson J R. The Architecture of Cognition (Vol. 5)[M]. Lawrence Erlbaum, 1995.

[69] Andrews, Rick L, Ansari A. Hierarchical Bayes Versus Finite Mixture Conjoint Analysis Models: A Comparison of Fit, Prediction, and Partworth Recovery[J]. Journal of Marketing Research, 2002(39):87-98

[70] Argo J, Dahl W, Andrea C. Consumer Contamination: How Consumers React to Products Touched by Others [J]. Journal of Marketing, 2006, 70(2): 81-94.

[71] Batra R, Ahuvia A, Bagozzi P. Brand Love[J]. Journal of Marketing, 2012, 76(2): 1-16.

[72] Bernd S. Experiential Marketing: How to Get Customers to Sense, Feel, Think, Act and Relate to Your Company and Brand[M]. New York, 1999.

[73] Berry L. Cultivating Service Brand Equity[J]. Journal of the Academy of Marketing Science, 2000,28(1): 128-137.

[74] Bhattacharya C, Lodish M. Towards a System for Monitoring Brand Health from Store Scanner Data[M]. Cambridge, Mass: Marketing Science Institute, 2000.

[75] Bosmans A. Scents and Sensibility: When do (In)Congruent Ambient Scents Influence Product Evaluations? [J]. Journal of Marketing, 2006, 70(3): 32-43.

[76] Bottomley A, Doyle R. The Interactive Effects of Colors and Products on Perceptions of Brand Logo Appropriateness[J]. Marketing Theory, 2006(6): 63-83.

[77] Boush M, Loken B. A Process-Tracing Study of Brand Extension Evaluation[J.] Journal of Marketing Research, 1991, 28(1): 16-28.

[78] Brucks M, Zeithaml V, Naylor G. Price and Brand Name as Indicators of Quality Dimensions for Consumer Durables [J]. Journal of the Academy of Marketing Science, 2000, 28(3): 359-374:

[79] Buzzell R, Gale B. The PIMS Principles[M]. New York: The Free Press, 1987.

[80] Carol R, Bednar A. Defining Quality: Alternatives and Implications[J]. Academy of Management Review, 1994, 19(4): 419-445.

[81] Carol S, Sullivan M. the Measurement and Determinants of Brand Equity: A

Financial Approach[J].Marketing Science, 1993, 12(1): 28-52.

[82] Carpenter S, Glazer R, Nakamoto K. Meaningful Brands From Meaningless Differentiation: The Dependence On Irrelevant Attributes[J]. Journal of Marketing Research, 1994, 31(3): 339-350.

[83] Crawford M. A New Positioning Typology[J]. Journal of Product Innovation Management, 1985, 2(4): 243-253.

[84] Dahlén M, Rosengren S. Brands Affect Slogans Affect Brands? Competitive Interference, Brand Equity and The Brand-slogan Link[J]. Journal of Brand Management, 2005(12): 151-164.

[85] Dan K, Janiszewski C. Affect-gating[J]. The Journal of Consumer Research, 2011, 38(4): 697-711.

[86] Dawar N, Parker P. Marketing Universals: Consumers' Use of Brand Name, Price, Physical Appearance, and Retailer Reputation as Signals of Product Quality[J]. Journal of Marketing,1994,58(2):81-95.

[87] Kevin L, Sood S. Brand Equity Dilution[J]. MIT Sloan Management Review, 2003, 45(1): 12-15.

[88] Krishna A. Interaction of Senses: The Effect of Vision Versus Touch on The Elongation Bias [J]. Journal of Consumer Research, 2006, 32(4): 557-566.

[89] Lam D. Cultural Influence On Proneness to Brand Loyalty[J]. Journal of International Consumer Marketing, 2007, 19 (3): 7-21.

[90] Laroche Kim, Zhou L. Brand Familiarity and Confidence as Determinants of Purchase Intention: An Empirical Test in A Multiple Brand Context [J]. Journal of Business Research. 1996, 37(2): 115-120.

[91] Levitt T. Marketing Myopia[J].Harvard Business Review, 1960(7/8): 45-56.

[92] Loken B, John R. Diluting Brand Beliefs: When do Brand Extensions Have A Negative Impact? [J]Journal of Marketing, 1993, 57(3): 71-84.

[93] Low S, Fullerton R. Brands, Brand Management, and The Brand Manager System: A Critical-Historical Evaluation[J]. Journal of Marketing Research, 1994, 31(3): 173-190.

[94] Mao H, Krishnan H. Effects of Prototype and Exemplar Fit on Brand Extension Evaluations: A Two-Process Contingency Model[J]. Journal of Consumer

Research: An Interdisciplinary Quarterly.2006, 33 (1): 41-49.

[95] Steenkamp J, Batra R, Alden D. How Perceived Brand Globalness Creates Brand Value[J]. Journal of International Business Studies, 2003, 33(1): 35-47.

[96] Völckner F, Sattler H. Drivers of Brand Extension Success[J]. Journal of Marketing, 2006, 70 (2):18-34.

[97] Wagner T, Lutz R, Weitz B. Corporate Hypocrisy: Overcoming The Threat of Inconsistent Corporate Social Responsibility Perceptions[J].Journal of Marketing, 2009, 73(6): 77-91.

[98] Wright P. Consumer Choice Strategies: Simplifying vs. Optimizing[J]. Journal of Marketing Research,1975,12(2): 60-67.

[99] Zaltman G, Higie R. Seeing the Voice of The Customer: Metaphor-Based Advertising Research[J].Journal of Advertising Research, 1995(7/8): 35-51.

[100] Zhou L, Hui M. Symbolic Value of Foreign Products in The People's Republic of China[J]. Journal of International Marketing, 2003, 11(2): 36-58.

[101] JA 金融法務別冊 (2011 年)『農業の未来のために 6 次産業化と JA の新たな役割』経済法令研究会

[102] グローバル　フードバリューチェーン戦略検討会 [編]（2015）『グローバル　フードバリューチェーン戦略：産学官連携による "Made with Japan" の推進』農林水産省改訂第 3 版

[103] 安田亘宏（2013）『フードツーリズム論～食を活かした観光まちづくり～』古今書院

[104] 恩藏直人（2007）『コモディティ化市場のマーケティング論理』有斐閣

[105] 関満博・遠山浩（2007）『食の地域ブランド戦略』新評論

[106] 久保田進彦（2012）『リレーションシップ　マーケティング―コミットメント　アプローチによる把握』有斐閣

[107] 宮副謙司（2014）『地域活性化マーケティング 地域価値を創る　高める方法論』同友館

[108] 原田保・三浦俊彦（2011）『地域ブランドのコンテクストデザイン』同文館出版

[109] 後久博 (2009)『農商工連携による「新地域おこし」のススメ』、ぎょうせい

[110]後久博 (2011)『売れる商品はこうして創る -6次産業化　農商工等連携というビジネスモデル -』ぎょうせい

[111]高橋信正編（2013）『「農」の付加価値を高める 六次産業化の実践』筑波書房

[112]今村奈良臣（2009）『地域に活力を生かむ農業の6次産業化—パワーアップする農業　農村』（地域リーダー研修テキストシリーズNO.5）21世紀村づくり塾

[113]佐々木一成（2011）『地域ブランドと魅力あるまちづくり—産業振興　地域おこしの新しいかたち』学芸出版社

[114]佐々木茂・石川和男・石原慎士（2014）『地域マーケティングの核心 - 地域ブランドの構築と支持される地域づくり - 』同友館

[115]斎藤修・岸本喜樹朗（2011）『地域ブランドづくりと地域のブランド化—ブランド理論による地域再生戦略』農林統計出版、pp.41-80

[116]斎藤修（2021）『食農と林業のバリューチェーン：直売所　産業クラスター　地域再生』農林統計出版

[117]室屋有宏（2014）『地域からの六次産業化—つながりが創る食と農の地域保障』創森社、pp.1-50

[118]小田切徳美（2015）『農山村は消滅しない』岩波新書

[119]小田切徳美・筒井一伸編著(2016)『田園回帰の過去　現在　未来 移住者と創る新しい農山村』農文協

[120]図司直也（2014）『地域サポート人材による農山村再生』JC総研ブックレットNo.3、小田切徳美監修、筑波書房

[121]青木幸弘（1999）『ブランド　ビルディングの時代』電通

[122]青木幸弘・恩藏直人（2004）『製品　ブランド戦略』有斐閣

[123]石原慎士（2009）『地方社会における一次産品を中心とした地域ブランドの形成手法に関する研究：地場産業の活性化を視野に入れた地域ブランドの価値と形成手法の考察を中心に』弘前大学学術情報リポジトリ

[124]多田稔ほか（2014）『変わりゆく日本漁業—その可能性と持続性を求めて—』北斗書房

[125]大江靖雄（2003）『農業と農村多角化の経済分析』農村統計協会

[126]大島一二（2003）『中国産農産物と食品安全問題』筑波書房

[127]池上彰英・寳劍久俊編（2009）『中国農村改革と農業産業化』日本貿易振興機構アジア経済研究所、pp.13

[128]中小企業基盤整備機構編（2013）『地域の美味しいものづくり：農商工連携　6次産業化による商品開発、販路開拓とその支援』同友館

[129]長谷川俊郎（1998）『農村マーケット化とは何か』農林統計協会、pp.33-68

[130]鶴見和子（1996）『内発的発展論の展開』筑摩書房

[131]田村正紀（2011）『ブランドの誕生―地域ブランド化現実への道筋』、千倉書房

[132]田中章雄（2008）『事例で学ぶ！　地域ブランドの成功法則33』光文社

[133]田中道雄・白石善章・濱田恵三編『地域ブランド論』同文館出版

[134]東北産業活性化センター(2009)『農商工連携のビジネスモデル―次代の地域経済活性化戦略』日本地域社会研究所

[135]東北地域農政懇談会(2005)『地域に生きる　農工商連携で未来を拓く』農山漁村文化協会

[136]飯盛義徳（2015）『地域づくりのプラットフォーム：つながりをつくり、創発を生む仕組みづくり』学芸出版社

[137]木村修・吉田修・青山浩子（2011）『新しい農業の風はモクモクからやって来る』商業界

[138]木村伸男（2012）『日本農業再生のポイント上農業の基本問題と地域再生編』農林統計出版

[139]林雄介（2010）『ニッポンの農業 - ここが常識、非常識 - 』ぎょうせい

[140]和田充夫（1998）『関係性マーケティングの構図』有斐閣

[141]和田充夫（2002）『ブランド　マネジメント』有斐閣

[142]和田充夫（2002）『ブランド価値共創』同文舘出版

[143]和田充夫ほか 編(2009)『地域ブランド　マネジメント』有斐閣

[144]保田茂（1991）「有機農産物の表示基準制度化に関する考察」『神戸大学農業経済』第25号

[145]Lee Kyung Tae（2006）「原産地情報の分解と使用経験が消費者のブランド評価に及ぼす影響」『日本経営学会誌』第17号、pp.75-86

[146]阿久津聡・天野美穂子（2007）「地域ブランドとそのマネジメント課題」

『マーケティングジャーナル』第 105 巻、pp.4-17

[147] 白石善章（2012）「地域ブランドの概念的な枠組」『地域ブランド論』

[148] 長尾雅信（2008）「地域ブランド論における主体の誘引と育成への注目」『新潟大学経済論集』第 85 号、pp.93-109

[149] 川辺亮・美土路知之（2014）「6 次産業化とブランド開発の意義と課題：地域ブランド開発における「物語」の必要性」『オホーツク産業経営論集』第 22 巻第 12 号、pp.61-73

[150] 村山研一（2005）「「地域ブランド」と地域の発展：地域社会学の視点から」『地域ブランド研究』第 1 号、pp.5-32

[151] 村山研一（2006）「地域の価値はどのようして形成されるか」『地域ブランド研究』第 2 号、pp.29-56

[152] 村山研一（2007）「地域ブランド戦略と地域ブランド政策」『地域ブランド研究』第 3 号、pp.1-25

[153] 大島一二（2002）「中国の農産物流通における仲買商人層の機能―映西省礼泉県リンゴ流通における「果行」「果商」―」『農村研究J』第 94 号

[154] 大島一二（2013）「東アジアの食料貿易における新動向と課題―日中間の野菜貿易を中心に―」『桃山学院大学総合研究所紀要』第 39 巻第 3 号、pp.155-169

[155] 大島一二（2020）「中国農業における産地形成と特産化」『桃山学院大学経済経営論集』第 46 巻第 2 号、pp.15-17

[156] 趙文・大島一二（2022）「2022 中国における地域ブランド形成に関する考察 - 広西チワン族自治区容県「沙田柚子」の事例 -」『桃山学院大学経済経営論集』第 63 巻第 3 号、pp.23-36

[157] 趙文・大島一二（2022）「消費者の視点から見た地域ブランド戦略の展開 - 広西チワン族自治区「容県沙田柚子」の事例 -」『桃山学院大学経済経営論集』第 64 巻第 2 号、pp.27-43

[158] 大泉賢吾・石田正昭（1999）「生産から消費に至る青果物の品質評価構造：三重県の青果物流通圏に対する AHP 評価モデルの適用」『三重大生物資源紀要』第 21 号、pp.1-15

[159] 大森寛文（2018）「地域ブランドの形成　発展プロセスモデルに関する

理論的考察」『明星大学経営学研究紀要』第 13 号、pp.51-59

[160] 稲田賢次（2012）「ブランド論における地域ブランドの考察と戦略課題」『地域ブランド論』pp.20-95

[161] 稲葉哲（2021）「完州郡における 6 次産業化の取り組みに関する一考察」『追手門学院大学地域創造学部紀要』第 6 号、pp.113-127

[162] 徳山美津恵（2015）「地域連携型ブランド構築プロセスの検討―「日本で最も美しい村」連合の分析を通して―」『東アジア経済 産業のダイナミクス』pp.193-213

[163] 徳山美津恵・長尾雅信（2013）「地域ブランド連携構築に向けた地域間連携の可能性と課題―観光圏の検討を通して―」『商学論究』第 60 巻第 4 号、pp.261-282

[164] 高橋文紀（2019）「中国農業の 6 次産業化 - 中国農業の 6 次産業化の進展と問題の一考査 -」『商学研究集』第 51 巻、pp.15-34

[165] 高楊（2010）「中国農業産業化における龍頭企業経営効率に与える要因分析 - 上場した 51 社国家龍頭企業における財務横断分析 -」『龍谷大学経済論集』第 51 巻第 2 号、pp.49-62

[166] 高楊 (2010)「中国農業産業化に関する先行研究の動向と課題」『龍谷大学経済論集』第 50 巻第 2 号、pp.161-175

[167] 工藤康彦・今野聖士（2014）「6 次産業化における小規模取り組みの実態と政策の課題」『北海道大学農經論叢』pp.63-76

[168] 宮田勉（2012）「水産六次産業化の現状と課題そして展望」『日本水産学会漁業懇話会報』第 60 号、pp.2-5

[169] 鶴見和子（1989）「内発的発展論の系譜」『内発的発展論』pp.43-64

[170] 横田修一（2016）「作業効率の向上による規模拡大と経営多角化から生まれた 6 次産業の姿」『日本作物学会講演会要旨集』pp.124

[171] 後藤英之（2018）「6 次産業化研究の現状と今後の課題」『商学討究』第 68 巻第 4 号、pp.59-624

[172] 吉仲怜（2009）「地域農産加工事業の展開にみる事業多角化の意義」『2009年度日本農業経済学会論文集』pp.189-195

[173] 今村奈良臣（2010）「農業の 6 次産業化の理論と実践」『SRI』第 100 号

[174] 久保田進彦（2004）「地域ブランドのマネジメント」『流通情報』2004

年 4 月号、pp.4-18

[175] 堀田和彦（2010）「産業クラスター　ナレッジマネジメント的視点からの農商工連携の整理」『農村研究』第 110 号、pp.1-12

[176] 栗林芳彦（2013）「加工食品購買における地域ブランドの影響力について―抹茶加工品における宇治抹茶のブランド力を調査する―」『名古屋文理大学紀要』第 13 号、pp.124-132

[177] 林徳栄（2012）「農産物地域公用ブランドのプロセスと留意点の研究　―煙台リンゴの事例を中心に―」『青島農業大学学報（社会科学）』pp.23-26

[178] 林靖人（2009）「地域ブランドが消費者の認知行動に与える影響」『日本心理学会第 73 回大会発表論文集』pp.190

[179] 林靖人（2009）「地域ブランド効果のメカニズムに関する研究消費者の製品関与の影響　」『地域活性学会第 1 回研究大会論文集』pp.53-56

[180] 林靖人ほか（2007）「ブランド価値評価の方法論に対する検討　ブランドステレオタイプと購買の関係性」『地域ブランド研究』第 3 号、pp.69-108

[181] 林靖人・中嶋聞多（2008）「地域ブランドにおける研究領域構造の分析」『人文科学論集』第 47 巻、pp.87-109

[182] 林靖人・中嶋聞多（2009）「地域ブランド研究における研究領域構造の分析―論文書誌情報データベースを活用した定量分析の試み」『人文科学論集人間情報学科編』第 43 巻、pp.90-93

[183] 鈴木 孝一・鈴木 信貴（2019）「農業における多角化経営（6 次産業化）の分析」『研究技術計画』第 34 巻 3 号、pp.315-327

[184] 内田純一（2004）「地域ブランドの形成と展開をどう考えるか：観光マーケティングの視点を中心に」『北海道大学大学院 国際広報メディア研究科言語文化部紀要』第 47 巻、pp.27-45

[185] 内田純一（2008）「地域ブランド創造の戦略」『大交流時代における観光創造』第 70 号、pp.119-138

[186] 農林水産省農林水産技術会議（2002）「機能性食品の開発」『農林水産研究開発レポート』第 4 号

[187] 坪井明彦（2006）「地域ブランド構築の動向と課題」『地域政策研究』第

8 巻第 3 号、pp.197-199

[188]朴宰佑（2007）「ブランドにおける地域イメージの効果とブランドコミュニケーションに関する研究」『（財）吉田秀雄記念事業団平成 19 年度代 41 次助成研究論文』pp.1-63

[189]橋本沙也加・小長谷一之（2013）「農 食による集客（直販所、道の駅等）をささえる経営とＩＣＴの仕組み―あすか夢販売所の事例―」大阪観光大学観光学研究所報『観光研究論集』第 12 号

[190]青谷実知代(2010)「地域ブランドにおける消費者行動と今後の課題」『農林業問題研究』第 177 号、pp.26-33

[191]青木美紗（2017）「6 次産業の商品開発と販路開拓に関する一考察―古座川ゆず平井の里と西日本産直協議会の関係性に着目して―」『農林業問題研究』第 53 巻 2 号、pp.49-59

[192]青木幸弘（2004）「地域ブランド構築の視点と枠組み」『商工ジャーナル』第 30 巻第 8 号、pp.14-17

[193]青木幸弘（2006）「ブランド構築ト価値のデザイン」『青山マネジメントレビュー』第 9 号、pp.26-35

[194]青木幸弘（2007)「地域ブランドを地域活性化の切り札に」『地銀協月報』560 号、pp.2-8

[195]青木幸弘（2011）「ブランド論の新たな地平を求めて」『価値共創時代のブランド戦略：脱コモディティ化への挑戦』pp.291-300

[196]青木幸弘（2011）「ブランド研究における近年の展開：価値と関係性の問題を中心に」58(4)、pp.43-68

[197]青木幸弘（2013）「ブランド価値共創研究の視点と枠組：S-D ロジックの観点からみたブランド研究の整理と展望」『商学論究』第 60 巻第 4 号、pp85-118

[198]青木幸弘（2014）「ブランド論の過去 現在 未来」『ブランド戦略全書』pp.1-21

[199]清水良朗（2007)「地域ブランド育成におけるマーケティングの実践」『名古屋学院大学論集 社会科学篇』第 44 巻第 1 号、pp.34-38

[200]若林功（2015）「グラウンデッド セオリー アプローチ―労働研究への適用可能性を探る」『日本労働研究雑誌』第 665、pp.48-56

[201]若林宏保（2006）「「住みたい」街へ 地域ブランド マネジメント」『Advertising』第14号、pp.106-111

[202]若林宏保（2014）「地域ブランド アイデンティティ策定に関する一考察－プレイス論とブランド論の融合を目指して－」『マーケティングジャーナル』34(1)、pp.109-126

[203]森嶋輝也（2013）「農業生産法人による高付加価値化のためのブランド戦略」『農村生活研究』145号、pp.6-13

[204]森智香子・後藤未来(2009)「中国における日本の地名の商標出願の実態と対策」『The lawyers』第6巻10号、pp.24-30

[205]佘堅（2009）「農業産業化龍頭企業発行上市問題研究」『深証総研』第0171号

[206]沈潔如（2010）「地域ブランド研究に関する一考察－地域ブランド研究の現状と今後の課題」『小樽商科大学商學討究』第61巻、pp.287-322

[207]生田孝志・湯川抗・濱崎博（2006）「地域ブランド関連施策の現状と課題」『Economic Review』第10巻第3号、pp.30-49

[208]石敏俊（2000）「中国における農業経営の垂直的組織化: 理念と実践」『筑波大学農林社会経済研究』第17号、pp23-43

[209]室屋有宏（2013）「6次産業化の現状と課題：地域全体の活性化につながる「地域の6次化」の必要性」『農林金融』第66巻、第807号

[210]田中洋編、小林哲著（2014）「第7章2つの地域ブランド論―その固有性と有機的結合」『ブランド戦略全書』pp.138-148

[211]小林茂典（2013）「六次産業化のタイプ分け」『「農」の付加価値を高める六次産業化の実践』

[212]小林茂典（2015）「六次産業化の動向と課題」『農村生活研究』第58149号、pp.10-20

[213]小林拓実・中島聞多（2014）「地域活性領域における研究動向分析－「地域活性」概念の誕生と変遷を追って－」『地域活性研究』第5巻、pp.111-120

[214]小林哲（2014）「2つの地域ブランド論 その固有性と有機的結合」『ブランド戦略全書』pp.137-161

[215]厳善平（2012）「中国における経済成長と農業の構造転換」『農林業問

題研究』第 47 巻第 4 号、pp.389-396

[216] 楊丹妮・方志権・藤田武弘（2005）「現代中国における龍頭企業と農家の契約に関する一考察」『農業市場研究』第 14 巻第 2 号、pp.115-120

[217] 楊丹妮・俞菊生・藤田武弘（2004）「中国における農業産業化の展開と龍頭企業の育成 - 上海市を中心とする実証研究」『2004 年度日本農業経済学会論文集』

[218] 葉山幹恭（2013）「非大規模農家による多角化戦略の現状：6 次産業推進事業の申請状況にみる企業家精神」『追手門経営論集』第 19 巻

[219] 伊部泰弘（2010）「地域ブランド戦略に関する一考察 - 地域団体商標制度を中心とした事例研究 - 」『新潟経営大学紀要』16 号、pp.67-79

[220] 伊藤裕一（2009）「プレイス ブランディング研究のレビューと今後の課題」『早稲田大学商学研究科紀要』第 69 号、pp.249-263

[221] 伊藤知生（2009）「地域団体商標とブランド マネジメント - 地域ブランド育成 維持はいかにあるべきか - 」『宮城大学事業構想学部紀要』第 12 号、pp.15-27

[222] 櫻井清一（2010）「農工商官学の連携プロセスをめぐる諸問題」『フードシステム研究』第 17 巻 1 号、pp.21-26

[223] 遠藤明子（2021）「郡山ブランド野菜の地域ブランド化に関する消費者動向調査」『福島大学地域創造』第 32 巻第 2 号、pp.159-166

[224] 斎藤明（2009）「地域ブランド構築装置としてのソーシャル キャピタルの有効性に関する研究序説—多主体協働による社会的知識創造としてのブランド構築に関する基礎理論的考察—」『地域協働』第 6 号、pp.47-61。

[225] 斎藤修（2001）「食品産業と農業の連携をめぐるビジネスモデル」『フードシステムの構造変化と農魚業』pp.25-266

[226] 斎藤修（2001）「食品産業と農業をめぐる主体関係性とフードシステム」『フードシステムの構造変化と農漁業』

[227] 斎藤修（2010）「地域ブランドをめぐる戦略的課題と管理体系」『農林業問題研究』第 45 巻 4 号、pp.331-334

[228] 斎藤修（2010）「農商工連携をめぐる基本の課題と戦略」『フードシステム研究』第 17 巻第 1 号、pp.15-20

[229]張日新・秋山邦裕（2007）「中国における農業産業化経営の意義と課題」『鹿大農学術報告』第 57 号、pp.49-55。

[230]猪俣明彦 (2008)「中国　台湾での我が国地名の第三者による商標出願問題への総合支援策について」『NBL』890 号、pp.4-6

[231]竹田淳子・竹内淑恵（2010）「知名度が低い地域でもブランド化は可能か～地域ブランドにおけるサービス財の重要性～」『マーケティングジャーナル』第 30 巻第 2 号

后记

经过多年的品牌管理学习和实践，感悟良多，我觉得有必要将其整理成书，以培养更多的品牌管理人才，为企业提供有价值的参考。品牌管理作为一个综合性、实践性强的领域，整体内容写作难度极大。在深入研究国内外学术成果和行业实践的基础上，本书融合了学术前沿和实际案例，以期为读者提供更为全面的视角。

这本书，是在我博士论文的基础上撰写而成的，它不仅是我辛勤努力的成果，更是我对那些支持、鼓励我的人的感激之情的表达。

首先，我要表达我对导师片冈信之老师的感激之情。在我的学术生涯中，他的悉心指导和支持是我能够坚定前行的重要动力。老师严谨的治学态度和积极自律的生活态度对我产生了深远的影响。他教会我如何以科学的方法和批判性思维去探索知识，不断追求卓越。他对学术的热情和执着激发了我对研究的热爱，并鼓励我勇于挑战并战胜困难。不仅在学术上，老师还在生活中给予我宝贵的指导。他教会我保持坚韧和积极的心态，他的鼓励和支持让我相信自己的能力，勇敢地追求梦想。非常幸运能够有老师作为我的导师，他的教诲和鞭策将一直激励着我。我将倍加珍惜这份师生情谊，并努力传承他的治学精神和为人处世的态度。

其次，我要感谢我的丈夫赵文先生，他始终是我最坚实的依靠。在我遇到困难时，他总是给我无尽的理解、支持和鼓励。他的陪伴和关爱，让我更加坚信自己的能力和价值。

在书稿的撰写过程中，我得到了许多同窗好友的帮助和启发。他们给我提出了宝贵的意见和建议，使我在思考和研究中更加深入。在此，我要向他们表示衷心的感谢。

最后，书中引用的参考文献为我提供了很多灵感和知识，我对相关作者表示感谢，感谢他们为学术进步所做出的贡献。

由于数据收集的困难和本人学识水平的限制，书中肯定会存在疏漏和不足，恳请各位专家学者不吝赐教。

马嫚

2023 年 10 月